**고교학점제,
진로교육을
다시 디자인하다**

**고교학점제,
진로교육을
다시 디자인하다**

발행일	2021년 6월 21일 초판 1쇄 발행
	2023년 3월 24일 초판 5쇄 발행
지은이	정미라, 곽충훈, 노병태, 박기윤, 서승억
발행인	방득일
편 집	박현주, 허현정, 강정화
디자인	강수경
마케팅	김지훈

발행처	맘에드림
주 소	서울시 도봉구 노해로 379 대성빌딩 902호
전 화	02-2269-0425
팩 스	02-2269-0426
e-mail	momdreampub@naver.com

ISBN 979-11-89404-48-2 93370

고교학점제로 구상하는 진로교육 로드맵

고교학점제,
진로교육을
다시
디자인하다

정미라
곽충훈
노병태
박기윤
서승억

지 음

맘에드림

고교학점제, 학생이 주인공인 가장 민주적인 진로교육의 방향성을 제안하다!

고등학교 3학년은 12년의 공교육을 마무리하는 동시에 학생들이 각자 새로운 출발을 준비하는 중요한 분기점입니다. 학생들에게 물어보면 지금까지의 삶 중에서 어쩌면 가장 큰 고비라 할 수 있는 대학입시를 치러야 하기 때문에 중요한 시점이라고 대답할지 모릅니다. 그래서인지 많은 학생들이 대학입시를 위해 수능에서 조금이라도 더 좋은 성적을 받으려고 참으로 열심히 공부하고 있습니다. 학생이 열심히 공부하는 것은 격려하고 칭찬해야 마땅하나, 때론 격려보다 안타까운 마음이 들 때가 많습니다. 왜냐하면 자신에게 맞는 진로나 전공이 무엇인지에 관한 고민은 간과한 채 일단 열심히 공부해서 성적이 나오면 점수에 맞추어 대학도, 학과도 선택하는 학생들이 너무나 많기 때문입니다.

언제까지 점수에 맞춰 학생의 미래를 재단할 것인가?

사실 학교 현장에서 이러한 모습은 우리에게 너무도 익숙합니다. 학창시절에 자신이 미래에 이루고자 하는 꿈을 차근차근 키워가기보다는 점수 몇 점을 더 올리기 위해 공부하는 학생들이 상당수인 것은 안타깝게도 우리 고등학교 교육의 현실입니다. 개중에는 막연하게 '공부해서 잘되면 좋겠다'는 목표를 가진 학생들도 있을 것이고, 혹은 학생 자신의 뜻과 무관하게 부모가 정해준 목표를 달성하기 위해 노력하는 학생도 있을 것입니다. 부모의 자녀 사랑은 의심할 여지가 없겠지만, 아쉽게도 부모의 바람은 자녀의 특성을 제대로 고려하지 못하는 경우도 있고, 부모가 자라온 과거나 현재 상황에만 기반하는 경우도 많습니다.

교사들도 현장에서 부단히 학생의 미래를 위해 열심히 지도하고는 있지만, 학생 개개인이 갖추고 있는 역량이나 인성에 초점을 맞추어 교육하기보다는 무심코 학업성적 지향적인 교육에 몰입하고 있을지도 모릅니다. 그래서인지 몰라도 우리나라는 대학교 2, 3학년이 되면 상당수 학생들이 전공을 잘못 선택했다고 후회하면서 변경하고 싶어하는 비율이 크게 증가하고 있다고 합니다. 학생 자신이 바라고 또 자신에게 잘 맞는 진로 방향이 무엇인지에 관한 진지한 고민은 배제한 채 오직 점수에 맞춰 학교와 학과를 결정했기 때문이겠지요. 지극히 당연한 결과입니다.

이러한 풍토를 보여주는 단적인 예로 고등학교 신입생 모집을 위한 홍보 시즌이 되면 학부모들은 자녀가 진학할 학교를 선정하기 위해 고등학교 설명회에 참여하기 시작합니다. 아마도 많은 학부모들에게 가장 중요한 기준은 "어느 학교를 선택해야 자녀가 좋은 대학에 갈 수 있을까?"일 것입니다. 따라서 학교 교육과정과 프로그램 등을 세심하게 들여다보기보다는 전년도 대학입시 결과가 가장 중요한 학교 선택의 기준이 됩니다. 자연히 설명회의 내용도 해당 학교의 대학입시 결과에 맞춰 이루어집니다. 게다가 그마저도 '상위권 대학 합격률'이 전부인 경우가 대부분입니다.

교사들은 말합니다, "학생과 학부모가 대학입시만을 강하게 요구하다 보니 어쩔 수 없다고." 상황이 이렇다 보니 그동안 학교 교육에서 학생이 희망하는 진로는 학생의 미래를 설계하는 데 있어 중요한 정보로 여겨지지 않았습니다. 이에 따라 학생의 과목선택 또한 학생 개개인이 가진 꿈을 고려하기보다는 등급 산출에 조금이라도 유리한 방향을 지향하게 되었습니다. 우리 교사들도 단지 "어쩔 수 없다"는 이유로 불합리함을 뻔히 알면서도 잠자코 동조해온 것은 아닐까요? 심지어 학교장과 교감도 학생 개개인의 꿈이 아니라 대학입시 결과를 염두에 두고, 서열화가 잘 되는 학교 교육과정이 진정한 삶의 가치이고 목표인 듯이 강조하고 있는 것이 우리의 고등학교 현실입니다. 점수에 의존해 미래를 재단하는 고등학교 교육 과연 이대로 괜찮은 것일까요?

학령인구의 급감과 입시중심 고등학교 교육의 한계

교육은 백년지대계(百年之大計)라고 합니다. 교육은 눈앞의 이익이 아닌 먼 훗날까지 고려하여 세우는 계획이라는 의미입니다. 그런데 백 년은커녕 앞으로 2030년까지 학령인구가 190만명 정도 급감하고, 대학도 50% 이상 사라질 것이라고 합니다. 지방교육재정알리미 학교정보에 따르면 2020년 기준으로 무려 3,861개교가 폐교하였고, 대부분이 초등학교였습니다. 고교학점제가 전국 시행되는 2025년이 되면 도미노 현상으로 중·고등학교의 본격적인 폐교와 학급 수 감축으로 이어질 것이 불을 보듯 뻔합니다. 나아가 대학도 폐교 위기에서 자유로울 수 없습니다. 벌써 문을 닫는 대학들이 속속 등장하고 있으니까요. 이런 상황에서 과연 지금의 대학입시제도가 언제까지 유지될 수 있을까요? 어쩌면 수년 내 그동안 대한민국의 거의 모든 고등학교가 집착해온 입시중심 교육은 더 이상 지속할 수 없게 될지도 모릅니다.

　고등학교 교육은 학생이 어른으로, 시민으로 성장하기 전에 경험하는 공교육의 마지막 단계입니다. 대학으로 진학하여 고등교육을 수학하는 학생도 있지만, 현재 약 30%의 고등학교 졸업자는 아예 대학에 진학하지 않습니다. 따라서 고등학교는 학생이 시민으로 성장할 수 있는 공통 역량과 자신의 미래를 설계하고 준비할 수 있는 개별 역량을 키워가는 배움터가 되어야 합니다. 실제로 고등학교 3학년은 선거권이 부여된 시민입니다. 고등학교 1학년부터 학교 교육과정에서 시민으로서의 권리와 책임을 경험하고 성장하여야 고등학교 3학년에 시민이 될 수 있을 것입니다. 그런데 고등학교 교육이 온통 대학입시에만 매몰된 상태에서 과연 모든 학생을 제대로 된 시민으로 키워낼 수 있을까요?

민주적이고 자기주도적 교육과정 운영제도인 고교학점제

고교학점제는 "학생이 **기초 소양과 기본 학력**을 바탕으로 **진로·적성**에 따라 **과목을 선택**하고, **이수기준에 도달**한 과목에 대해 **학점을 취득·누적하여 졸업**하는 제도"입니다. '기초 소양과 기본 학력'이야말로 시민으로 갖추어야 할 기본 역량을 성장시키는 데 필요한 공통적인 교육과정이며, '진로·적성에 따라 과목을 선택'하는 과정에서 학생은 자신의 진로를 주도적으로 탐색하고 결정하고 준비하는 학생 맞춤형 교육에 해당할 것입니다. 그리고 학생은 학교 교육과정을 이수하는 과정에서 '이수기준에 도달한 과목에 대해 학점을 취득'해야 하는 책임감을 자연스럽게 높여가게 됩니다. 이렇게 볼때, 고교학점제는 민주적이고 자기주도적인 교육과정 운영제도라고 할 수 있습니다. 즉 고교학점제를 통해 학생들은 고등학교 교육 안에서 자신의 진로를 진지하게 고민하며 자신의 미래를 주도적으로 탐색하고 설계할 기회를 얻는 한편, 그 모든 과정 자체는 성숙한 시민으로 성장해가는 과정과 다르지 않다는 뜻입니다.

따라서 고교학점제를 본연의 취지에 맞게 실천하려면 일방적인 지시가 아니라 배움의 당사자인 학생과의 소통이 매우 중요합니다. 학교는 소통을 통해 학생들이 무엇을 잘하고 무엇을 하고 싶은지 탐색하고, 진로의 방향성을 찾아갈 수 있도록 이끌어주어야 합니다. 그 과정에서 진로검사를 실시하고, 단지 검사를 했다는 것에 그치는 것이 아니라 결과를 누적하여 미래를 설계하는 데 의미 있는 도움을 주는 방향으로 분석해야 합니다. 그리고 교사와 지역사회 지원기관과의 다양한 상담과 협력을 통해 학생 스스로가 자신의 진로를 신중히 탐색하여 결정할 수 있도록 지원해야 할 것입니다.

물론 그 모든 노력에도 불구하고 일부 학생들은 3학년까지 자신의 꿈을 결정하지 못할 수도 있습니다. 하지만 고교학점제에서 강조하는 진로교육의 목적은 모든 학생이 고등학교 3학년 안에 반드시 진로를 결정하게 하는 데 있지 않습니다. 그보다는 학생 스스로 **자신의 미래를 주체적으로 설계해 나갈 수 있는 능력**을 갖추게 하는 데 초점을 맞춥니다. 학교는 단지 학생들에게 학교 밖의 여러 가지 교육 가능성과 지속가능한 진로교육을 마련하여 모든 학생이 끝까지 포기하지 않고 자신의 미래를 탐색할 수 있게 해주면 됩니다. 어쩌면 학생들은 그 과정에서 수많은 흔들림을 경험할지 모르지만, 결국 나머지 몫은 학생 각자가 선택하고 걸어가야 할 몫이니까요.

고교학점제가 응원하는 모든 학생의 꿈과 미래가치

꿈이 있는 학생이 자신의 꿈을 이루기 위해 학습하는 과정은 분명 즐겁고 신나는 길이 될 것입니다. 자신의 꿈을 이루기 위해 필요한 과목을 선택하는 과정은 그 자체로 두근거림이 있고, 자신이 선택한 과목을 수강하여 이수하는 과정은 비단 몇 점의 점수를 더 얻기 위한 과정이 아니라 학생 개개인의 인생을 설계하는 의미 있는 과정이 될 테니까요.

앞으로 학교는 상위권 대학을 목표로 하는 소수의 학생만을 바라보는 것이 아니라, 모든 학생의 꿈과 미래를 기꺼이 응원하고 존중해주어야 합니다. 학교가 학교 교육과정을 편성 및 운영함에 있어 모든 학생들의 설렘과 인생의 의미를 정성껏 반영하고 지원하면 결국 모든 학생의 학교생활이 행복해질 수 있지 않을까요? 모든 학생이 행복한 학교야말로 교사가 희망하고 우리 교육이 나아가야 할 방향이 아닐까 싶습니다.

이처럼 학생이 꿈을 탐색하고 결정하는 것으로부터 개인별 교육과정을 계획하고 이수하여 졸업하는 전 과정을 지원하는 것이 바로 **진로학업설계** 지도입니다. 고교학점제를 시작하기 위해 먼저 고려해야 하고 실천해야 하는 과정이기도 합니다. 학생도 교사도 설레는 마음으로 협력적으로 실천해가는 과정인 것입니다. 이것이야말로 우리 교육이 본래 추구하는 방향이었을 것입니다.

대한민국의 고등학교 교사는 학생을 위해 그동안 최선을 다해왔고, 지금 이 순간에도 최선을 다하고 있을 것입니다. 고교학점제 이전부터 오직 학생을 위해 아무런 지원 없이 이미 3~4개 과목을 감당하는 교사가 있었고, 수업과 평가보다 더 많은 행정업무도 감당하고 있었으며, 학생을 지원하기 위해 방과후에도 많은 시간 학습지도나 상담을 위해 기꺼이 자신의 개인 생활을 허락해왔습니다. 이제 세상이 바뀌고 있습니다. 그리고 교사에게 다른 역할이 필요합니다. **모든 학생의 학습권을 보장하는 민주적인 교육과정**이 시작되고 있습니다. 아직 가보지 않은 길이기에 분명 두려움도 있고, 서투름도 있는, 그 새로운 시작을 우리 동료 선생님들이 조금이라도 편안하게 맞이할 수 있도록 고등학교와 중학교 선생님이 함께 뜻을 모아 함께 연구하고 토의하면서 이 도서를 집필하게 되었습니다.

이 책이 고교학점제하에서 이루어지는 진로교육에 관한 아주 자세한 안내서나 지침서가 되지는 못 할 수도 있습니다. 하지만 적어도 진로학업설계 지도의 방향성과 사례를 공유하고 자유롭게 토론해볼 수 있는 기회는 마련해줄 수 있을 거라고 생각합니다. 집필 과정에 기꺼이 정보를 제공해주시고 인터뷰에 응해주신 선생님들께 깊은 감사의 말씀을 전합니다. 또한 모든 학생을 존중하는 교육과정 편성과 운영을 위한 고교학점제의 길에 함께 해주고 있으신 이 책의 독자분들께도 깊은 동료애를 느낍니다. 진로학업설계 지도로 학생이 주인공이 되는 고교학점제의 시동을 걸어봅니다.

저자의 글 · 004 | 고교학점제, 학생이 주인공인 가장 민주적인 진로교육의 방향성을 제안하다!
부록_견본양식 · 321
참고자료 · 331

CHAPTER 01

고교학점제와 진로학업설계

모두의 고교학점제로 나아가는 힘찬 시동을 걸다!

01 개념과 의미   022

고교학점제, 모든 학생의 학습권과 미래가치를 존중하다

고교학점제 개념을 지탱하는 세 가지 중심축 · 023 / 고교학점제로 한발 앞서 대비하는 미래교육 체제 · 025

02 차별화   035

고교학점제의 진로교육은 과거와 어떻게 다른가?

고교학점제 안착의 키워드는 진로학업설계 · 035 / 진로학업설계의 4단계 · 037 / 진로학업설계 지도가 교사와 학생에게 미치는 긍정적 효과 · 040 / 학교 현장에 최선의 진로학업설계 도입을 위한 방안은? · 043

전담조직과 운영체제

최선의 진로학업설계 운영을 위한 조직을 구성하다!

01 조직 구축   050

진로학업설계 전담조직, 어떻게 만들어갈 것인가?

진로학업설계 조직을 구축하기 위한 선결 과제는? · 051 / 맥킨지 모델을 활용한 진로학업설계 조직의 구축 방향은? · 053

02 지속가능성   056

지속가능한 진로학업설계를 위한 업무체제를 구축하다

진로학업설계 전담팀의 구성과 역할 · 057 / 진로학업설계 전담팀의 참여주체별 역할 분담 · 060

03 책임교육   069

학생 맞춤형 진로학업설계, 어떻게 지원할 것인가?

진로학업설계 전담팀 운영 방안 · 070 / 교육주체별 진로학업설계역량을 키우려면? · 072 / 상시적 진로학업설계를 위해 필요한 자료들은 무엇인가? · 074 / 진로관련 프로그램, 어떻게 운영할 것인가? · 077 / 진로관련 프로그램 평가, 어떻게 운영할 것인가? · 080 / 책임교육의 실현을 위한 지원업무와 사례 공유 · 082

진로학업설계

진로지도부터 학업관리지도까지, 진로교육을 다시 디자인하다

01 진로지도   086

학생들 스스로 진로를 탐색하며 진로역량을 키우게 하다

진로지도 실태분석 및 체계적인 진로지도의 필요성 · 087 / 진로지도를 통한 자아성찰력 신장 · 092 / 진로설계와 학업선택을 아우르는 진로지도 로드맵 그리기 · 095 / 진로지도의 핵심 원리는 무엇인가? · 097 / 진로심리검사를 통한 진로자아탐색 · 101 / 자신에게 적합한 직업과 맞춤형 학과 탐색 · 112 / 사명선언서를 통한 인생설계로 진로의 당위성 확보 · 126 / 학생 유형에 따른 맞춤형 진로지도 방안을 고민하다 · 131

02 과목선택지도   138

진로와 교육과정을 연계한 과목선택, 어떻게 도울 것인가?

학생의 진로에 따른 최선의 과목선택을 위하여 · 139 / 선택할 수 있는 과목에 관한 정보들을 제공한다 · 141 / 교육과정에 관한 이해를 돕는 자료를 제공한다 · 144 / 보통교과의 과목선택 시 유의사항은 무엇인가? · 151 / 위계가 있는 교과의 과목선택 시 유의사항은 무엇인가? · 153 / 진로계열에 따른 과목선택지도, 어떻게 할 것인가? · 156

진로 지도	과목선택 지도	과목이수 설계지도	학업관리 지도

03 과목이수설계지도   162

고등학교 3년간 학습할 교과목에 대한 로드맵을 그리다

과목이수설계지도에서 반드시 고려해야 할 것들은?·163 / 과목선택을 넘어 학교생활 전반에 걸친 맞춤형 학교생활계획지도·169 / 과목이수설계지도에서 참고할 만한 유용한 지원서비스·175 / 고교학점제 연구학교 사례로 살펴보는 과목이수설계지도·181

04 학업관리지도   186

지속적인 맞춤형 지원을 통해 책임교육을 실현하다

학업관리지도의 효과를 높이기 위해 필요한 것은 무엇인가?·187 / 학업관리지도의 핵심, 학업계획서·190 / 책임교육, 모든 학생의 학습권 보장을 지원하다·200 / 사례를 통해 살펴보는 학업관리지도·211

진로학업설계 프로그램

단위학교별 진로수업과 맞춤형 프로그램을 운영하다

01 진로수업 220

진로수업과 연계하여 상시적 진로교육이 이루어지게 하다

학생 각자의 실질적 진로학업설계를 돕는 체계적 프로그램의 운영·221 / 학생
들의 진로에 관한 성찰을 높이는 자아탐색 프로그램 운영·223 / 학생 요구조사
를 반영한 직업탐색 프로그램 운영·225 / 대학·학과 의사결정 준비를 위한 학
과탐색 프로그램 운영·227 / 진로와 연계한 과목선택 프로그램 운영·229

02 단위학교 프로그램 232

각 학교에 맞는 진로학업설계 프로그램을 개발하고 운영하다

프로그램 개발 시 무엇을 고려해야 하나?·232 / 고교학점제 연구학교의 진로지
도 프로그램 운영 사례·235 / 진로 및 전공과 긴밀히 연계한 과목선택지도 프로
그램 운영·239 / 책임교육을 지향하는 학업관리지도 프로그램 운영·241

징검다리 진로교육

중학교와 연계한 진로학업설계, 어떻게 실천할 것인가?

01 자유학기 연계 진로교육 · 246

중학교 진로교육 집중학년·학기제를 활용하다

특정 학년이나 학기에 진로체험 교육과정을 집중적으로 운영하다 · 247 / 중학교 3년간의 학교 진로교육 로드맵을 수립하다 · 248 / 진로와 관련된 다양한 정보를 탐색 및 활용하다 · 249

02 GROW 모형 · 252

진로코칭을 통해 학생들의 진로개발역량을 키우다

GROW 모형을 활용하여 학생의 궁극적 성장을 돕는 진로코칭 · 253 / GROW 모형을 활용한 코칭 일지, 어떻게 활용할 것인가? · 255

03 진학 유형 · 257

고등학교 유형별 교육과정 탐색을 통해 진학지도를 한다

진로에 따른 고등학교 선택, 무엇을 고려할 것인가? · 258 / 진학하는 고등학교 유형에 따른 맞춤형 정보에 주목하다 · 259

04 전환기 프로그램 · 266

중3 전환기 프로그램을 진로학업역량 향상에 활용한다

학생들의 진로 요구를 반영한 전환기 프로그램을 운영하다 · 267 / 꿈돋음 프로젝트를 통한 과목선택 활동 · 269 / 슬기로운 고등학교 생활을 위한 고교학점제 이해 · 271 / 진로 로드맵 작성하기 · 279

해외의 진로학업설계

모든 학생의 탁월성을 추구하는 캐나다의 진로교육을 만나다

01 K-12 연계   284

유·초·중등이 연계한 체계적 진로교육을 통해 시민을 양성하다

브리티시 컬럼비아주 진로교육: 전 학년(K-12) 단계별 맞춤형 진로역량 강화 · 285 / 온타리오주 진로교육: 유치원부터 차곡차곡 쌓이는 포트폴리오 설계 · 289

02 지역사회 및 산학협동   292

학교 밖 자원과 폭넓게 연계한 실무체험 교육과정을 운영하다

산학협동교육을 통한 다양한 실무체험 교육과정 운영 · 293 / 학생들의 자발성을 높이는 이중학점인정 프로그램 · 295

03 온라인 진로학업설계   296

진로관련 정보를 통합 관리하는 온라인 시스템을 구축하다

진로와 관련된 모든 정보를 종합적으로 탐색할 수 있는 시스템 구축 · 297 / 알기 쉽게 접근할 수 있는 진로학업설계 정보 · 300 / 대학진학에 필요한 모든 정보를 제공하는 온라인 서비스 · 302

| 04 | 함께하는 진로교육 | 305 |

학생·학부모와 긴밀히 협력하는 진로학업설계를 구안하다

BC주: 단계별로 종합적인 정보를 제공하는 학부모 안내서 · 306 / 온타리오주: 후기중등교육 기회까지 아우르는 진로학업설계서 · 308

| 05 | 그 외 인프라 | 312 |

학생의 주도적 선택을 돕는 다양한 지원 및 행사를 마련하다

과목선택을 돕는 다양한 과목안내서 제공 및 공유 · 313 / 희망 과목에 대한 다양한 정보를 제공하는 온라인 서비스 · 316 / 입학사정관의 전문 상담부터 다양한 맞춤형 정보와 만나는 입시박람회 · 317

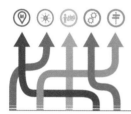

모두의 고교학점제로 나아가는 힘찬 시동을 걸다!

2025년 전면 시행을 앞둔 고교학점제는 2018년에 연구학교 54교, 선도학교 51교를 지정하면서 시작되었다. 고교학점제는 학생의 진로를 고려하여 교육과정을 편성하고 이수하도록 지원하는 학생 맞춤형 교육과정 운영제도를 의미한다. 즉 교육과정 안에서 모든 학생의 과목 선택권을 보장하고, 학생이 자신의 선택에 대한 책임을 질 수 있도록 지원하는 민주적이고 공평한 교육제도이다. 우리나라는 1차 교육과정부터 국가수준 교육과정 안에 이미 '선택'이라는 개념이 들어왔고, 2015 개정 교육과정이 도입되면서 현장에서 학생의 과목 선택에 대한 논의가 서서히 시작되었다. 고교학점제 도입으로 인해 이러한 논의가 본격화되고, 학교 교육과정 편성에서 학생의 과목 선택권을 보장하기 위한 시도들이 속속 나타나고 있다. 그러나 아직 고교학점제가 현장에 안착하는 데는 몇 가지 문제가 있다. 먼저 우리나라의 많은 학교에서 민주적인 교육과정 운영체제나 문화가 조성되지 않았다. 그리고 모든 학생을 존중하는 학생 맞춤형 교육과정 편성·운영에 대한 인식과 노력이 부족한 편이다. 교육부와 교육청의 지원이 제대로 이루어지지 않은 점 또한 고교학점제의 현장 도입을 어렵게 만드는 요인이다. 이에 이 장에서는 본격적인 진로학업설계에 관한 내용을 이야기하기 전에 고교학점제의 개념과 함께 진로학업설계의 필요성 등을 중심으로 간략히 살펴보려고 한다.

CHAPTER 01

고교학점제와
진로학업설계

#학생
학습권 보장

#책임교육
실현

#맞춤형
진로교육

#학생
과목선택권 확대

#진로
학업설계

#진로교육
집중학년 · 학기제

#진로역량
강화

고교학점제, 모든 학생의 학습권과 미래가치를 존중하다

세상의 모든 교육정책이나 제도는 제아무리 좋은 것이라도 곧바로 현장에 스며들 수 없다. 특히 새로운 제도나 정책 도입에 대해 학교 현장의 깊은 공감과 실천 의지가 중요하므로, 학교 교육 현황과 교육공동체의 인식 수준에 대한 면밀한 분석이 이루어져야 한다. 이러한 맞춤형 분석을 바탕으로 단계적 적용 방안이 논의되고 마련되어야 할 것이다. 그 이후에도 현장에 제대로 안착하기까지는 학교 교육공동체의 자발적 협력과 인내심이 필요하다. 아무리 좋은 교육정책이나 제도를 도입하려고 해도 학교 교육공동체가 그 필요성을 전혀 공감하지 못한다거나, 정책이나 제도를 도입하는 데 따른 관련 업무들을 긴밀히 협력해서 수행하지 못하면 결코 실현되기 어렵기 때문이다. 그리고 우리는 이미 지금까지 교육의 역사적 흐름 속에서 수많은 제도와 정책들이 현장에서 좌충우돌하며 표류하다가 좌초되는 모습을 지켜본 전례가 있다. 이는 현재의 대학입시제도도 마찬가지일 것이다. 앞으로 고교학점제가 모든 학생의 학습권을 보장하고, 교육 3주체의 공동 참여를 통해 교육과정의 민주화를 실현하면서 미래사회에 대비할 수 있는 미래교육 체제를 구축할 수 있도록 현장과 적극적인 소통과 공감의 기회를 마련해야 한다. 아울러 학교 현장과 교육공동체에 대한 분석과 연구를 통해 단계적으로 도입될 수 있도록 하루빨리 최선의 방안을 찾아내려는 노력이 반드시 필요하다.

| 고교학점제 개념을 지탱하는 세 가지 중심축 |

고교학점제란 "학생이 자신의 진로에 따라 다양한 과목을 선택하여 이수하고, 누적 학점이 기준에 도달할 경우 졸업을 인정받는 교육과정 이수·운영제도"이다(교육부, 2017). 이 개념을 분석하면 다음과 같이 고교학점제의 세 가지 중심축을 도출해낼 수 있다.

첫 번째는 **진로학업설계**이다. 그동안 진로와 직업탐색에 집중되었던 진로교육이 고교학점제에서는 재구조화되어 진로와 학업, 즉 '교육과정'과 연계된다. 다시 말해 학생은 자신의 진로에 따라 필요한 과목을 선택할 수 있는 '과목선택권'이 보장된다는 뜻이다. 따라서 학생이 자신의 진로를 결정하고, 이와 관련된 적절한 교육을 받을 수 있도록 체계적으로 지원하는 진로학업설계 지도가 강조될 수밖에 없다.

두 번째는 **학생의 과목 선택권 보장**이다. 물론 2009 개정 교육과정에서도 '학생중심 선택형 교육과정'을 추구한다고 명시하지만, 현실은 우리 모두가 알다시피 전국 대부분의 고등학교에서 대학입시에 중점을 둔 비슷비슷한 획일화된 교육과정을 편성·운영해왔다. 하지만 이러한 교육 방식으로는 학생 개개인의 적성이나 능력을 존중할 수 없는 것이 자명하다. 그뿐만 아니라, 날로 감소하는 학령인구를 고려할 때 획일화된 교육과정은 재고되어야 마땅하다. 고교학점제는 이러한 시대의 변화에 발맞춘 제도로서 '모든 학생의 학습권'을 존중한다. 이제는 비단 대학진학을 희망하는 학생뿐만 아니라 취업을 희망하거나 다른 진로를 모색하는 학생들도 고등학교 교육과정 안에서 자신의 학습권을 존중받을 수 있는 기회가 마련된 것이다. 즉 고교학점제에서는 그동안 학교 교육과정에서 소외되기 일쑤였던 학생들도 교육과정 안에서 자신에게 맞는 다양한 과목을 선택할 수 있고, 학습권을 보장받을 수 있게 된다.

세 번째는 **책임교육 보장**이다. 기초·기본 학력이 미달된 학생들의 실제적인 학습권을 보장하고 해당 학생들이 학교 교육과정에서 자신의 진로를 준비할 기회를 보장하는 책임교육의 실현이야말로 고교학점제의 도입 목적이다. 이를 위해 학교는 모든 학생이 자신의 진로와 수준에 따라 선택할 수 있는 과목의 개설을 검토하고, 미이수를 예방하는 교육을 준비하며, 만약 미이수가 발생했을 때 보충이수 과정을 통해 재이수할 수 있는 최선의 교육을 제공할 수 있어야 한다. 한편 학생 또한 자신이 선택한 과목을 반드시 이수해야 하는 책임을 갖게 되는 것이기 때문에 1교시부터 7교시까지 잠만 자는 학생들은 고교학점제 시대에는 졸업이 어려워질 것이다.

앞으로 고교학점제의 도입을 위해 각 학교는 모든 학생들을 위한 **진로학업설계 지도, 학생의 과목 선택권 보장, 책임교육** 체제를 구축하는 것 등이 필요하다. 그리고 이러한 체제를 공고히 하기 위해서는 학교 내 한정된 자원에만 의존할 수 없다. 한계가 너무나 명확하기 때문이다. 따라서 학교 교육공동체뿐만 아니라 지역사회와도 적극적으로 협력하며 해결 방안을 모색해야 할 것이다.

| 고교학점제로 한발 앞서 대비하는 미래교육 체제 |

시작하면서 아무리 좋은 제도나 정책도 학교 교육공동체의 공감을 얻지 못하면 제대로 정착하기 힘들다는 내용을 언급했다. 사실 아직도 모든 학교 현장에서 고교학점제를 두 팔 벌려 환영하는 것은 아니다. 현재 학교 교육공동체가 고교학점제를 바라보는 시각은 다양하다. 그중 아직도 고교학점제가 정확하게 무엇인지조차 제대로 이해하지 못하거나, 정권이 바뀌면 흐지부지 사라질 제도라고 인식하면서 무관심으로 일관하는 경우마저 있다. 전통적으로 학벌을 강조해온 우리나라 현실상 학점제가 본래의 취지에 맞게 실현되기 어렵고, 학교 현장에 필요 이상의 업무 부담만 가중시키는 성가신 정책이라는 불편한 인식도 여전히 현장에 남아 있다. 또 학생들의 대학입시에 전혀 도움이 되지 않는 방향이라고 일축하는 의견도 존재한다.

▪ 대입중심으로 편성된 과거의 고등학교 교육과정

고교학점제 관련하여 쏟아지는 현장의 회의나 부정적 시각, 무심한 반응들만 보더라도 위에서 일방적으로 전달되어 내려오는 수많은 정책의 소용돌이에 오랜 시간 시달려온 학교 현장의 고충이 느껴진다. 또 아이러니하게도 지금까지는 비록 교육정책을 잘 몰라도 교사 개인의 교육활동이 진행되는 데는 큰 문제가 없었다는 것 또한 파악할 수 있다. 즉 그동안은 집권 정당의 성향에 따라 교육정책이 좌지우지되었으며, 게다가 대부분은 학교 현장과의 긴밀한 소통이나 현장 상황에 대한 충분한 배려 없이 다소 일방적으로 추진되었다. 그러한 것들을 현장에서는 어떻게든 그저 따를 뿐이고, 그와 별개로 어쨌든 학생들을 대학에 보내야 하니 수업은 수업대로 진행하면 그뿐이었다. 이로 인해 학교는 큰 부담을 짊어지는 한편, 정책이야 어떤 방향이건 간에 고등학교 교육은 상당 부분 대학진학을 위한 통로로써 인식되었다는 것을 충분히 짐작할 수 있다.

이러한 과정에서 고등학교 교육은 대학진학을 목표로 학생 각자의 진로를 충분히 고려하는 교육과정이 아니라 대학의 서열화 속에서 높은 단계에 있는 대학에 한 명이라도 더 합격시키기 위한 교육에 몰두해온 것이 사실이다. 심지어 해마다 재학생 중 단한 명도 최상위 대학교에 보내지 못하는 학교일지라도 학생 대부분의 진로를 외면한 채 어떻게든 단 한 명이라도 최상위 대학교에 입학시키기 위해서 그에 필요한 교육과정을 중심으로 편성하고 운영하는 경우도 많았다. 즉 성적이 뛰어난 일부 학생을 제외한 나머지 학생 대부분의 학습권이 학교 교육과정 안에서 제대로 보장받지 못한 채 소외되어온 것이다.

무엇보다 이러한 안타까운 현실이 대부분의 학교 교육공동체에서 마치 상식처럼 당연하게 인식되고, 지금도 지속되고 있는 점은 큰 문제점으로 지적된다. 게다가 기초·기본 학력 미달 학생이 증가하고 있다는 지속적인 언론보도는 정당의 교육정책에 대한 여론 형성 수단으로서만 작용할 뿐, 실제 학교 교육의 궁극적인 변화로 이어지지는 못하였다. 결과적으로 우리나라 학교 교육은 몇몇 우수한 학생을 제외한 나머지 학생들에게는 공교육의 책무를 제대로 수행하지 못한 셈이다.

▪ 고교학점제 도입의 4가지 당위성

고교학점제의 전면 시행에 앞서 무엇보다 중요한 것은 하루빨리 현장에서 고교학점제의 당위성을 절실히 받아들여야 한다는 점이다. 사실 모든 학생의 꿈을 지원하고 학습권을 보장한다는 고교학점제의 취지와 긍정적 효과 자체에는 많은 이들이 공감하지만, 이것을 굳이 왜 지금 도입해야 하는지에 관해서는 여전히 의문을 제기하는 사람들이 많다. 만약 고교학점제에 대한 현장 인식이 그동안 현장에서 좌초된 수많은 교육정책 수준에서 벗어나지 못한다면, 고교학점제 또한 형식적으로 도입되었다가 흐지부지 사라질 가능성을 배제하기 어렵다. 그러나 이는 매우 심각한 일이다. 왜냐하면 단순한 정책 실패로 그치는 것이 아니라, 어쩌면 우리나라 공교육의 절망을 의미할 수도 있기 때문이다. 그렇다면 고교학점제는 우리나라 교육에서 왜 이토록 절실하게 필요한 것인가? 수많은 이유들을 거론할 수 있지만, 여기서는 핵심적인 이유를 4가지로 정리하여 살펴보고자 한다.

첫째, 예측을 넘어선 **학령인구[1]의 급감 현상**이다. 통계청의 장래인구 추계에 따르면 2017년 846만 명에서 향후 10년간 190만 명이 감소할 것으로 전망된다. 교육 단계별로 구분하여 살펴보면 초등학

---

1. 여기서 학령인구는 초등학교부터 대학교 취학연령인 6세에서 21세 사이의 인구를 의미한다.

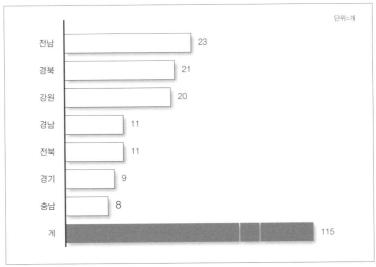

단위=개

전남	23
경북	21
강원	20
경남	11
전북	11
경기	9
충남	8
계	115

※자료: 한국교육개발원 교육통계센터 참조

1학년이 0명인 초등학교 현황(2020년 4월 기준)
학령인구의 급감과 함께 급기야 2020년 기준으로 입학생 수가 0명인 초등학교가 전국적으로 115개로 집계되었다.

교 학령인구(6~11세)는 2030년 180만 명으로 2017년 대비 66% 수준, 중학교 학령인구(12~14세)는 2030년 114만 명으로 2017년 대비 83% 수준, 고등학교 학령인구(15~17세)는 2030년 132만 명으로 2017년 대비 77% 수준, 대학교 학령인구(18~21세)는 2030년 181만 명으로 2017년 대비 69% 수준으로 감소할 것으로 예측된다. 저출산 현상의 심화와 함께 학령인구가 급감하면서 학교 폐교 증가로 이어지고 있다. 2023학년도부터 향후 5년간 초등학교 입학 인원은 해마다 감소해 현재의 3분의 2 수준으로 떨어질 것이다. 초등학교를 시작으로 중·고교와 대학에 이르기까지 학령인구 감소에 따른 도미노 폐교 위기가 카운트다운에 들어간 것이다.[2] 지방의 지자체들은 인구 감소에 따른 지역 소멸 현상을 막기 위해 여러 가지 부양책들을 내놓고 있지만 역부족이다. 이미 학생 수보다 지도하는 교사 수가 더 많은 고등학교들도 나타나기 시작했다.

학령인구의 급감에 대처하기 위해 교육부도 교원 수급에 대한 정책을 내놓기 시작했다. 바로 교원 수 조정이다. 한편 각 교원단체에서는 학급당 학생 수를 줄여야 함을 강조하고 있지만, 인구 감소에 따른 세수 감소와 학령인구 급감의 가속화로 얼마만큼의 실효성이 있을지는 알 수 없다. 2025년이 되면 5명 중 1명이 65세 이상이 된다고 하니, 이미 노령화 사회가 본격화된 것으로 간주해야 한다. 저출산에 대한 대비도 중요하지만 젊은 층이 급감하는 현상으로 인해 국가적 위기가 닥쳐올 수 있기 때문에 단 한 명의 학생도 놓치지 않으려는 개별화 교육, 맞춤형 교육이 더더욱 절실히 필요한 시점이다. 이미 선진국은 오래전부터 학생 개인 맞춤형 교육에 대한 체제를 강화하였고, 많은 나라들이 학점제를 도입해 시행하고 있다. 우리나라도 다소 늦은 감이 있기는 하지만, 이제라도 고교학점제를 도입하는 만큼 철저히 대비하고, 체계적으로 운영되기 위한 노력이 필요하다.

---

2. 15일 한국교육개발원 교육통계센터에 따르면 1~6학년 전교생이 60명 이하인 소규모 초등학교는 지난해 4월 기준 전국 1488개 교로 집계됐다. 지역별로 소규모 초등학교는 △경북 231곳 △전남 223곳 △전북 199곳 △강원 189곳 △경남 178곳 △충남 169곳 △경기 119곳 순으로 많았다(매일경제, 2021.01.15.).

둘째, **모든 학생을 위한 책임교육 체제 구축**이다. 영포자와 수포자는 우리 교육에서 꽤 오랫동안 존재해왔고, 학년이 올라갈수록 증가하는 양상을 보인다. 학교 현장에서 영포자와 수포자는 아픈 손가락임에 분명하지만, 안타깝게도 이들에 대한 책임교육은 제대로 이루어지지 않은 채 방임되었다. 그저 많은 언론에서 한 번씩 심각하게 기사화되고 나면 잠깐 관심을 갖는 듯 하다가 흐지부지되기 일쑤였다. 책임교육이란 단순히 미이수하였을 때 보충수업을 제공하는 수준을 의미하지 않는다. 기본적으로 모든 학생들이 저마다 다른 배움의 수준과 속도를 고려하여 학습할 수 있는 다양한 학교 교육과정의 편성·운영이야말로 진정한 책임교육이다. 필요하다면 개별적인 상담이나 맞춤형 학습 기회를 마련해주는 것이다. 고교학점제는 모든 학생들의 과목선택권을 최대한 보장하는 것은 물론 그들이 선택한 과목을 제대로 이수할 수 있도록 체계적으로 지원함으로써 학생의 학습권을 보장하고자 하는 것이다.

셋째, **미래교육의 시작**이다. 4차 산업혁명은 이미 시작되었다. AI가 인간과 원활하게 대화하고, 많은 질문에 답하기 시작하는 등 우리 일상으로 깊숙이 파고들고 있다. 이를 반영하듯 2015 개정교육과정에는 인공지능 수학과 인공지능 기초가 과목으로 편성되었고, 앞으로 AI관련 과목의 증설이 예측된다. 또한 AI가 서술형 채점 및 면접에 도입되기 시작했다. 이제 모든 교과에 AI를 활용하는 수업과 평가를 준비해야 한다. 즉 기존 교육과정, 수업, 평가의 큰 변화가 불가피하다. 앞으로는 지식을 쌓는 교육이 아닌 지식을 융합하고 활용하는 교육으로 전환된다. 따라서 모두가 거의 똑같은 혹은 비슷한 지식을 쌓는 것이 아니라 학생 개개인의 진로에 따라 학생이 자기주도적으로 학습하고 교육과정을 이수할 수 있도록 지원하는 교육이 반드시 필요하다.

넷째, **대학 교육에 대한 인식 변화**이다. 학령인구 급감으로 초·중·고는 물론 대학의 폐교 현상도 계속될 것으로 예측된다. 벌써 일부 소위 상위권 대학을 제외한 많은 대학이 폐교될 것이라는 전망도 있다. 이러한 흐름 속에서 대학 교육은 재구조화가 불가피하다. 한편으로 대학 교육 무용론 같은 다소 과격한 주장마저 제기되고 있다. 불과 얼마 전까지만 해도 대학 강단에서나 들을 수 있었던 세계 유명 교수나 석학의 명강의를 무크를 통해 온라인에서 들을 수 있게 되었고, 유튜브, 테드 등에서 제공하는 수많은 콘텐츠를 온 세계에서 실시간으로 접속하여 배울 수 있게 되었다. 현재 자신이 다니는 대학에서 수강하는 일반적인 강의보다 한층 질 높은 교육을 받을 수 있는 기회가 열린 것이다. "꼭 4년제 대학을 졸업해야 성공할 수 있다"는 사회 통념이 깨진 것이다.[3] 이제 대학

---

3. 강태진 외 20인, 《코리아 아젠다》, 나목출판사, 2018.

교육도 혁신 없이는 더 이상 유지되기 힘들다는 것을 여실히 보여준다. 이에 따라 거의 대학진학만을 추구해온 고등학교는 교육의 목적과 교육과정에 대해 다시 생각해보아야 한다. 많은 학생들에게 학생들이 경험하는 마지막 교육기관이 될 수도 있기 때문이다. 따라서 고교학점제를 통해 학생들이 자신의 진로를 충분히 준비할 수 있는 고등학교 교육이 더욱 강조될 것이다.

고교학점제는 분명 기존의 교육정책이나 제도와는 많은 점에서 차이가 있다. 이러한 차이점이 일부 현장에 거부감을 일으키는 원인이 되기도 하지만, 고교학점제는 학교 교육의 진화에서 피할 수 없는 과정이다. 이미 닥쳤거나, 조만간 닥칠 미래에 우리가 맞이하게 될 온갖 극복하기 어려운 현실적인 문제들에 대해 현명하게 대비하기 위해서라도 고교학점제는 우리가 어쩔 수 없이 도입되어야 하는 정책이라는 뜻이다. 교사의 입장에서는 어쩌면 교직의 생존과도 깊이 연결된 문제일지 모른다.

물론 현장에만 이 모든 고민을 떠넘겨서는 안 된다. 고교학점제 도입으로 인해 야기될 수 있는 학교와 교사의 현실적인 부담을 줄이면서, 고교학점제가 안정적으로 도입될 수 있도록 교육부와 교육청은 적극적으로 또 체계적으로 지원해야 한다. 우리 교육에서 고교학점제는 도입할 것인가, 말 것인가의 선택 문제가 아니라, 교육의 미래를 위해 반드시 도입되어야 할 당위성이 분명한 제도인 만큼, 무조건 거부감을 드러내며 회피하기보다는 학교 차원에서 미리 적극적으로 준비하는 것을 고려해 보아야 할 때이다. 앞에서도 언급했지만, 아무런 시행착오 없이 교육정책이나 제도가 하루아침에 현장에 안착하기는 어렵다. 고교학점제 또한 새로운 정책이기 때문에 감당해야 할 일정 부분의 시행착오와 부담이 있으므로, 안정적 도입을 위해 학교 안팎에서 미리 준비하는 과정은 반드시 필요하다.

고교학점제의 진로교육은 과거와 어떻게 다른가?

고교학점제 도입에 있어 가장 중요한 요소는 무엇일까? 그건 바로 교육을 받는 모든 학생을 아우르는 '학생 맞춤형 교육' 실현이다.

| 고교학점제 안착의 키워드는 진로학업설계 |

고교학점제는 학업성적이 우수한 소수를 대상으로 그중 한 명이라도 더 최상위권 대학에 입학시키는 데 초점을 맞추는 것이 아니라, 모든 학생이 고등학교 교육과정 안에서 자신의 미래를 체계적으로 준비할 수 있는 충분한 기회를 마련하는 것이다. 이러한 고교학점제가 우리나라 학교 현장에 제대로 안착하기 위해 먼저 우리 스스로 개별 학생에 대해 다음과 같은 질문을 제시할 필요가 있다.

▷ 학생이 무슨 진로를 꿈꾸고 있는가?

▷ 학생이 자신의 진로를 실현하기 위해 필요로 하는 교육과정이 무엇인가?

▷ 학생이 자신의 맞춤형 교육과정을 이수하기 위해 어떤 지원이 필요한가?

▷ 학생이 자신의 진로학업계획을 수행하는 과정에서 어려움이 발생했을 때 어떻게 해야 하는가?

이와 같은 질문에 답하기 위해 그동안 우리 교육은 과연 무엇을 해 왔을까? 물론 현장의 많은 교사들은 학교에서 학생들의 성장을 위해 지금도 고군분투하고 있을 것이다. 그러한 노력 자체는 당연히 높이 평가해야겠지만, 과연 그러한 노력이 자신의 진로를 준비하고 있는 모든 학생들에게 도움이 되는 방향이었는지에 관해서는 각자 곰곰이 성찰해볼 필요가 있다고 생각한다. 아마도 학생 개인의 진로성숙도가 높고, 진로 또한 명확한 경우에는 분명 적잖은 도움이 되었을 것이다. 그러나 진로를 결정하지 못한 채 단순히 성적에 맞추어 대학과 전공을 선택하는 데 급급하거나 일반고등학교에 진학했지만, 대학입시 대신 취업을 준비하고 있는 학생들에게는 별다른 도움이 되어주지 못했을 가능성이 높다. 거듭 강조하지만, 학교 교육은 학교에 다니는 **모든 학생**을 지원해야 마땅하다. 그것이 공교육의 책무이자, 누구나 일정 기간 의무적으로 학교에 다니는 이유이기 때문이다. 오히려 실로 당연한 책무임에도 너무 오랜 시간 학교 교육에서 외면해온 점이 안타까울 뿐이다.

학교에서 모든 학생의 학습권을 보장하기 위해서 가장 먼저 해야 할 일은 **학생과 소통**하는 것이다. 예컨대 학생과의 상담이나 협의회를 통해 학생의 관심사, 진로, 교육과정과 프로그램에 있어서 요구 사항이 무엇인지를 파악해야 한다. 고교학점제에서 말하는 진로학업설계 지도는 바로 이러한 학생의 이해와 요구 조사를 바탕으로, 이를 최대한 수렴할 수 있는 학교 교육과정을 마련하는 한편, 학생이 자신에게 필요한 과목을 선택하고 이수하도록 지원하는 과정이다. 이런 의미에서 볼 때, **진로학업설계**야말로 고교학점제가 힘차게 나아가도록 시동을 거는 데 반드시 수반되어야 할 가장 첫 번째 과제이자, 주목해야 할 키워드가 아닐 수 없다.

| 진로학업설계의 4단계 |

고교학점제 안에서 이루어지는 진로학업설계 지도를 너무 어렵게 접근할 필요는 없다. 다만 기존에 학교에서 실천해온 진로교육이

진로학업설계 지도 과정
학생이 진로를 결정하고 관련된 과목을 선택하여 적절하게 이수할 수 있도록 진로학업설계 지도는 크게 4가지 단계로 이루어진다.

다소 피상적이고 형식적인 수준에 머문 것과 달리 모든 학생들이 학교 교육과정 안에서 체계적으로 진로설계를 해나갈 수 있도록 지원하게 된다. 즉 앞으로의 진로교육은 본질적으로 학생이 자기 이해를 통해 진로를 결정하고, 자신의 진로·적성과 연계된 과목을 선택하여 배움의 단계에서 적절하게 이수하여 졸업할 수 있도록 학업을 계획하고 실천하는 과정을 상담하고 지원하는 모든 과정을 포괄한다. 이를 실현하기 위해 진로학업설계 지도는 진로지도, 과목선택지도, 과목이수설계지도, 학업관리지도의 4가지 단계로 이루어진다.

• **진로지도**

진로지도는 학생이 자기 이해를 통해 자신의 진로를 결정하도록 지원하는 단계이다. 학생의 특성, 관심, 유형에 따라 맞춤형 진로지도를 실시하며 학생이 자기주도적으로 진로 정보를 탐색하고 활용하여 진로를 결정할 수 있도록 지원한다.

▪ **과목선택지도**

과목선택지도에서는 무조건 이수하기 쉽거나 입시 유불리에만 초점을 맞춘 과목선택보다는 학생이 자신의 진로설계에 도움이 되는 과목을 선택할 수 있도록 진로와 연계한 과목선택에 대한 정보와 안내 지침을 제시한다. 단위학교에서 제작한 과목안내서와 시·도교육청 혹은 대학에서 개발한 대학 전공별 과목안내서 및 온라인 사이트를 활용하여 학생이 자신의 진로에 따라 필요한 과목을 탐색할 수 있도록 상담하고 지원한다.

▪ **과목이수설계지도**

과목이수설계지도에서는 학생 개인의 진로희망에 따라 고등학교 3년 동안 배우게 될 과목 수강에 대한 포괄적 계획을 세우는 것이 중요하다. 구체적인 학습설계 전략과 함께 참여할 학교 프로그램을 포함하는 학교생활 전반을 계획할 수 있도록 지도한다.

▪ **학업관리지도**

마지막으로 학업관리지도에서는 학생이 자신의 학업계획서에 따라 학업을 실시하는 가운데 학생이 겪는 학업 문제를 종합적으로 살펴보고 근본적인 해결 방안을 모색해야 한다. 무엇보다 과목별 최소학업성취수준 보장을 위해 학습의 질 관리를 강화할 수 있도록 지원하고 가정에서의 학습을 상담하고 지원한다.

각 단계별 구체적인 실천 방법 등에 관한 내용은 이후 3장에서 단계별로 좀 더 자세히 살펴볼 것이다.

| 진로학업설계 지도가 교사와 학생에게 미치는 긍정적 효과 |

진로지도, 과목선택지도, 과목이수설계지도, 학업관리지도의 4단계를 거치며 학생들은 단지 성적에 자신의 진로를 끼워 맞추는 것이 아니라, 자신이 바라고 또 자신에게 꼭 맞는 진로를 스스로 개척할 수 있는 역량과 인성을 구축하는 한편, 학생 자신이 희망하는 이후 과정으로 나아갈 수 있게 된다. 각 단계에 대한 구체적인 내용과 방법은 이후 3장을 참고하고, 그에 앞서 진로학업설계에 대한 현장 교사들의 인터뷰 내용을 소개하려고 한다. 학교 교육안에서 진로학업설계가 어떻게 이루어지고 자리를 잡아야 하는지에 대한 방향성을 충분히 짐작해볼 수 있을 것이다.

> 진로학업설계를 통해 학교 교육과정은 학생들의 진로와 삶에 의미 있는 과정이 될 것 같습니다. 학생들은 자신의 진로를 통해 학교 교육과정을 보고 과목을 선택하게 되고 이를 통해 자신의 진로를 위한 역량을 키워가게 될 것입니다.
>
> - A고 교사

진로학업설계의 학업 관리 지도를 통해 학생들의 과목 미이수를 예방하고, 미이수 발생 시 필요한 책임교육을 지원함으로써 기초·기본 학력 미달 학생이 감소할 것이라고 봅니다. 저는 이 점이 고교학점제에 있어 가장 큰 효과라고 생각합니다.

- B고 교사

학생들이 자신의 꿈을 이루기 위해 자기주도적으로 학습을 계획하고, 과목을 이수하기 위해 동료, 교사, 나아가 지역사회와 협력하는 기회가 마련될 수 있다는 점 또한 고교학점제에서의 진로학업설계의 매력인 것 같습니다. 학습 과정에서 어려운 점을 만나면 좌절하는 것이 아니라 선생님과 함께 해결 방안을 찾는 것이죠.

- C중 교사

학교 교육과정 안에서는 몇몇 학생이 아닌 모든 학생이 주인공이 될 수 있어야 합니다. 학생들이 학교 교육을 통해 자존감을 회복하고 신중하게 과목을 선택하여 이수하는 과정이 우리 교육의 목적이 아닐까 싶습니다. 모든 학생의 탁월성을 실현하는 것을 교육목표로 삼고 있는 캐나다 온타리오주처럼 우리도 고교학점제의 진로학업설계를 통해 모든 학생이 꿈을 이룰 수 있는 교육을 실현할 수 있을 것이라고 봅니다.

- D고 교사

이러한 진로학업설계 지도 과정을 통해 기대할 수 있는 학생들을 위한 의미 있는 교육적 효과 몇 가지를 정리해보면 다음과 같다. 첫째, 상담과 지원 과정을 통해 학생들은 **학교 교육에서 자신이 존중받고 있음을 인식**할 수 있을 것이다. 둘째, 자신의 진로에 대해 숙고하고 논의하는 과정을 통해 **진로성숙도가 향상**될 것이다. 셋째, **학교 교육과정의 중요성 인식**이다. 즉 교육과정이 그저 점수를 잘 받기 위해 어쩔 수 없이 이수해야 하는 것이 아니라, 자신의 진로를 개척하는 데 중요한 과정 중 일부임을 이해하게 될 것이다. 넷째, 과목의 선택과 이수의 책임 과정을 통해 **시민으로서의 역량을 구축**하게 될 것이다. 다섯째, 진로에 따른 학업계획 수립과 실천을 통해 앞으로 **인생 설계와 실행의 기초**를 다지게 될 것이다. 이렇게 진로학업설계는 모든 학생들에게 학교 교육에 참여하는 것의 의미와 목적을 인식시키고 능동적으로 실천하게 할 것이다.

한편 교사들에게도 진로학업설계 지도는 다음과 같은 측면에서 의미가 있다. 교사들은 첫째, **학생 개개인의 진로와 학업에 더욱 관심을 기울여 지원**하게 될 것이다. 둘째, 학생의 **진로를 더욱 체계적이고 집중적으로 지원**하게 될 것이다. 셋째, 학생들이 필요한 과목이 무엇인지를 인식하고 **학교 교육과정의 편성 방향을 모색**하게 될 것이다. 넷째, 학생 개개인의 학습 과정을 **한층 더 전문적이고 면밀하게 모니터링하고 필요한 지원**을 하게 될 것이다. 다섯째, 학생의 진로에 따른 교육과정을 더욱 폭넓고 적극적으로 지원할 수 있는 방안을 모색하고 구축하게 될 것이다. 이를 통해 학교는 모든 학생의 잠재력을 존중하고 성장시키는 공교육이 실현될 수 있을 것이다.

| 학교 현장에 최선의 진로학업설계 도입을 위한 방안은? |

진로학업설계는 느닷없이 오늘날 학교에 부여된 전혀 새로운 과제가 아니다. 오히려 오래전부터 학교 교육에서 이미 실행되었어야 마땅한 중요한 과정이다. 너무 오랜 세월 입시중심 교육에 치중해온 나머지 중요성이 간과되어왔을 뿐이다. 다만 그 중요성과는 별개로 아직 교사, 학생, 학부모 모두에게 진로학업설계는 생소한 측면이 적지 않다. 따라서 진로학업설계를 학교 현장에서 실제적이고 체계적으로 도입하여 실행하기 위해서는 다음과 같은 사항에 대해 미리 논의하고 준비해야 할 것이다.

첫째, 교사의 **진로학업설계 지도역량을 강화**해야 한다. 지금까지 학교에서 진로교육은 1학년의 경우 진로전담교사가 담당하며 일주일에 1시간 강의식 수업과 창의적체험활동을 통한 일부 체험학습을 통해 이루어졌다. 2, 3학년의 경우 창의적체험활동의 진로교육은 아예 교사의 준비성이나 전문성을 고려하지 않은 채, 평균 수업시수에 미치지 못하는 교사들이 담당하여 운영해왔다. 이로 인해 일반고등학교에서는 진로 시간이 본래의 취지에 적합하지 않게 자습의 시간으로 운영되는 사례가 허다했다. 따라서 진로 과목을 담당하는 교사와 학급 학생 관리를 담당하는 담임교사의 전문성을 지원해줄 수 있는 연수나 교수학습자료를 개발하여 제공해주어야 한다. 또는 공동연구, 공동실천을 추구하는 진로학업설계 전문적 학습공동체를 조직하여 활성화할 필요가 있다[4].

둘째, **현장 체험중심 진로학업설계**의 기회를 마련해야 한다. 고교학점제 연구·선도학교에서 학생들이 과목선택을 변경하는 사례가 증가하여 학교 규모가 큰 경우 일정 시기에 담당교사의 업무가 폭증하는 현상이 나타나고 있다. 학생들에게 과목선택이 어려운 이유는 다양하다. 정윤경·류지은·안유진·곽초롱(2020)의 연구에 따르면 학생들을 대상으로 과목 안내와 정보가 부족하다는 이유가 28.2%, 자신의 적성을 잘 모르고 진로를 못 정해서라는 이유가 22.5%, 과목선택이 전반적으로 복잡하고 이해가 어려워서라는 이유가 16.3%, 나의 적성과 진로와 맞는 과목인지 확신이 부족해서라는 이유가 67.7%로 나타났다. 정리해보면 자신의 진로와 과목의 체계를 충분히 이해하지 못해서 발생하는 문제이다.[5]

따라서 학생들이 진로와 과목 정보를 교사의 설명과 책에 담긴 정보를 통해 접하기보다는 실제적인 교과 융합적 접근이 필요하다. 특히 직업의 현장 체험학습 기회를 충분히 마련해줄 필요가 있다. 학생들이 직업 현장에서의 체험을 통해 자신의 진로를 실제로 경험해보는 과정에서 자신과의 적합도를 한층 현실적으로 검토하고, 제대로 준비할 수 있도록 지원하는 것은 중요하다. 그리고 그런 경험의 기회가 많으면 많을수록 학생들의 진로 결정과 과목선택이 더욱 확고해질 수 있다. 또한 대학에 진학해서도 자신의 전공에 적응하지 못하고 전과하거나 재수에 도전하는 학생의 수도 줄어들게 될 것이다.

셋째, **학생의 자기주도적인 진로학업설계** 과정이 되어야 한다. 진로학업설계는 학생의 미래를 체계적으로 준비하는 매우 중요한 과정이다. 따라서 학생이 주체적으로 자신의 진로를 결정하고 자신에게 적합한 과목을 선택하여 이수해야 한다. 교사는 학생이 자신과 진로에 대해 충분히 분석하고 종합할 수 있게 도와주고, 과목에 대해 구체적인 정보를 제공해야 할 것이다. 즉 교사는 수업, 상담, 프로그램 등의 다양한 방법을 통해 학생과 지속적으로 소통하고 격려하고 응원하는 역할을 충실히 해내야 한다.

넷째, 진로학업설계는 **유·초·중·고 전 과정에 연계**적으로 이루어져야 한다. 정윤경 외 3인(2020)의 연구에 따르면 학생들은 중학교

---

4. 앞으로 진로전담교사, 담임교사뿐만 아니라 학교의 모든 교직원은 학생들의 진로학업설계를 지원해야 하며, 이를 위한 전문성을 갖추고 있어야 한다. 따라서 교사양성 단계에서 진로학업설계에 대한 교육이 마련되어야 한다(이주연 외 5인, 2020).

5. 캐나다 BC주의 경우 고등학교 10학년에서 12학년에 진로교육에서 직업체험 교육과정이 집중적으로 운영되어 학생이 졸업 후 후기고등교육이나 직업에 안정적으로 적응할 수 있는 기회를 제공한다.

때 고등학교 입학 후의 진로와 교육과정 이수 과정에 대한 정보와 상담을 요구하고 있었다. 더 놀라운 것은 일반계고등학교보다 직업계고등학교 학생들이 더 많이 요구했다는 점이다. 그 이유는 직업계고등학교가 대학에서처럼 전공별 교육과정이 운영되면서도 정작 전공 간 융통성 있는 과목을 선택하는 데 어려움이 많다 보니 진학 후 적응에 어려움을 호소하는 학생이 많기 때문이다. 즉 학교급 간 연계적 안내와 교육이 미흡하다 보니 학생들이 학교 유형이나 과목을 충분히 고려하지 못하고 선택하는 경우가 계속 발생하는 것이다. 이에 학교급별 학생의 발달단계를 고려하면서도 고등학교의 선택중심 교육과정에 안정적으로 적응할 수 있도록 유·초·중·고 연계적인 진로학업설계 과정을 마련해야 할 것이다**⁶**

다섯째, 진로학업설계의 전 과정을 **누적해서 기록할 수 있는 시스템**이 필요하다. 학교생활기록부는 학생의 과목 이수 결과와 학교생활을 종합적으로 평가하여 기록하는 평가 시스템이다. 학생이 정보를 탐색하고 교사와의 상담을 통해 계획을 수립하고 성찰할 수 있는 공간은 아니다. 따라서 학생이 자신의 학교생활 전반을 계획하고, 실천하는 과정을 지속적으로 기록할 수 있는 온라인 시스템을 마련하는 것은 시급하다. 현재 대부분의 연구·선도학교에서는 학업설계서를 지면으로 작성하고 있다. 이러한 방식은 분실의

---

6. 캐나다는 대부분의 주에서 유·초등·중등 연계 진로학업설계 지도가 이루어지고 있다(자세한 내용은 6장 참조).

위험과 진급하였을 때 편철하는 등의 부담이 크다. 학교생활기록부처럼 지속적으로 누적해서 기록할 수 있는 온라인 시스템은 학생에게는 누적 정보를 포괄적으로 통해 자신의 학습 과정 전반을 성찰해볼 수 있는 기회를, 교사에게는 학생의 누적 정보를 접함으로써 학생에 대한 이해의 폭이 넓어지고 더욱 체계적인 진로학업 설계 지도를 지원할 수 있게 해줄 것이다.[7]

이상의 5가지로 추려서 정리하기는 했지만, 이 밖에도 중요하게 고려해야 하는 사항들이 더 있을 수 있다. 앞서 언급했듯이 어떤 교육정책도 도입 단계부터 완벽할 수는 없다. 그렇기 때문에 교육정책이 완전히 도입되기 전에 서로 충분한 소통과 논의를 통해 최대한 마찰을 줄이고 현장에 완벽하게 적용될 수 있도록 함께 머리를 맞대고 함께 해결 방안을 모색하는 노력은 중요하다. 또한 실행하는 과정에서 학교 교육공동체 안에서 끊임없이 소통하고 논의하여 문제점을 보완해가면서 학생들의 꿈과 학습을 최선을 다해 지원할 수 있는 노력이 지속되어야 할 것이다.

---

7. 캐나다 온타리오주 토론토 지역교육위원회에서는 'myBlueprint'라는 온라인 시스템을 구축하고 있다(관련된 내용은 6장 참조).

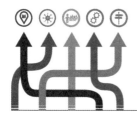

최선의 진로학업설계 운영을 위한 조직을 구성하다!

고교학점제의 시행과 함께 앞으로 학생들은 과거와 달리 다양한 선택의 기회를 갖게 될 것이다. 하지만 학생들이 자신에게 주어진 선택의 기회를 제대로 살리기 위해서는 적절한 도움이 필요하다. 즉 정확하고 충분하게 안내하고 상담하고 촉진하는 역할을 수행하는 누군가가 꼭 필요하다는 뜻이다. 그렇지 않으면 학교 현장에는 엄청난 혼란만 야기될 것이다. 이를 해결하기 위해서 학생들에게는 자신에 대한 충분한 이해, 단위학교 교육과정에 대한 충분한 안내와 과목선택에 필요한 과목 설명 자료 등이 각 학년과 시기에 맞게 제공되어야 한다. 교사들에게는 단위학교 교육과정의 의미와 교육과정 속에서 어떻게 진로교육 및 학업설계 상담을 진행할 것인가에 대한 교육공동체와의 긴밀한 협업이 필요하다. 그러나 이러한 충분한 안내와 진로학업상담에 대한 업무를 긴밀한 협업 권장으로만 남겨둔다면 다양한 교육주체들 간의 역할 모호성으로 인해 많은 혼란이 발생한다. 그래서 진로학업설계를 체계적으로 지원할 수 있는 조직 구축 및 각 교육주체 간의 역할 안내가 필요한 것이다. 이에 2장에서는 진로학업설계를 지원하는 전담조직의 구성 및 각 주체 간 역할에 관해 구체적으로 이야기하려고 한다.

CHAPTER 02

전담조직과
운영체제

#학생
학습권 보장

#책임교육
실현

#맞춤형
진로교육

#학생
과목선택권 확대

#진로
학업설계

#진로교육
집중학년 · 학기제

#진로역량
강화

진로학업설계 전담조직, 어떻게 만들어갈 것인가?

　소수가 아닌 모든 학생의 꿈과 미래를 존중하고 응원하는 고교학점제 본연의 취지를 살리고 올바른 현장 도입을 위해서라도 **진로학업설계**가 중요하다는 점에는 모두 공감할 것이다. 하지만 공감과 별개로 '어떻게 실천할 것인가'는 전혀 다른 차원의 문제이다. 만약 실천 과정이 원활하지 않아 번번이 현장에서 제동이 걸린다면 아무리 좋은 정책과 제도도 학교 현장에 제대로 뿌리를 내리기 어렵다.

　무엇보다 진로학업설계의 체계적 운영은 어느 한 사람이 감당할 수 있는 범위의 일이 아니다. 또 기존에 하던 업무에서 몇 가지 더 추가되는 선에서 은근슬쩍 떠넘기는 모호한 책임 분담으로는 결코 정상적으로 운영될 수 없다. 게다가 이미 교사들은 각 학교의 업무 분장표에 따라 교과 수업 말고도, 나름대로 각자 고유의 업무들을 수행하고 있다. 따라서 여기에 새로운 업무라고 할 수 있는 진로학업설계에 대한 추가 활동까지 부여된다면 심리적·물리적 부담이 가중될 수밖에 없고, 이는 고스란히 정책에 대한 온갖 부정적인 태도로 이어질 수밖에 없다. 따라서 일단 진로학업설계를 이끌어갈 전담조직을 구성해야 한다. 진로학업설계 업무를 체계적으로 분담하고 진행하기 위한 조직이 만들어져야 한다는 뜻이다. 특히 단위학교의 특성을 고려하여 진로학업설계를 위한 나름의 조직을 구축하여 운영할 필요가 있다.

| 진로학업설계 조직을 구축하기 위한 선결 과제는? |

어떤 집단 내에서 새로운 조직을 구축한다는 것이 말처럼 쉬운 일은 아니다. 새로운 조직을 구축하고, 그 조직이 뿌리를 내리기 위해서는 무엇이 필요할까? 먼저 **조직이 추구하는 방향**이 무엇이며, 그것이 왜 우리에게 필요하고 중요한지에 대해 구성원들 간의 깊은 **공감대 형성**이 선행되어야 할 것이다. 만약 그것이 선행되지 않으면 새로운 조직은 제대로 싹조차 틔울 수 없다. 또한 구성원 간에 많은 대화와 토론을 통해 조직의 생사가 걸린 핵심 문제뿐만 아니라, 조직을 운영하는 과정에서 불가피하게 생겨나는 여러 복잡한 문제들도 해결해야 한다. 또한 조직에서 일어나는 여러 가지 사건들을 단편적인 시각에서 바라보기보다는 전체적으로 인지하고 부분들 간의 얽히고설킨 역동적인 관계를 이해하려는 구성원들의 **시스템적 사고**도 필요하다. 이 모든 것들이 유기적으로 상호 작용할 때, 그 조직은 비로소 진정한 생명력을 갖게 된다.

조직을 만들었다고 해도 그걸로 끝이 아니다. 단지 조직을 만들기만 하고 방치한다면 이름뿐인 유명무실한 상태에 머물거나, 어느새 소리 소문도 없이 해체되고 말 것이다. 조직이 제대로 기능하기 위해 구성원 간의 공감대 형성이나 긴밀한 의사소통 및 문제해결 방식 등이 중요하다는 것은 알고 있지만, 이것을 실제 조직에서 어떻게 구현해야 하는지는 사실 별개의 문제이기 때문이다. 그래서 소개하고 싶은 것이 바로 맥킨지 7S 모델이다. 맥킨지 7S 모델이란 매킨지사의 경영 컨설팅 업무조직 모델로 다음 7가지로 조직문화에 대한 혁신과제를 도출할 때 활용하는 맥킨지사의 경영 진단 도구이다. 조직 개발 시 꼭 필요한 요인으로 다음의 7가지를 꼽고 있는데, 조직을 이해하고 설계하는 데 유용하다.

① 공유가치(shared value)　　⑤ 구성원(staff)

② 전략(strategy)　　⑥ 관리기술(skill)

③ 조직구조(structure)　　⑦ 리더십 스타일(style)

④ 제도 · 절차(system)

| 맥킨지 모델을 활용한 진로학업설계 조직의 구축 방향은? |

7S 모델은 한층 거시적 관점에서 기업경영에 접근할 수 있게 해준다. 또한 다양한 전략을 세우는 과정에서 전략들과 기업 내 요소들의 연관성을 파악하여 시너지를 이끌어내는 데도 효과적이다. 나아가 조직의 약점을 보완하고, 강점은 극대화하며, 전체 기업문화를 조망하는 데도 효과적이다. 이러한 점을 잘 활용한다면 7S 모델은 단위학교에서 조직을 구축하는 데에도 유용할 것이다. 특히 진로학업설계 조직을 구축하는 데도 적용해볼 수 있다. 무엇보다 7S 모델을 활용한다면 한층 합리적인 진로학업설계 조직을 구축하는 데 의미 있는 아이디어를 얻을 수 있다. 그렇다면 7S 모델에서 말하는 7가지 요소를 적용한 진로학업설계 조직의 구축 방향을 어떻게 정리할 수 있을지 살펴보면 다음과 같다.

① **공유가치(shared value)**이다. 진로교육의 주체인 교사, 학생, 학부모, 지역사회들이 진로교육의 중요함을 모두 알고 있어야 진로교육이 한 방향으로 갈 것이다.

② **전략(strategy)**이다. 단위학교만의 진로학업설계를 위한 방향성이 있어야 한다. 다른 학교와 다른 우리 학교만의 진로학업설계의 차별화를 줄 수 있는 것을 찾아야 한다.

③ **조직구조(structure)**이다. 진로학업설계의 방향성을 찾았다면 이를 어떻게 구현할 것인지 구체적인 조직을 만들고, 이에 대한 업무 영역을 구분해야 한다.

④ **제도·절차(system)**이다. 진로학업설계는 진로지도, 과목선택지도, 과목이수설계지도, 학업관리지도 등의 절차가 있는데, 이를 어떻게 시스템적인 프로세스로 만들 것인가를 생각해야 한다.

⑤ **구성원(staff)**이다. 조직을 구성하고 시스템을 만들었다면 이 프로세스에 참여할 조직 차원의 역량을 가진 구성원을 찾고 배치해야 한다.

⑥ **관리기술(skill)**이다. 고교학점제는 다양한 과목 개설, 진로학업설계, 수강신청, 수업 운영, 학생평가, 학점취득, 졸업이라는 운영체계로 이루어져 있다. 이러한 일련의 고교학점제 프로세스를 단위학교에서 체계적으로 운영하기 위해 고교학점제 수행을 위한 업무 재구조화를 해야 한다.

⑦ **리더십 스타일(style)**이다. 학교장의 진로교육·상담에 대한 이해도 및 추진 의지에 따라 단위학교 진로학업설계의 중요도가 달라지기 때문에 진로학업설계에 대한 관리자들의 관심 증대와 진로역량 개발을 해야 한다.

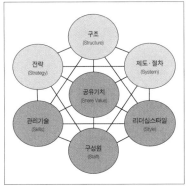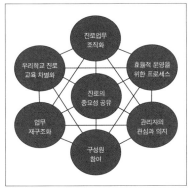

맥킨지사의 7S 모델(좌)과 이를 적용한 진로학업설계 조직 구축 탐색(우)
맥킨지사의 경영 컨설팅 업무조직 모델로 조직문화에 대한 혁신과제를 도출할 때 활용된다.
7S 모델에서 꼽는 조직 개발 시 꼭 필요한 요인을 진로학업설계 조직에 적용하면 오른쪽 그림
과 같다.

이상에서 설명한 원리를 잘만 적용한다면 단위학교에서 진로학업
설계 업무를 위한 조직을 구축하고 운영하는 데도 맥킨지 7S 모델
을 고려해볼 수 있다. 이러한 틀을 적용함으로써 진로학업설계 업
무를 한층 더 체계적·효율적으로 운영하는 데 도움을 얻을 수 있
을 것이다. 사실 고교학점제 운영체계 전 과정에서 진로학업설계
의 노력과 수고가 들어가지 않는 단계는 찾아볼 수 없다. 따라서
고교학점제의 성공적 운영과 지속을 위해서는 단위학교의 인적·
물적 자원을 파악하고 이를 최대한 활용 가능할 수 있게 동원하여
체계적으로 진로학업설계를 지원할 필요가 있다. 바로 이어서 이
러한 지원을 담당할 전담조직 구축을 위한 구성 방안 및 역할 등
에 관해서도 좀 더 자세히 알아보자.

지속가능한 진로학업설계를 위한 업무체제를 구축하다

지금까지 학교 교육에서 학생 진로상담은 그리 높은 비중을 차지하는 업무는 아니었다. 진로를 학생 개인의 관심 문제로 치부하다 보니 중요성은 인정하되, 다소 간과된 측면이 없지 않다. 다분히 학생의 사적영역으로 간주된 까닭에 교과 수업과 달리 강제성도 없었다. 그러다 보니 해도 그만, 안 해도 그만인 것으로 여겨지면서, 어느새 학교 구성원 모두의 관심에서 점점 더 멀어진 것이다. 비록 모두가 머리로는 '중요하다'라는 것을 알고 있지만, 현실적으로는 강제성을 띤 의무 과제가 아니다 보니 안 그래도 처리해야 할 업무가 넘쳐나는 학교에서 '진로'는 항상 후 순위로 밀려나기 일쑤였다. 이는 전담조직의 필요성을 다시금 일깨워준다. 앞으로 진로학업설계를 전담할 수 있는 팀을 만들어 운영한다면 학교 차원에서 학생들의 진로학업설계를 지속적·체계적으로 지원할 수 있고, 학생들은 학교 안에서 지속가능한 상시적 진로 개발을 이루어가는 데 도움을 받을 수 있을 것이다.

| 진로학업설계 전담팀의 구성과 역할 |

학교 안에서 진로교육이 지속가능한 형태로 자리를 잡으려면 무엇보다 **교육과정과의 연계가** 필수이다. 즉 진로와 관련된 다양한 교육과정이 마련되고 운영되어야 한다는 뜻이다. 교육과정과 연계한 진로에 따른 진로학업설계가 가능하려면 어느 부서 또는 누군가가 주도적으로 계획을 세워나가야 한다. 다만 진로학업설계 전담팀 구성과 관련하여 정확하게 ○○ 부서 또는 ○○ 교사가 반드시 참여해야 한다는 식으로 강제 지침을 내리기는 어렵다. 왜냐하면 단위학교마다 인적·물적 구성이 상이하기 때문이다.

하지만 학생들에게 실질적 도움이 제공되는 진로학업설계를 위해 누가 좀 더 적합한지는 논의해볼 수 있을 것이다. 누가 진로학업설계 전담팀에 참여해야 하는지에 관해 학교 구성원들을 대상으로 실시한 설문조사가 있다. 고교학점제 도입에 따른 진로교육 체제 개편 방안 중 고교학점제에서의 진로·학업상담을 위한 조직의 구성원으로서 적절한 참여교사를 물어보는 질문에 대해 진로교사, 1학년 담임교사, 교육과정 담당교사, 교과교사, 학년 부장, 평가 담당교사 순[1]으로 나왔다.

이러한 내용으로 미루어볼 때, 고교학점제 시대에 진로교사와 교육과정 담당교사는 진로학업설계팀의 중추적 역할을 담당하게 될 것으로 보인다. 특히 고등학교 3년 내내 체계적인 진로교육이 이루어지기 위해서는 신입생을 대상으로 한 진로교육 안내가 한층 더 중요해졌다. 따라서 1학년 담임교사는 학생들에게 진로학업설계 코칭자로서의 역할이 더욱 중요해진 것 같다.

진로학업설계 전담팀이 구성되고 나면 반드시 학교 시스템 안에서 체계적으로 운영 및 실천되어야 한다. 즉 일회성 이벤트 형태로의 산발적 운영이나 진행 조직이 아닌, 지속가능한 형태로 진로 개발이 이루어져야 한다는 뜻이다. 이를 위해 조직 안에 계획, 운영, 평가, 지원 등 일련의 프로세스가 마련되고, 이러한 프로세스에 따라 체계적, 지속적으로 돌아가야 한다.

먼저 **계획 단계**에서 우리 학교의 인적·물적 자원 활용 범위 내에서 우리 학교만의 진로학업설계 방향을 수립해야 한다. **운영 단계**는 학교 구성원들의 협력적 관계를 바탕으로 학생들의 진로를 위해 다양한 프로그램 진행 및 상담활동을 진행할 수 있도록 한다. **평가 단계**는 진로 프로그램을 진행한 후 결과 분석을 통한 피드백

---

1. 정윤경·류지은·안유진·곽초롱, 2020, 〈고교학점제 도입에 따른 진로교육체제 개편 방안〉, 한국직업능력개발원, 156쪽

| 표 2-1 | 진로학업설계 전담팀 운영 프로세스

단계	내용
계획	- 진로학업설계 계획 수립 - 학생 진로학업설계 현황 및 요구 분석 - 교사, 학생, 학부모 토론 및 의견 반영 - 진로학업설계 지도를 위한 학생, 학부모, 지역사회 협력 체제 구축 - 진로학업설계 프로그램 개발
운영	- 진로학업설계 지도 - 진로학업설계 프로그램 운영 - 진로학업설계 네트워크 운영 - 진로학업설계서 혹은 과목 안내서 제작 및 배포 - 진로학업설계서 개발 및 운영 - 학부모 또는 지역사회 연계 진로학업설계 추진 - 진로학업설계 정보 수집 및 공유
평가	- 진로학업설계 지도 평가회 - 학생 진로학업설계서 수합 및 진급 처리 - 학생, 학부모 설문조사 및 결과 분석 - 학생, 학부모 지원단 평가회 - 평가 결과 종합 및 차기 년도 계획 방향 모색 - 진로학업설계 우수사례 발굴 - 성적 · 진급 · 졸업 사정회
지원	- 교사, 학생, 학부모 진로학업설계역량 신장 - 학생, 학부모 진로학업설계 상담 지원 - 진로학업설계 지도 전문적 학습공동체조직 및 운영 지원 - 진로학업설계 우수사례 공유 - 진로학업설계 극복사례 공유

을 통해 다음 프로그램 또는 차년도 계획 방향 설정에 반영되어야 한다. **지원 단계**는 진로학업설계 지도에 필요한 인적·물적 상담의 지속적인 지원 및 우수 또는 극복사례 공유를 통해 확산으로 이어지게 한다. 앞선 표 2-1(59쪽 참조)은 진로학업설계 전담팀 운영 프로세스를 한눈에 파악할 수 있게 정리한 것이다.

| 진로학업설계 전담팀의 참여주체별 역할 분담 |

진로학업설계 조직의 원활한 운영을 위해서는 교사나 학생들의 참여 못지않게 학교 밖 교육주체들의 적극적인 관심과 참여도 매우 중요하다. 즉 진로학업설계에 있어 비단 학교 안의 교사, 학생만을 참여주체로 생각하지 말고, 학부모뿐만 아니라 더 넓게는 학교 밖의 지역사회도 학생들의 진로학업설계의 주체로서 참여해야 한다는 뜻이다. 실제로 단위학교의 한정된 자원만으로 학생들의 다양한 진로 요구를 모두 충족시키기란 현실적으로 불가능하다. 따라서 앞으로는 학교 안팎이 한층 더 긴밀하게 연계할 수 있는 체계적인 시스템 마련이 필요하다. 모두 한마음으로 협력하여 진로학업설계 지도에 참여함으로써 좀 더 다양한 진로 요구를 충족시킬 수 있도록 해야 한다.

이러한 측면에서 학생의 진로학업설계 지도의 주체들을 정리하면 학교 관리자, 진로전담교사, 교육과정 담당교사, 담임교사, 교과교사, 학생, 학부모, 지역사회 및 외부 전문기관 등으로 나눌 수 있다. 다음의 표 2-2와 표 2-3은 진로학업설계 내·외부 지원체제를 각각 정리한 것이다.

| 표 2-2 | 내부 지원체제

진로학업설계 총괄(학교 관리자)					
진로학업설계 구축 및 전담팀 운영	교육과정 매니저	진로 및 학습 코치	진로학업설계 멘토	진로학업설계 지원	각종 자료 제작 지원
진로상담 교육과정	담임 및 교과교사	담임 및 교과교사	학생	학부모 및 지역사회	교육과정 연구 교과교사

※자료: 2018 진로교육 집중학년·학기제 운영 사례집 재편집(교육부,한국직업능력개발원)

| 표 2-3 | 외부 지원체제

항목	내용
지역사회 연계 진로 체험처	공공기관, 기업, 특성화고, 대학 등
지역사회 연계 진로교육 기관	청소년수련관, 평생학습관, 진로교육지원센터, 복지관 등
마을 학교 지원 체제	학부모 진로지원단, 학부모 직장, 지역사회 소상공인 등
자문기관	교육청, 교육지원청 등

※자료: 2018 진로교육 집중학년·학기제 운영 사례집 재편집(교육부,한국직업능력개발원)

진로학업설계라고 하면 자칫 학교 내 진로관련 부서 또는 일부 교사들이 모든 학생의 진로 로드맵 계획과 프로그램 진행, 상담 등을 모조리 감당하는 것으로 생각할 수 있다. 하지만 "한 아이를 키우기 위해서는 마을 전체가 필요하다"라는 말도 있듯이 학생들을 위한 체계적인 진로와 학업설계를 위해서는 학교 관리자, 교사, 학생, 학부모, 지역사회가 함께 머리를 맞대어 고민해야 한다. 그러면 단위학교에서 진로학업설계에 참여하는 주체들은 각자 어떤 역할을 맡아 수행해야 하는지에 관해 좀 더 자세히 알아보자.

▪ 학교 관리자

'교육과정의 변화만으로 고교학점제를 실현했다'고 생각한다면 크나큰 오산이다. 물론 교육과정의 변화는 고교학점제에서 매우 중요한 부분을 차지하기는 하지만, 전부는 아니다. 교육과정의 변화가 학생들이 3년간 나아갈 일종의 지도를 만들어놓은 작업이라면 진로학업설계는 그 길을 어떻게 걸어갈 것인지에 대한 좀 더 구체적인 실행 과정을 안내하고 조력하며 촉진하는 것이다. 학교 관리자에게 **고교학점제를 바라보는 확장적 마인드**의 필요성이 바로 여기에 있다. 그 확장적 마인드 안에서 **진로학업설계의 중요성을 인식**해야 한다. 또한 진로학업설계를 위한 인적·물적 체제 구축을 적극적으로 지원하는 한편, 부서와 부서, 교사와 교사 간의 업무를 조율하고 불필요한 갈등을 줄이는 것이야말로 교장, 교감의 역할일 것이다.

- **교육과정 담당교사**

진로학업설계 지도에 있어 **교육과정 영역을 진로와 연계**하여 지원하는 역할은 매우 중요하다. 교육과정 담당교사와 진로전담교사는 매우 긴밀한 협업 관계를 유지하며 진로학업설계 지도 전담팀을 함께 운영해야 할 것이다. 고교학점제에서는 **교육과정 문해력**이라는 교사들의 전문역량이 더더욱 중요해졌다. 교육과정 담당교사는 단위학교 교육과정에 대한 정확한 이해를 바탕으로 학생들이 자신의 진로에 따라 다양한 과목을 선택할 수 있도록 도와주고 안내할 수 있어야 한다. 이러한 역량을 갖추는 것을 교사 개인의 노력에만 의존해서는 안 된다. 당연히 학교 교육공동체 차원에서 교사들의 교육과정 문해력 신장을 적극적으로 지원해야 한다. 또한 학생들에게 국가교육과정에 대한 내용, 입시 자료, 학교 교육과정 편성과 관련한 내용을 안내하고 상담해야 한다.

- **진로전담교사**

진로전담교사는 먼저 **진로학업설계 지도를 위한 전담팀 조직을 구축**하는 것이 가장 큰 역할이라고 할 수 있다. 물론 진로전담교사가 반드시 진로학업설계 전담팀을 조직하고 무조건 리더의 역할을 도맡아야 한다는 뜻은 아니다. 하지만 최소한 이 전담팀을 운영함에 있어 공동 리더로는 참여해야 하지 않을까 생각한다. 학교에는 많은 발령 교과가 있지만, 진로상담 관련해서는 다른 교과와 차별화된 전문성이 뚜렷하기 때문에 고교학점제 시대에 그 역할이 한층 중요해진 것 같다.

　진로와 진학상담이라는 전문적 역량을 바탕으로 창의적체험활동의 진로활동을 활성화해야 하며, '진로와직업'과 같은 교양과목을 개설하여 학생이 자신의 진로와 진학 그리고 직업을 연계할 수 있도록 학업설계지도 역량을 신장시켜주어야 한다. 또한 학생들에게 진로학업설계 작성 방법을 안내하고 지원해야 할 것이다. 진로전담교사는 진로교육은 물론 교육과정 전문성을 바탕으로 1학년 담임교사 그리고 창의적체험활동의 진로담당교사와의 연계, 협력 및 지원하는 역할이 필요하다.

▪ 교과교사

교육과정 담당교사 또는 담임교사가 학생들에게 교육과정을 전체적으로 안내한다면 교과교사는 학생들에게 교육과정 안의 해당 교과에 대한 한층 세부적 **과목 위계 및 교과 관련 진로학업설계를 안내**해야 한다. 여기에는 학생 진로와 교과와의 연계성 및 과목선택 정보를 안내해야 하며, 진로학업설계 관련 프로그램이 있으면 지원한다. 고교학점제는 일정 출석률과 학점취득이 졸업으로 이어지기 때문에 출석관리와 학점관리가 매우 중요하다. 특히 학점취득이 어려울 수 있는 학생들을 위해 해당 교과를 배우는 학생에게 미이수가 발생할 경우를 대비해야 한다. 예컨대 미이수 학생 예방 수업 계획과 함께 미이수가 발생한 후에 이루어질 보충프로그램과 같은 **책임교육 지원에 대한 대책 마련**도 반드시 필요하다. 그뿐만 아니라, 교과교사는 학생의 성장 과정을 학업 성취도, 학업 태도와 의지, 탐구활동 등에 대해 구체적이고 객관적인 기록을 해야 한다. 교육과정 선택을 지원하기 위해서는 학업계획서에서 진로와 연계된 교과군, 이수한 과목과 앞으로 이수할 과목, 진학하려는 대학에서 요구하는 교과군별 최소이수단위 등을 체크리스트로 정리하는 방법을 학생들에게 안내하는 것도 필요하다.

▪ **담임교사**

고교학점제 시대를 맞아 학교 구성원들의 역할 변화는 곳곳에서 일어나고 있다. 그중에서도 단연코 담임교사의 역할에 많은 변화가 있음에 주목해야 한다. 너 나 할 것 없이 거의 동일하게 주어진 교육과정에 따라 3년간 교육을 받는 시대는 끝났다. 이제 학생들은 자신의 적성과 진로에 따라 다양한 과목을 선택할 수 있게 되었다. 그런데 정작 학생들은 교육과정에 대한 이해가 많이 부족하다. 따라서 담임교사는 학생들에게 **학교 교육과정을 정확하게 안내**해야 한다. 그뿐만 아니라 학생들에게는 교육과정과 연계한 진로 방향에 맞는 학업설계지도 또한 반드시 필요하다. 담임교사는 학생에 대한 종합적 이해를 바탕으로 개별 학생의 진로학업설계 점검 및 관리·상담을 지속적으로 해야 한다. 그리고 학생의 학업성취도를 꾸준히 모니터링해야 하며, 이를 바탕으로 학부모와 긴밀한 소통을 할 수 있는 학부모 상담이 필요하다.

▪ **학생**

학생들은 **학생의 관점에서 교육과정을 설명하고 공유**하여야 한다. 즉 학생의 눈높이로 친구 또는 후배 학생의 진로학업설계를 돕는 역할을 해야 한다는 뜻이다. 사실 교육과정이라는 것이 누구의 관점에서 보느냐에 따라 의미와 해석이 달라질 수 있는 법이다. 학생들이 누구보다 교육과정을 바르게 이해하고, 충분한 이해를 바탕으로 진로에 따라 선택할 수 있어야 한다. 이를 통해 동급생과 후배 학생 대상 과목선택 안내를 지원하고, 교육과정 요구조사 참여 및 학생 주도적 과목 개설의 제안 등 선순환을 기대할 수 있다. 또한 학급별, 학년별로 '교육과정 서포터즈'와 같은 형태의 자발적 지원단을 구성하여 동급생들 및 선후배들과 자료를 공유하고 홍보할 수도 있다. 선배들로 구성된 지원단이나 졸업생 인력풀을 활용하면, 교육과정뿐만 아니라 입시 및 진로와 관련하여 눈높이에 맞는 폭넓은 조언을 줄 수 있다는 점에서 의미가 있다.

▪ **학부모**

학부모는 무엇보다 자녀의 학교 교육과정에 대한 올바른 이해와 함께 **학교 진로학업설계의 방향을 공유**하는 것이 필요하다. 또 오직 내 자녀만의 교육과정을 만드는 것이 아니라 학교 교육과정 전반에 대한 다양한 의견 제시 및 협력과 지원이 필요하다. 나아가 사회구성원으로서 학부모님들이 가진 지역사회의 다양한 진로관련 역량들을 학교와 연결해준다면 학교의 진로학업설계 영역은 더욱 확장될 수 있다. 학교는 학부모님들에게 학교 교육과정위원회 위원으로 적극 참여할 수 있는 기회를 마련해야 할 것이다.

• 지역사회 및 외부 전문기관

고교학점제는 학생들의 다양성을 인정하고 이를 교육과정 속에 충분히 담아낼 수 있어야 한다. 그러나 단위학교의 인적·물적 자원만으로는 학생들의 다양한 요구를 수용할 수 없는 것이 현실이다. 그래서 지역사회의 학교 밖 자원을 활용하여야 한다. 지역사회 대학과 협력체제를 구축하면 한층 다양한 선택과목을 개설하여 수강할 수 있다. 진로검사 및 결과 해석, 진로학업상담을 교사들이 모두 진행하는 것이 아니라 지역사회 전문기관, 지자체 등과 연계하여 진로학업설계 지도를 함께 진행할 수 있다.

이상에서 설명한 것과 같이 고교학점제 시대를 맞아 교육주체별 역할 변화는 불가피하다. 다음의 표 2-4는(68쪽 참조) 각 교육주체의 역할이 고교학점제 전·후로 어떻게 변화해야 하는지를 한눈에 파악할 수 있게 정리한 것이다.

| 표 2-4 | 고교학점제 시대 교육주체별 역할 변화

구분	현행	고교학점제 도입 이후[2]
교장 ▶	교무, 통할 소속 교직원 지도, 감독 학생 교육	교육과정 운영 비전 제시 학교 안팎 소통 강화 * 기타 현행 역할 유지
교감 ▶	교장 보좌 교무 관리 학생 교육	행정 업무 전담 및 교원 업무 경감 추진 창의적체험활동 등 수업 일부 담당(희망 시) * 기타 현행 역할 유지
교육 과정 부장 (기획) ▶	학교 내 교육과정 편성	학생 수요를 반영한 학교 교육과정 기획 및 설계 (공동교육과정, 지역사회 연계 등 학교 안팎 자원 발굴·활용) * 교육과정 설계 전문가 연수 이수
진로 전담 교사 ▶	학생 진로교육 (진로수업, 진로심리검사, 진로상담, 진로정보 제공, 진로체험, 취업지원 등)	진로·진학 연계하여 학생 학업설계·이수 지도 진로·과목선택 변경 지원 및 상담 * 현행 진로교육 방식(수업 상담 등)을 교육과정 이수 지도와 연계하여 실시
교과 교사 ▶	교과 지식 전달 주력 대입 관련 학생 변별 중심 단수 자격 활용 국가 수준 과목 개설 중심	학생 수요 반영 수업 설계 (선택 과목 확대) 최소학업성취수준 도달 지도 주력(미이수 예방) 복수자격 활용(제2전공과목 지도) 역량 범위 내 수업 적극 개설
담임 교사 ▶	행정 학급별 담임 배정 출결 관리, 생활지도 등 학급운영 중심	10명 내외 소수 학생 담당 학생 멘토링, 학부모 상담 학업 성취 모니터링 중심(미이수 예방) * 복수담임제 2~3년 연임제 등

※자료: 2021 고교학점제 연구학교 운영 안내서, 182쪽

---

2. 2021년, 고교학점제 연구학교 운영 안내서

학생 맞춤형 진로학업설계, 어떻게 지원할 것인가?

고교학점제를 통해 진로교육은 학생의 사적영역이 아닌 학교가 책임져야 할 학교 교육의 주요 부분으로 자리잡게 될 것이다. 나아가 학생 개인의 역량이나 관심 등에 따른 **맞춤형 진로교육 로드맵** 작성이 좀 더 현실화되었다. 물론 고교학점제 이전에도 단위학교에서 학생들을 위한 진로지도는 다양한 방법으로 이루어졌다. 하지만 아이러니하게도 진로지도의 상당부분에서 정작 당사자인 '학생의 선택'이 배제된 채로 이루어진 점은 아쉽다. **학생들의 '선택' 기회와 폭을 한층 더 확장하여 보장**하는 고교학점제 시대를 맞이하는 이 시점에서 이루어지는 진로지도에 대한 고민 또한 과거와는 확연히 달라져야 할 것이다. 그래서 지금부터 고교학점제에서 말하는 진로학업설계의 진로지도, 과목선택지도, 과목이수설계지도, 학업관리지도를 어떻게 지원할 것인가에 대해 알아보자.

| 진로학업설계 전담팀 운영 방안 |

우리나라 학교는 오랜 시간 다소 두루뭉술한 업무 체계를 고수해왔다. 특히 때때로 '이것이 누구의 업무인가'를 범주화하기에 다소 애매한 경우도 많다 보니, 이는 고스란히 몇몇 의욕적인 교직원의 희생이나 수고로 채워지는 경우가 많았다. 물론 형식적으로 볼 때, 학교에서 업무란 업무분장표에 표시된 극히 제한되고 좁은 의미의 해석으로 자기의 업무 범위를 딱딱 정해놓은 듯하다. 하지만 현실은 분장표와는 차이가 크다. 일단 학교생활에서 추진되는 수많은 업무들 중 독립된 업무는 극히 제한적이다. 많은 업무가 있고, 그중 상당 부분이 서로 이리저리 연관되어 있기 때문에 결과적으로 협업을 통해 처리되어야 하는 경우가 많다. 이 중에서도 진로관련 업무는 어느 한 부서, 어느 한 교사만의 업무가 아니라 전 교사들이 함께 시스템적으로 생각하여 체계적으로 계획하고 운영하고 평가하고 지원해야 한다.

진로학업설계 전담팀에 참여하게 될 진로상담부 또는 진로전담교사, 교육과정 담당부서 또는 부원, 학년부, 연구부, 교무부의 업무를 살펴보면 다음과 같다.

먼저 진로상담부 또는 진로전담교사는 교육과정관련 담당부서와 더불어 **단위학교의 진로 로드맵**을 세워야 한다. 여기에는 진로학업설계 계획 수립, 학생 진로학업설계 현황 및 요구 분석, 교사·학생·학부모 토론 및 의견 반영, 진로학업설계 지도를 위한 학생·학부모·지역사회 협력체제 구축, 진로학업설계 프로그램 개발 등의 업무가 있을 수 있다.

또한 교육과정 담당 부서는 **학생중심 교육과정**을 수립하여야 한다. 이를 바탕으로 수강 신청에 필요한 과목 정보 제공을 위해 과목 안내 관련 자료 등을 제작해야 한다.

학년부는 1, 2학년 학생들에 대한 학생 파악과 함께 단위학교의 진로 로드맵에 따른 안내와 담임교사, 학부모 상담 협조, 각종 진로관련 행사 **프로그램 참여 유도**를 해야 한다.

연구부는 진로학업설계 지도를 위한 전문적 학습공동체 조직 및 운영을 지원하고, 이수 및 졸업에 있어 3년간의 학업관리지도를 위한 **다양한 평가 자료** 등을 제공해야 한다.

끝으로 교무부는 학교의 '**학업성적관리규정**'을 재정비해야 한다. 고교학점제가 전면 시행이 되면 성적·진급·졸업사정회의 진행 방식과 역할이 과거와 달려지게 될 것으로 생각한다. 지금까지 없었던 미이수자에 관한 판단과 결정 그리고 졸업 인정 부분 등에서 심의기구로서의 역할이 커질 것이기 때문이다.

교육주체별 진로학업설계역량을 키우려면?

체계적인 진로학업설계가 이루어지려면 학생 진로상담, 학업설계, 학업상담 등의 유기적 운영이 중요하다. 그런데 기존에는 진로학업상담이 교사의 업무 우선순위에서 조금 후 순위로 밀렸던 것 같아 아쉬움이 있다. 또한 교사마다 진로학업상담역량에 있어 차이가 있고, 학교 차원의 체계적인 시스템 지원도 부족하다 보니 어려움이 많았다. 그래서 앞으로는 교육주체들이 학생들의 진로에 있어 진로학업설계의 중요성을 인정하고, 함께 관심을 가져야 한다는 것을 **공유**해야 한다. [3]

공유를 위한 방법으로 교사, 학생, 학부모 **연수**를 생각해볼 수 있다. 예컨대 교사 연수는 다시 관리자 연수, 담임 연수, 비담임·교과 연수, 창체 진로 담당교사 연수로 구분해볼 수 있다. 학생 연수는 학년별로 구분한 연수 그리고 대학진학에 있어 계열별로 더욱 구체적인 연수도 필요하다. 학부모 연수는 내 자녀 교육과정 바로 알기 또는 학부모 아카데미와 같은 연수를 통해 자녀에 대한 진로 고민을 함께할 수 있도록 해야 한다. 진로학업설계역량 신장을 위한 연수 프로그램을 제시하면 다음의 표 2-5와 같다.

---

3. 2020학년도 고교학점제 연구학교 운영계획서(연초고) 진로 및 진학 탐색을 위한 프로그램 재구성

| 표 2-5 | 진로학업설계역량 신장 연수 프로그램[3]

프로그램명	세부 운영	프로그램 내용
교육과정 소개	고교학점제란?	고교학점제란? 2015 개정 교육과정 이해하기
	우리학교 교육과정	학년별 교육과정 편성 소개 및 선택과목 체크리스트 안내
	대학 전공 적합성에 따른 선택	진로 전공에 필요한 선택과목의 선택 방법 안내
	대학수학능력평가 알기	학년별 수능과목 및 출제범위 소개
	고교학점제 교육과정 Q&A	고교학점제 교육과정에 대한 궁금증 해소
	주요 일정 안내	정기고사 기간, 수강신청 기간, 진로특강 안내
교과별 소개	국어/영어(외국어)/수학/사회/과학/예·체능(교양)/교과별 소개	각 교과별 과목 소개 및 편성 안내 교과서 전시 교과별 교과 상담 선배가 소개하는 선택과목 이야기
표준화 검사 소개	진로검사 방법 및 결과 해석	표준화 검사 결과에 대한 해석 연수
학습 플래너 소개	학업계획서 작성	나만의 성장스토리가 있는 학업계획서 작성 꿈노트 작성 진로포트폴리오 작성

상시적 진로학업설계를 위해 필요한 자료들은 무엇인가?

진로와 관련해서는 이미 꽤 많은 자료들이 제작되었다. 그리고 이러한 자료들은 학교 현장에서 활용되고 있기도 하다. 고교학점제 시대의 진로학업설계에 필요한 자료들은 아주 새롭거나 특별한 것은 아니다. 다만 학생들의 3년간 진로학업설계가 이루어지는 데 필요한 자료들, 학생 과목선택에 필요한 것들은 반드시 추가로 제작되어야 할 자료들이다. 진로학업설계를 위해 꼭 필요한 자료들과 자료에서 제공해야 할 내용들을 정리하면 다음과 같다.

▪ **직업·진로 정보탐색 자료**

다양한 진로 정보탐색은 직업 정보와 학과 정보, 대학교 정보, 자격 정보 및 취업 정보 등으로 학생들의 진로학업설계를 체계적으로 작성할 수 있게 도움을 줄 수 있다. 워크넷을 활용한 직업 정보는 직업 정보 찾기, 한국직업 전망, 한국직업 사전, 직업 동영상, VR, 직업인 인터뷰 등을 통해 탐색하며, 학과 정보는 학과 검색, 전공 진로 가이드, 학과 정보 FAQ, 학과 정보 동영상으로, 취업 정보는 취업 가이드, 취업 뉴스, 취업 동영상 등으로 직업·진로 정보를 탐색할 수 있다. 더 구체적인 진로관련 직업·진로 정보 탐색은 3장에서 좀 더 알아볼 것이다.

▪ 과목 안내서

학교는 학생들에게 전공 분야, 학과, 직업과 관련하여 3년간 공부해야 할 과목들을 스스로 선택하여 자신의 진로를 자발적으로 개척해갈 수 있도록 지원해야 한다. 그래서 고등학교 1, 2학년 학생들의 2015 개정교육과정 과목선택에 도움을 줄 수 있는 과목 안내서가 반드시 필요하다. 과목 안내서는 학생뿐만 아니라 1, 2학년 담임교사, 교과 수업 담당교사, 진로전담교사, 전문상담교사 등 학교 내 모든 교사가 학생들의 과목선택지도를 위해 필요한 자료이기도 하다. 과목 안내서는 시·도교육청마다 다양한 형태의 과목 안내서를 제작·보급하고 있다.

몇 가지 사례를 제시하면 다음과 같다. 서울특별시교육청의 경우 〈서울형 고교학점제 기반 조성을 위한 2015 개정 교육과정 선택과목 안내서〉를 개발·보급하고 있다. 이와 함께 '선택 과목 안내서 엑셀 파일'을 만들어 보급하기도 하였다.

대전광역시교육청은 과목 안내서를 e-book 형태로 제작·보급하기도 하였으며, 대구광역시교육청은 학생 선택과목 안내자료인 〈어서 와! 수강 신청은 처음이지?〉 핸드북을 만들어 학생들의 과목선택 방법을 안내하고 있다.

경상남도교육청은 〈선택이와 함께하는 나의 교과 선택〉 동영상을 제작하여 유튜브에 탑재하였다. 이 동영상은 국어, 영어, 수학, 사탐, 과탐, 체육 예술, 생활 교양 7가지 분야로 나누어 구성되어 있다. 또한 〈진로희망에 따른 과목 내비게이션〉을 제작하여 언어, 인문·사회, 자연과학 등 8개 분야로 진학하기 위해 무엇을 배워야 하며, 각 과목의 주요 내용이 무엇인지 등을 상세하게 안내하였고, QR코드를 삽입하여 고등학교 과목과 대학 전공 등을 스마트폰에서 확인할 수 있도록 하였다. 더 구체적인 내용 구성은 이후 3장의 '진로지도'에서 좀 더 자세히 알아볼 것이다.

▪ 학업계획서

고교학점제는 학생들이 3년간 학교생활을 어떻게 할 것인지를 미리 고민하고, 이에 관해 지속적으로 기록하여 쌓아가도록 함으로써 자신의 진로학업설계역량을 강화할 수 있다. 이때 필요한 것이 학업계획서이다. 학업계획서를 만들기 위한 구성 내용은 진로희망, 진로심리검사 결과, 적성 및 흥미, 진로관련 과목 및 소속 학교 편성 여부, 진로탐색 결과, 과목 이수 체크리스트, 진로관련 체험활동 내용, 교과 관련 각종 교내·외 활동 등으로 생각해볼 수 있다. 입학 초기 또는 학년·학기 초에 시행한 진로관련 심리검사 결과와 학생 개인의 진로별·적성별 필요 과목 안내와 상담을 바탕으로 학업계획서를 작성한다. 학생의 흥미와 적성, 진로희망이 반영된 구체적인 학업계획서 작성을 위해 담임교사 및 진로전담교사, 진로학업설계 전담팀의 충분한 안내와 지도가 필요하다. 학업계획서의 구성 내용은 학교 특성에 따라서도 달라질 수 있다. 더 구체적인 학업계획서의 구성과 작성 방법은 이후 3장의 '학업관리지도'에서 좀 더 자세히 살펴볼 것이다.

▪ 취득 학점 기록장

고교학점제에서 졸업기준은 과거와 같이 단순 출석일수가 아니라 교과 이수를 통해 학점을 취득하고 일정 학점에 도달해야 졸업을 할 수 있다. 이는 지금까지와는 다른 형태의 졸업 방식이다. 이제 학생들은 자신이 취득한 학점이 몇 점인지, 또 졸업하기 위해 내가 아직 취득하지 못한 학점은 없는지 등에 대해 파악하고 관리할 필요가 있다. 담임교사 또한 내 반 학생들의 학점관리를 지원·지도하여 누락되는 학생이 없도록 관리할 필요가 있다. 학점은 학기별로 관리되어야 하고, 이는 3년간 누적 관리되어야 한다. 이러한 취득학점을 관리하기 위한 기록장의 형태는 학교마다 다양하게 아이디어를 생각하고 제작할 필요가 있다.

진로관련 프로그램, 어떻게 운영할 것인가?

단위학교별로 진로와 관련하여 어떤 프로그램을 마련하고 또 운영하면 좋을까? 단위학교마다 학생 진로설계역량 강화를 위한 진로관련 프로그램은 얼마든지 다양한 형태로 운영 가능하다. 실제로도 학교 상황이나 형편에 맞게 학교별 진로관련 프로그램을 운영하고 있는 사례들을 만나볼 수 있다. 예를 들어 경기 C고등학교는 진로전담교사가 주관하는 프로그램을 3월부터 12월까지 진행하고 있고, 경기의 또 다른 C고등학교처럼 진로진학부, 1학년부, 교육과정부로 주관부서를 구분하여 운영하는 곳도 있다. 또 경북의 K고등학교의 경우는 진로 코디네이터를 고용하여 진로직업 체험처 발굴, 학생과 직업 멘토 매칭, 진로 체험 프로그램 개발, 교사 대상 진로 컨설팅을 시행하고 있다. 진로학업설계 프로그램을 효과적으로 운영하기 위해서는 학교의 여건을 반영한 다양한 진로 프로그램 개발이 필요하며, 무엇보다 지속적이고 체계적인 진로학업설계 지도 시스템을 구축해야 한다.

다음의 그림은(79쪽 참조) 경기도 고색고등학교의 진로학업설계 프로그램 사례이다. 이 학교는 진로학업설계를 학생 개개인의 꿈과 끼를 기반으로 한 성장형으로 운영하는 것이 특징이다. 입학 전 프로그램부터 시작하여 학생들이 자신을 이해하게 하고, 동기부여와 자존감 회복으로 진로학업설계의 기반을 다지게 하였다. 진로학업설계의 기초를 다진 뒤에는 진로학업설계역량을 집중적으로 신장하게 하고 이를 학업과 연결지어 자기주도학습역량으로 이어질 수 있도록 프로그램을 설계하였다. 이 프로그램을 다

Step 0	입학전프로그램 - 신입생오리엔테이션 - 학부모와 함께하는 1:1진로진학상담

Step 1	'나'를 알자! - 진로적성 유형파악 검사 - 스쿨멘토링 프로그램(학과계열검사, 학습유형검사, 홀랜드인성검사)

Step 2	동기 - 동기부여 강연 - 결과분석 해석 강의

Step 3	자존감 회복 - 자존감 회복과 나의 미래를 설계하는 진로 캠프

Step 4	진로설계역량 - 1박2일 집중진로탐색 체험학습

Step 5	자기주도학습 - 자기주도학습역량 강화

Step 6	멘토교육과정 리더

※자료: 경기도 고색고등학교 참조

경기도 고색고등학교 진로학업설계 프로그램 운영 사례
입학 전부터 시작하는 진로비전 6단계 프로젝트는 1:1진학상담을 바탕으로 학생 각자의 진로에 대한 관심을 높이고, 자존감을 높임으로써 스스로 진로학업역량을 강화하도록 하는 한편, 이에 적절한 피드백을 주는 일련의 과정으로 이루어져 있다.

마친 뒤에는 자신이 교육과정 리더가 되며 후배들의 멘토가 되어 활동할 수 있도록 하였다. 이 사례를 참고하면 지금까지 많은 학교에서 실시하고 있는 일회적이고 분절적인 진로학업설계의 단점을 극복하고 지속가능한 진로학업설계 프로그램을 기획하는 데 많은 도움이 될 것이다.

진로관련 프로그램 평가, 어떻게 운영할 것인가?

진로관련 프로그램을 기획하는 데 있어 우리가 반드시 기억해야할 것이 있어 덧붙이고 싶다. 그것은 아무리 진로관련 프로그램들을 다양하게 진행했다고 해도, 그에 따른 적절한 조치가 이루어지지 않는다면 이벤트성 보여주기식 운영에서 벗어나기 어렵다는 점이다. 따라서 진로와 관련된 다양한 프로그램 진행 후에는 평가가 따라야 한다. 평가 방법에는 만족도 설문조사, 학생 인터뷰, 진행부서 주관 자체평가회 등이 있다. 프로그램을 진행하는 주관부서나 담당자가 평가를 진행하고, 이를 분석하여 공유해야 한다. 이런 과정을 통해 다음해 진로학업설계 관련 프로그램에 반영하는 것이 중요하다. 오른쪽 표 2-6은(81쪽 참조) 진로학업설계 운영에 관한 주요 평가 절차와 내용을 정리한 것이다.

|표 2-6| 진로학업설계 운영 평가 절차와 내용

구성	진로학업설계 운영 평가를 위한 진로학업설계위원회(교육과정위원회) 실시

모니터링	진로학업설계위원회(교육과정위원회)의 지속적 모니터링 시행
	- 만족도 조사 및 프로그램에 대한 중간 평가 시행, 분석, 환류 - 학생, 학부모, 교사들을 대상으로 전반적인 만족도와 세부 내용에 대한 만족도, 강사 평가 교육 환경 등을 연 2회 실시하여 점검 - 운영 중 평가한 자료는 정리하여 최종 평가에 반영 권장

기록	운영 결과 및 학교생활기록부 기록

	- 학생평가 방법
	  학업 성적관리위원회를 거쳐 학교장이 최종 결정
	- 학생 운영 결과 내용 학교생활기록부 기록
	  각 활동의 기재 내용은 학교생활기록부 지침을 준수하여 기록
	- 진로학업설계 운영 만족도 조사 및 평가 시행
	  운영 전반에 대한 만족도 조사 및 평가는 학교 상황에 맞게 설문지를 제작하여 사전-사후 등 필요에 따라 다양한 방식으로 운영
	- 운영 성과 정리 및 환류
	  운영 성과를 정리하고 학교 자체 평가를 시행
	  지역의 학교와 결과를 공유하여 시사점을 도출하고 환류하여 차기 진로학업 설계 운영계획에 반영

| 책임교육의 실현을 위한 지원업무와 사례 공유 |

과거에는 학생이 일정 수준 이상의 출석일수를 채우면 각 교육과정에 대한 최소학업성취기준에 도달했는지, 즉 이수 여부는 판단하지 않은 채 졸업을 인정했다. 즉 그저 출석만 꼬박꼬박 하면 누구나 고등학교 졸업을 할 수 있었다. 하지만 고교학점제는 학생 평가 후 이수·미이수라는 단계를 거쳐 과목별 학점취득을 하고, 졸업에 필요한 일정 과목 이상을 반드시 이수하여 학점을 취득해야 졸업을 할 수 있다.

따라서 진로학업설계 시 학생들에게 선택권만 주어진 것이 아니라 선택에 따른 책임도 함께 져야 한다는 점을 명확하게 인식시켜야 한다. 교과 담당교사 또는 각 교과협의회에서는 학생 평가 후 이수·미이수 학생을 구분하고 미이수자는 보충 프로그램을 제공하는 책임교육이 이루어져야 한다. 그리고 보충 프로그램 제공 후 이수로 인정하기 위한 사정(査定)이 필요하다. 이에 따라 앞으로 교사의 평가 권한이 높아지기도 하겠지만, 한편으론 공정성에 관한 문제가 항상 제기될 수밖에 없다. 따라서 한층 공정하고 신뢰할 만한 성적·진급·졸업사정이 되기 위해 모든 교사의 평가 전문성 역량 신장과 함께 체계적인 성적·진급·졸업사정회 지원 업무가 필요하다.

이상에서 설명한 다양한 진로관련 프로그램을 진행하고, 또 평가 과정을 거쳤다고 해서 진로학업설계가 제대로 이루어진다고 보장할 순 없다. 프로그램을 진행하면서 어려웠던 점, 이를 극복했던 이야기, 잘 되었던 우수한 점 등을 반드시 기록으로 남겨야 한다. 이를 통해 진로학업설계가 지속가능한 형태로 성장·발전할 수 있도록 보완해 나가야 할 것이다. 이러한 업무를 전문적 학습공동체의 한 주제로 설정한다면 일 년 동안 체계적으로 진로학업설계 프로그램을 탐색하고 관찰하고 기록할 수 있을 것으로 생각된다.

학교에서 지속가능한 진로교육을 실천하고, 학생들의 진로선택에 의미 있는 도움을 주기 위해 진로학업설계를 어떻게 조직하고 운영할 것인지에 관해 살펴보았다. 이제 다음 장에서 본격적으로 진로지도에서 학업관리지도에 이르는 진로학업설계의 전 과정을 자세히 살펴볼 것이다.

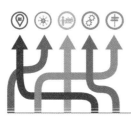

진로지도부터 학업관리지도까지, 진로교육을 다시 디자인하다

앞서 우리는 고교학점제하 단위학교에서 진로학업설계를 체계적으로 운영하기 위한 조직을 어떻게 마련하고, 이렇게 마련된 조직에서 담당할 지원 업무 등을 중심으로 살펴보았다. 이제부터는 본격적으로 진로학업설계의 구체적인 실천 방법에 관해 이야기하려고 한다. 진로학업설계는 크게 진로지도, 과목선택지도, 과목이수설계지도, 학업관리지도의 4단계로 나눌 수 있다. 이제부터는 각각의 단계에서 무엇에 더욱 집중하고, 또 어떻게 실천할 것인지를 자세히 살펴보고자 한다.

진로지도 > 과목선택지도 > 과목이수설계지도 > 학업관리지도

진로
학업설계

#학생
학습권 보장

#책임교육
실현

#맞춤형
진로교육

#학생
과목선택권 확대

#진로
학업설계

#진로교육
집중학년·학기제

#진로역량
강화

학생들 스스로 진로를 탐색하며 진로역량을 키우게 하다

고교학점제는 "학교 교육과정 안에서 학생이 기초 소양과 기본 학력을 바탕으로 진로·적성에 따라 과목을 선택하고, 이수 기준에 도달한 과목에 대해 학점을 취득·누적하여 졸업하는 제도"이다. 무엇보다 학교 교육 안에서 자신의 미래를 체계적으로 탐색하고 준비할 기회를 마련하는 데 한층 더 큰 의미를 두어야 할 것이다. 이를 위해서는 학생들 스스로 희망하는

진로학업설계 중 '진로지도' 과정
진로지도는 진로학업설계의 첫 단계로 학생들이 스스로 자신의 진로를 탐색할 기회를 주고, 이를 통해 학생 각자의 진로역량을 키우는 데 목적이 있다.

진로를 기반으로 과목을 선택하고 학업을 체계적으로 설계할 수 있도록 지도하는 것이 필요하다. 이것이 바로 진로지도의 목적이다. 이제부터 교육과정 안에서 자신의 진로에 맞는 과목을 선택하기 위한 첫 단계인 진로지도에 관해 이야기하고자 한다.

| 진로지도 실태분석 및 체계적인 진로지도의 필요성 |

학생들은 저마다 다른 얼굴만큼이나 다양한 개성과 능력, 관심사를 가지고 있다. 또한 학생들 중 상당수는 자신의 능력이나 적성을 제대로 파악하지 못하고 있는 경우도 적지 않다. 따라서 고교학점제의 진로교육은 학생들이 자신의 진로나 적성에 맞는 과목의 선택은 물론이고, 자신의 적성과 능력을 충분히 탐색해볼 수 있도록 다양한 기회를 제공해야 한다. 여기에서는 진로지도의 실태를 분석하는 한편, 체계적인 진로지도의 필요성을 제시하려고 한다.

▪ 진로지도 실태분석을 통해 본 과거의 진로활동 만족도

진로지도는 "학생이 자기 이해를 통해 자신의 진로를 결정하도록 지원"하는 단계이다. 학생의 특성, 관심, 유형에 따라 맞춤형 진로지도를 실시하며 학생이 자기주도적으로 진로 정보를 탐색하고 활용하여 진로를 결정할 수 있도록 지원한다. 진로지도는 최근

고교학점제와 함께 진로교육이 강조되면서 한층 더 활발히 진행되고 있다. 그러나 문제는 학교에서 진로활동이 활발하게 진행되고 있는 것과 별개로 학생 만족도가 그리 높지 않다는 것이다. 오른쪽 표 3-1은(89쪽 참조) 전국 17개 시·도의 총 308개 고등학교를 표집으로 진행한 설문조사[1] 중 진로탐색 활동의 도움 정도에 대한 학생들의 응답 결과를 정리한 것이다. 아쉽게도 응답한 학생 7,244명 중 도움이 된다는 응답은 전 영역에서 절반 수준인 50%에도 미치지 못하고 있는 것으로 확인된다. 가장 만족도가 높은 내용은 진로관련 외부 인사 특강인데, 도움이 된다는 응답이 45%였다. 한편 가장 만족도가 낮은 내용은 '진로와 직업' 과목 수업으로 도움이 된다는 응답이 불과 31.6%에 그치고 있다.

학교에서 이루어지는 진로활동에 대한 만족도가 높지 않은 가운데, 많은 학생들이 학교보다는 학교 밖에서 진로 고민을 해결하려는 경향을 보이고 있다. 예컨대 가족 등과 대화나 인터넷 웹서핑 등의 개인적인 방법으로 진로를 결정하는 것으로 나타났다. 이에 대해 이주연(2020)은 "고교학점제 진로지도를 내실 있게 하기 위해서는 관행적으로 행해지는 진로탐색활동을 고교학점제 일정과 취지에 맞게 체계화하는 노력이 필요하며, 특히 학교에서 이뤄지는 진로수업에 대한 개선이 필요하다"고 밝히고 있다.

---

1. 이주연·이광우·진경애·이미숙·이민형·장현진, 2020, 〈고교학점제 도입에 따른 교육과정 이수 지도 방안 탐색: 학생의 진로·학업설계를 중심으로〉, 한국교육과정평가원, 136쪽

| 표 3-1 | 진로탐색활동의 도움 정도(학생 응답)

no	내용	① 전혀 도움이 되지않음 명(%)	② 도움이 되지 않음 명(%)	③ 보통임 명(%)	④ 도움이 됨 명(%)	⑤ 매우 도움이 됨 명(%)	합계	평균	표준편차
1	자신의 적성 및 진로에 대한 검사	288 (4.3)	776 (11.7)	2,853 (43.0)	2,236 (33.7)	483 (7.3)	6,636 (100.0)	3.28	0.917
2	진로 탐색을 위한 개별/집단 상담	246 (4.1)	602 (10.0)	2,827 (47.0)	1,864 (31.0)	482 (8.0)	6,021 (100.0)	3.29	0.900
3	진로·직업체험 박람회	282 (5.1)	645 (11.6)	2,398 (43.3)	1,692 (30.5)	523 (9.4)	5,540 (100.0)	3.28	0.963
4	진로 관련 외부 인사 특강	298 (4.9)	642 (10.5)	2,425 (39.7)	2,051 (33.6)	696 (11.4)	6,112 (100.0)	3.36	0.980
5	'진로와 직업' 과목 수업	754 (11.8)	992 (15.6)	2,618 (41.1)	1,547 (24.3)	465 (7.3)	6,376 (100.0)	3.00	1.078

※자료: 이주연 외, 2020

학교 현장에서 행해지는 진로탐색활동 중, '진로와 직업' 과목과 '창의적체험활동으로서의 진로활동'에 대한 개선이 필요하다. 이 두 활동은 다른 활동에 비해서 상대적으로 효용성 측면에서 낮은 평가를 받았다. 교사 개인의 역량에 따라 수업의 질에 큰 차이가 있기 때문인 것으로 유추해볼 수 있다. 따라서 이에 대한 개선 방안을 마련하는 것이 요구된다.[2]

▪ 진로역량 함양을 위한 체계적인 진로지도의 필요성

기존 학교 진로활동에 대한 학생들의 만족도가 높지 않는 이유는 무엇일까? 다양한 원인을 꼽을 수 있겠지만, 학교에서 진행되는 많은 진로활동이 '일회성' 사업에 그치거나 '백화점식'으로 나열하는 데 근본적인 원인이 있다(이주연 외, 2020). 실제로 고교학점제 연수를 담당하고 있는 한 교사는 학교에서 이루어지는 진로활동 간의 연계성이 없고, 모두 일회성의 낱낱 프로그램으로 운영되고 있는 현실을 지적하였다.

> 현장의 진로활동은 학생의 요구를 반영하는 데 미흡하거나 교사의 관심 부족으로 지속성과 체계성이 부재합니다. 학년별, 학교급별 진로교육의 연계성이 구축되어 있지 않고, 진로교육 프로그램 간 연계성도 부족하여 모두 일회성의 낱낱 프로그램으로 운영되고 있지요. 그리고 대부분 강의로 이루어져 학생들은 수동적으로 듣기만 할 수 있는 교육이 이루어질 뿐입니다.
>
> - A고 교사

물론 예외는 있다. 예컨대 진로에 대한 꾸준한 관심을 바탕으로 자신의 진로역량을 충분히 개발해온 몇몇 학생들은 일회성 프로

---

2. 이주연 외, 2020, 한국교육과정평가원, 181쪽

그램으로도 진로설계를 진행할 때 유의미한 도움을 받을 수 있다. 그러나 고교학점제에서 고민하는 것은 비단 몇몇 학생의 진로개발이 아니다. 즉 모든 학생들의 진로개발역량 함양을 통하여 자기주도적인 학습자로 삶을 주체적으로 살아갈 수 있는 시민을 양성하는 것이다. 즉 고교학점제에서 교육과정 이수지도를 통해 추구하는 학생상을 다음과 같이 정의할 수 있을 것이다.

> 고교학점제에서 교육과정 이수 지도를 통해 추구하는 학생상을 '자기주도적 진로·학습 설계 및 학습자'로 설정하고자 한다. 자기주도적 진로·학습설계 및 학습자로서의 학생은 '스스로 진로를 설계하며 자신에게 유의미한 학습 경험을 선택하고 디자인해 나갈 수 있는 학습자'를 의미한다. 이와 같은 자기주도적 진로·학습설계 및 학습자로서 학생은 다음의 두 가지 역량을 갖추어야 하는데, 하나는 '진로개발역량'이며, 다른 하나는 '자기주도적 학습역량'이다.[3]

다시 말해 소수가 아닌 **모든 학생들의 진로역량을 함양**해주는 진로지도가 필수적이라는 것을 알 수 있다. '일회적'이고 '백화점 나열식' 진로지도로 모든 학생들의 진로역량을 함양해주기는 매우 어렵다. 고교학점제를 도입한 학교에서 과목선택에 어려움을 느끼

---

3. 이주연 외, 2020, 한국교육과정평가원, 263쪽

는 이유로 가장 많이 나온 것은 "자신의 흥미나 적성을 아직 잘 파악하지 못해서"라는 응답이다(이주연 외, 2020). 고교학점제에서 학생들의 과목을 선택하는 시기는 1학기 말 또는 2학기 초이다. 이 무렵이면 진로지도는 자아탐색, 직업탐색, 학과탐색이 이루어지는 시점이다. 그런데 이런 응답이 가장 높다는 점은 현행 진로지도의 개선 필요성을 의미한다. 모든 학생들의 진로역량을 함양하기 위해서는 학교에서 이뤄지는 진로지도가 자아탐색부터 직업탐색, 학과탐색에 이르기까지 체계적으로 이루어져야 할 것이다.

| 진로지도를 통한 자아성찰력 신장 |

고교학점제에서 이루어지는 진로교육의 핵심은 진로활동을 통해 궁극적으로 학생들의 자아성찰력을 함양해주는 것이다. 따라서 다양한 활동 그 자체보다는 활동을 통해 학생들이 자신을 알아가고 자신에게 적합한 직업을 찾아가도록 지도하는 것이 중요하다. 진로발달의 대가인 도널드 슈퍼(Donald Super)에 따르면 "인간은 자아개념과 일치하는 직업을 선택하려고 노력하며 '나는 이런 사람이다'라고 느끼고 생각하던 바를 살릴 수 있는 직업을 선택한다"고 하였다. 자아탐색뿐만 아니라 직업탐색, 학과탐색 등을 진행할 때도 학생들이 탐색한 정보와 자신의 특성을 비교하면서 자아에 대해 점점 더 깊이 알아갈 수 있도록 자아성찰역량을 길러주는 노력이 필요하다. 단순히 직업 정보를 많이 알려주고 학과에 대한 정보를 제공하는 것만으로는 학생들의 자아성찰력이 함양될 수 없다. 자아에 대한 충분한 이해 없이 과목을 선택할 경우에 학생들은 환경에 따라 과목 변경을 요구하는 일이 잦아지게 된다.

> 일부 교사는 과목 변경에 대한 상담이 '끝이 없을 정도'로 이어진다고 언급하기도 하였다. 이처럼 과목 변경이 많은 이유와 관련하여 교사들은 진로가 확실하게 결정되지 않은 상태에서 과목선택을 하게 됨에 따라 '흔들리는 것'이라고 표현하며, 성적이 중위권인 아이들이 가장 많이 변경을 하게 되는데 이러한 학생들을 '이리 갔다 저리 갔다 하는 갈대'로 비유하기도 하였다.[4]

이처럼 먼저 학생들의 자아성찰력을 키우지 않은 채 직업선택 및 과목선택이 이뤄진다면 학교에서 갈대처럼 이리저리 휘둘리며 과목만 자꾸 변경하는 학생들이 넘쳐날 수밖에 없다. 그렇다고 과목을 변경하는 모든 학생을 싸잡아 갈대로 비유하는 것은 부적절하다. 자아에 대해 점점 깊이 이해해 나가는 과정, 즉 자아성찰의 과정에서 자신에게 더 적합한 과목을 발견하여 불가피하게 변경하

---

4. 이주연 외, 2020, 한국교육과정평가원, 234쪽

는 경우도 당연히 발생할 수 있기 때문이다. 나무가 뿌리를 내리며 성장하는 과정에서 폭풍우의 시련 속에서 수없이 흔들리며 성장하듯이 학생들이 진로역량을 함양해 나가는 과정에서도 흔들리는 과정은 반드시 필요하다. 오죽하면 《천 번을 흔들려야 어른이 된다》는 책도 있지 않은가? 다만 우리는 그 흔들리는 과정을 좀 더 세심하게 들여다볼 필요가 있다. 즉 학생들이 '자아'라는 뿌리를 내리며 성장을 위해 흔들리는 건지, 아니면 그저 '환경'에 따라 줏대 없이 갈대처럼 이리저리 휘둘리는지를 구분하고, 상황에 맞게 적절한 도움이나 조치를 취할 수 있어야 한다는 뜻이다.

안타깝게도 현재 많은 학교에서 채택하여 이뤄지고 있는 '일회적'이고 '백화점 나열식' 단편적 프로그램에 의존한 진로지도 체계로는 이러한 문제를 근본적으로 해결하기 어렵다. 문제를 근본적으로 해결하려면 진로지도가 학교의 일상으로 자리를 잡아야 한다. 그렇기 때문에 고교학점제에서는 정규수업 과정에서 이루어지는 **진로수업**[5]을 중심으로 진로지도가 이루어져야 함을 강조한다. 진로수업은 매주 1시간 고정적으로 운영되어 학생들의 진로탐색 및 진로설계를 안정적으로 지원해줄 수 있다는 유익이 있다. 진로수업을 중심으로 시기별로 필요한 진로 프로그램을 진행할 때 진로지도가 연계성을 가지고 체계적으로 운영될 것이다.

---

5. 진로와 직업 또는 창의적 체험활동의 진로수업. 대부분 현장에서 둘 중 하나의 방법으로 진로전담교사에 의해 진로수업이 이뤄지고 있기에 구분하지 않고 '진로수업'으로 표현하였다.

| 진로설계와 학업선택을 아우르는 진로지도 로드맵 그리기 |

앞서도 언급했지만, 고교학점제에서는 학생들이 선택한 과목을 이수하고, 졸업기준에 준하는 학점을 취득해야 졸업을 인정받을 수 있다. 이를 위해 고등학교 1학기 안에 잠정적인 과목선택이 이루어지고, 2학기에 선택과목 확정 및 시간표 수립이 진행되어야 한다. 1학기 안에 잠정적 과목선택이 이루어지기 위해서는 학사일정에 따른 체계적인 **진로지도 로드맵**이 필요하다. 학교에서 이뤄지는 진로수업을 바탕으로 다음과 같은 진로지도 로드맵 사례를 제시하고자 한다.

진로지도 로드맵은 그림에서 정리한 것처럼 크게 **진로설계**와 **학업설계**로 나누어볼 수 있다. 그리고 진로설계 단계는 자아탐색, 직업탐색, 학과탐색, 사명설정&로드맵 작성으로 구성되며, 학

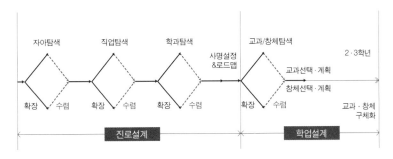

진로지도 로드맵 사례
고등학교 1학기 안에 과목선택이 잠정적으로 이루어질 수 있도록 학사일정에 따른 체계적 로드맵은 반드시 필요하다.

업설계 단계는 교과·창체탐색, 교과·창체 선택 및 계획 작성으로 구성된다. 각 단계별 탐색 과정은 정보를 찾아가는 **확장**의 과정과 탐색한 정보 중 자신에게 적합한 정보를 선택하는 **수렴**의 과정으로 전개된다. 정보탐색이라고 하면 단순히 정보를 찾는 과정만 생각하기 쉬운데, 탐색한 정보 중에서 자신에게 적합한 정보를 선별하여 모으는 수렴의 과정도 매우 중요하다. 먼저 진로설계의 각 단계에서 이루어지는 활동들을 살펴보면 다음과 같다.

▷ **자아탐색 단계**: 흥미, 적성, 성향, 가치관 등의 심리검사 등을 통해서 자신에 대해 확장해서 이해해보고 각 검사 내용을 정리하는 활동을 통해 자신에 대해 종합적으로 이해할 수 있도록 지도한다.

▷ **직업탐색 단계**: 자아탐색 결과를 바탕으로 관심 직업들을 선정하고 선정한 관심 직업에 대한 정보를 탐색한 후 탐색한 정보를 바탕으로 하나의 직업을 잠정적으로 결정할 수 있도록 지도한다.

▷ **학과탐색 단계**: 직업탐색 결과를 바탕으로 관심 학과들을 선정하고 선정한 관심 학과에 대한 정보를 탐색한 후 탐색한 정보를 바탕으로 가장 가고 싶은 대학 및 학과를 잠정적으로 결정할 수 있도록 지도한다.

진로설계가 마무리되면 학업설계로 나아가게 된다. 다만 학과탐색 이후 과목선택 및 활동계획으로 바로 들어가는 경우가 있는데,

그 전에 먼저 학생들에게 자기 삶의 목적인 사명에 대해 고민해보도록 안내하는 것이 좋다. 예컨대 '내가 이 세상에 살아가는 이유가 무엇인지'를 고민하고 '내가 하고 싶은 직업을 통해 이루고 싶은 삶의 목적이 무엇인지'를 고민하는 과정에서 학생들은 자기 삶에 대해 한층 깊이 있는 성찰을 이끌어낼 수 있게 된다. 이러한 성찰은 앞으로 살아가며 만나게 될 수많은 역경들을 차분히 이겨낼 수 있는 힘의 원천이 될 것이다. 이 '사명설정&로드맵' 과정은 줄여서 '인생설계'로 명시하였다. 인생설계 과정까지 진행한 후에 자신의 진로에 적합한 과목 및 창체활동을 탐색하고 선택하는 과정을 거친다. 교과 및 창체활동을 선택한 후에는 앞으로 2·3학년때 어떻게 실행할 것인지 계획을 세우도록 지도한다.

| 진로지도의 핵심 원리는 무엇인가? |

진로수업에서 이상에서 설명한 진로지도 로드맵을 바탕으로 진로지도를 진행하기에 앞서 꼭 알고 있어야 하는 핵심 원리를 살펴보고자 한다.

첫째, 자아탐색의 핵심은 검사가 아니라 자아성찰력 증대이다. 지금은 많이 줄어들기는 했지만, 예전에는 많은 분들이 '진로교육 = 심리검사"로 오해하는 경우가 많았다. 그래서 진로교육에서 자아탐색을 한다고 하면 무조건 심리검사를 진행하고 검사 결과를 받아보는 것 정도로 잘못 이해하고 있었던 것이다. 학교에서 오랜 기간 진로교육을 하며 깨달은 것은 체계적인 진로교육을 통해서만이 학생들의 자아성찰력과 선택하는 힘을 함양할 수 있다는 것이다. 학생들은 수업 시간마다 자신에게 적합한 선택이 무엇인지 고민하는 동안 작지만 소중한 선택들을 하나씩 쌓아 나가게 된다. 이런 작은 선택이 모여 큰 선택을 할 수 있는 힘이 길러지고, 나아가 자신에 대한 성찰력도 기를 수 있게 된다.

둘째, 직업&학과탐색의 핵심은 정보 자체가 아닌 정보탐색력 증대이다. 학교에서 처음 진로수업을 하시는 분들이 가장 많이 걱정하는 것 중 하나가 바로 직업에 대해 많이 모르기 때문에 교육을 제대로 해내지 못할 것이라는 우려이다. 물론 직업을 많이 알고 있으면 학생들에게 안내할 때 도움은 되겠지만, 그것이 진로수업의 핵심은 아니다. 직업&학과탐색 지도의 핵심은 정보 자체를 주는 것이 아니라 정보를 탐색해서 자신에게 적합한 정보를 고를 수 있도록 적절한 안내를 해주는 데 있다. 예컨대 필요한 정보를 어디에서 얻을 수 있는지, 그리고 그 정보 중에 자신에게 필요한 정보가 어떤 것인지 찾아가도록 안내해주는 것이 필요하다. 학생들은 이 과정을 통해 정보를 찾는 힘을 키우고, 찾은 정보 중 자신에게 필요한 정보를 고를 수 있는 안목도 길러가게 된다.

셋째, 진로설계의 핵심은 완성형 진로설계가 아니라 잠정적 진로설계이다.
학교에서 진로교육을 하면서 많은 학생들이 진로설계를 어려워하는 모습을 많이 접했다. 학생들이 어려워하는 가장 큰 이유가 바로 진로를 완벽히 정하려는 것 때문이다. 즉 자신에 대해 완벽히 알고 직업도 자신에게 딱 맞는 직업을 정하려고 한다. 그러나 이는 현실적으로 불가능하다. 진로탐색 말고도 해야 할 일이 많은 학생들이 한정된 시간 안에 자신에 대한 이해를 완전히 하기도 어려울뿐더러, 또한 세상에 있는 수많은 직업을 일일이 탐색하기도 불가능하기 때문이다. 특히 직업은 지금도 계속 새로 만들어지고 있기 때문에 세상의 모든 직업을 전부 알고 진로를 설정한다는 것은 사실상 불가능한 미션에 가깝다. 그래서 진로설계 지도를 할 때는 완벽하게 하려 하지 말고 '잠정적'으로 설계하라고 지도해야 한다.

그러나 잠정적으로 설계하라는 이야기는 자칫 학생들에게는 모호하게 들리기 쉽다. 그래서 필자는 잠정적 진로설계라는 표현을 좀 더 명확하게 하기 위해서 **프로토타입 진로설계**라고 부르고 있다. 프로토타입(prototype)이란 주요한 기능을 담은 시제품이라는 뜻으로 기업에서 어떠한 새로운 제품을 내놓을 때, 가장 먼저 만드는 시제품을 말한다. 머릿속에서 아이디어로만 존재하던 제품을 실물 형태인 시제품으로 만들어서 직접 사용하다 보면 처음에 생각한 것과 달리 별로인 부분이 있고, 반대로 생각 외로 좋은 점들을 발견하기도 한다. 또 어떤 경우에는 방향성은 맞지만, 좀 더 깊이 있게 개발할 필요성도 발견하게 된다. 즉 프로토타입을 통해 제품을 업그레이드할 수 있는 발판이 마련된다는 점에서 유익하다. 만약 프로토타입이 없다면 발전시킬 점, 개선할 점들이 구체적으로 손에 잡히지 않은 채 오직 머릿속으로만 구상되기 때문에 현실적이고 섬세한 업그레이드는 사실상 불가능하다. 진로설계도 이와 마찬가지다. 프로토타입으로라도 진로를 설계해놓아야 학교활동을 통해 자신의 설정한 진로가 자신과 맞는지, 아니면 그렇지 않는지를 확실하게 알 수 있게 된다. 그러한 과정을 통해서 점점 더 자신과 맞는 구체적인 진로를 찾아갈 수 있게 된다.

앞으로 이 세 가지 핵심 원리를 바탕으로 진로수업을 통해 진로지도 방법을 설명할 것이다. 특히 진로지도에 있어 학생이 자아를 탐색하고 성찰하는 데 도움을 줄 수 있는 다양한 진로심리검사와 함께 직업 및 학과탐색에 초점을 맞추어 설명할 것이다. 학생이 원하는 과목을 선택하는 것은 중요하지만, 아무런 대책 없이 무작정 과목만 선택하게 하는 것도 교육적으로는 방임에 가깝다. 학생들의 미래를 준비하는 데 실질적 도움이 될 수 있는 과목선택이 가능하도록 지원하는 역할이 그만큼 중요하다는 뜻이다. 여기에서 소개하는 심리검사들은 학생들의 진로역량을 키우고, 각자 진로탐색 및 자신이 선호하는 직업 및 학과 등을 탐색하게 하는 데 도움을 줄 것이다.

| 진로심리검사를 통한 진로자아탐색 |

진로탐색을 목적으로 연구·개발된 표준화 심리검사들이 이미 시중에 다양하게 존재한다. 검사를 통해 나온 결과를 마치 절대적인 무엇인 양 맹목적으로 수용하는 것은 문제가 있지만, 신뢰도와 타당도가 검증된 검사라면 참고자료로는 충분히 활용해볼 만하다. 특히 앞으로는 이벤트성으로 심리검사를 한번 실시하고 끝내기보다는 검사 결과와 진로지도를 어떻게 서로 연계할 것인지에 대한 고민이 필요하다.

▪ 진로심리검사의 종류

많은 학교에서 진로심리검사를 실시하고 있다. 하지만 이와 별개로 진로심리검사를 진로학업설계와 연계할 방안을 구체적으로 마련해둔 학교는 거의 드문 것으로 나타났다.

> 대부분의 학교에서는 진로·적성검사를 실시하고 이에 대한 결과를 안내하는 정도에 그치고 있었으며, 진로·적성검사 결과를 학업설계 및 과목선택에 어떻게 연계하여 참고할지에 대한 구체적인 방안을 마련한 학교는 부족한 것으로 나타났다.[6]

---

6. 이주연 외, 2020, 한국교육과정평가원. 73쪽

그러나 앞에서 이미 언급한 것처럼 자아탐색의 핵심은 심리검사를 하는 데 있지 않다. 만약 단순히 심리검사를 진행하고 그저 결과를 안내하는 정도에 그치고 있다면 그 많은 시간과 노력을 기울여 굳이 심리검사를 진행할 이유가 없다. 심리검사는 결과를 활용하여 학생들이 자신에 대해 이해를 높일 수 있도록 지도할 때, 비로소 시간과 노력을 기울인 의미가 있다. 학생이 자기 자신을 제대로 이해할 수 있어야 앞으로 이어질 직업 및 학과 선정과 교과 선택에도 의미 있는 도움을 받을 수 있을 것이다. 학교에서 양질의 직업 및 학과탐색 프로그램을 제공하여 한층 질 높은 정보를 제공한다고 하더라도 학생의 자신에 대한 이해가 부족하다면 자신에게 적합한 직업 및 학과를 선택할 수 없게 된다. 결과적으로 자신에게 적합한 과목도 선정할 수 없을 것이다. 자아탐색활동을 통해 자신에 대한 이해를 심화시키는 활동은 앞으로 진행하게 될 활동의 기반이 되기 때문에 체계적으로 진행되어야 한다. 오른쪽 표 3-2는 〈부모와 함께하는 진로진학지도〉[7]에서 소개된 진로심리검사 안내를 바탕으로 필자가 재편집한 것이다(103쪽 참조).

이 중 수업시간에 자주 활용되는 검사는 커리어넷의 직업흥미검사, 직업적성검사, 직업가치관검사와 MBTI검사[8]가 있다. 이러

---

7. 교육부·국가평생교육진흥원·세종특별자치시교육청, 2013, 〈부모와 함께하는 진로진학지도〉, 국가평생교육진흥원

8. https://www.16personalities.com/ko

| 표 3-2 | 진로심리검사 종류

측정 검사	검사명	기관명	검사기준
흥미	직업흥미검사(H형)	커리어넷	홀랜드 유형 (RIASEC)
	홀랜드 진로탐색 검사	한국가이던스	
	U&I 진로탐색 검사	연우심리연구소	
	STRONG 진로탐색 검사	한국심리검사연구소	
	청소년 직업흥미검사	워크넷	
적성	청소년 적성 검사	워크넷	10개 적성요인
	직업 적성 검사	커리어넷	
성향	MBTI 검사	16personalities	16개 성격유형
가치관	직업 가치관 검사	커리어넷	12개 가치관 요인

※자료: 교육부·국가평생교육진흥원·세종특별자치시교육청, 2013 참조 재구성

한 검사들을 잘만 활용하면 학생들의 흥미, 적성, 가치관, 성향을 확인하고 자신에 대해 성찰할 수 있도록 도울 수 있다. 먼저 커리어넷에서 검사를 진행하는 방법을 소개하겠다. 스마트폰에 커리어넷앱을 설치하고 실행하도록 안내한다. 진로심리검사를 클릭한 후에 '직업흥미검사', '직업적성검사', '직업가치관검사'를 클릭하여 검사를 진행하면 된다.

만약 직업적성검사를 실시하면 다음 그림(104쪽 참조)처럼 문항이 나오고 자신에게 문항 내용이 얼마나 적합한지를 고르도록 안내가 되어 있다. 예컨대 글 이해력 여부를 물어보고 7점 척도에 의하여 자신의 수준에 맞는 점수를 고를 수 있도록 제시된다. 점수

> 글을 잘 이해한다. "아래 숫자를 클릭해 보세요"

커리어넷 직업적성검사 문항 예시[9]
각 문항에 대해서는 매우 그렇다(7)부터 전혀 그렇지 않다(1)까지 선택할 수 있다. 이 직업적성검사는 누구에게 잘 보이기 위한 수단이나 성적과 관련이 없으므로 솔직하게 응답할수록 학생 자신의 진로를 정확하게 파악할 수 있다는 점을 잘 주지시켜야 응답 신뢰도를 높일 수 있다.

선정에 도움을 주기 위해 2점에 '간단한 글을 내용을 모를 때가 많다'와 6점에 '국어책 내용을 이해할 수 있다.'를 제시해주어 이 내용을 보고 점수를 고를 수 있도록 친절하게 안내해주고 있다.

직업적성검사뿐만 아니라 다른 검사도 이러한 방식으로 자기 자신에 대해 고민하고 좀 더 적합한 것을 선택할 수 있도록 안내를 해준다. 이런 선택들이 모여 최종적인 검사 결과가 나오게 된다.

▪ **진로심리검사의 정리 방법**
이번에는 검사 결과 정리 지도 방법에 대해서 소개하겠다. 심리검사에서 가장 중요한 것은 심리검사를 통해 학생이 자신의 유형을 조금씩 구체적으로 알아가는 데 있다. 어떤 사람은 사람의 유형을

---

9. 커리어넷 직업적성검사(https://www.career.go.kr/inspct/web/psycho/vocation, 검색일: 2021.2.15.).

이렇게 몇 가지로 나눌 수 없다며 심리검사를 활용하는 것에 대해 부정적인 반응을 보이기도 한다. 심리검사를 맹신하는 것도 문제지만, 심리검사를 무작정 무시하는 것 또한 그리 좋은 태도는 아니라고 생각한다. 심리검사가 각 개인의 특성을 100% 반영할 순 없겠지만, 자신의 특성을 이해하는 데 일정 부분 도움을 줄 수 있기 때문이다. 학생들이 검사를 통해 자신의 특성을 이해하는 방법을 소개하겠다. 여기서 소개하는 양식지는 필자가 실제 진로수업 때 활용하고 있는 양식지임을 밝힌다. 따라서 소개하는 내용을 그대로 사용하기보다는 내용을 참고해서 각 학교 상황에 맞게 변형 및 응용해서 활용해볼 것을 제안한다.

직업흥미검사를 정리하는 방법을 소개하겠다. 첫 번째로 검사 결과를 보고 **자신의 상위 3개 흥미유형을 작성**하도록 지도한다. 검사 결과에 상위 유형 3가지가 잘 설명되어 있어서 학생들이 작성하는 데 어려워하지 않는다.

직업흥미검사 상위 3개 유형 작성 예시
직업흥미검사를 통해 학생들은 자신이 흥미를 가진 직업의 상위 3개 유형을 파악할 수 있다. 그리고 각 유형에 대한 설명을 참고하면 자신의 흥미유형을 어렵지 않게 작성할 수 있다.

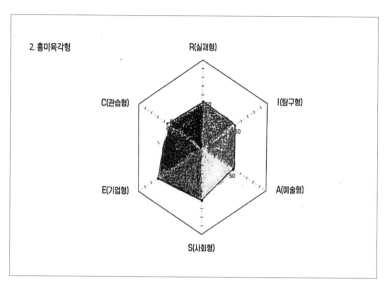

직업흥미검사 흥미육각형 작성 예시
앞선 직업흥미유형을 바탕으로 학생들은 흥미육각형을 작성함으로써 자신의 성향이 어떤 쪽
으로 발달해 있는지를 좀 더 가시적으로 확인해볼 수 있다.

두 번째로 흥미유형에 나온 점수를 바탕으로 **흥미육각형**을 그려 가
시적으로 확인할 수 있도록 한다. 학생들이 모바일로 검사를 진
행할 때 검사 결과가 4자리로 나타나 보이게 되는데 확대해서 보
면 중간에 점이 찍혀 있는 것을 볼 수 있다. 수업 때 이에 대해 미리
안내해주면 결과를 작성할 때 혼란을 막을 수 있다. 자신의 유형을
도형으로 그리는 활동은 학생들의 활동 속도를 맞출 때 유용하다.
검사를 빨리 끝내고 내용 작성을 빠르게 시작한 학생들에게는 육
각형을 좀 더 예쁘게 그리고 안에도 여러 가지 색깔로 색칠을 하라
고 안내를 하는 것이 좋다. 별것 아닌 것 같지만, 결과지에 대해 좀

더 관심을 기울이게 하는 효과와 함께 전체 학생들의 활동 속도를 맞춰 이후 모둠별 활동을 진행할 때 도움을 받을 수 있다.

세 번째로 **흥미유형과 관련된 특성을 작성**하도록 안내한다. 이 활동은 검사 결과를 정리할 때 가장 중요한 활동이다. 이 부분을 작성할 때는 검사 결과 내용을 모두 작성하지 말고 제시된 결과 중에서 일상생활에서 자신에게 가장 많이 나타난다고 생각되는 내용을 골라서 작성하라고 안내를 한다. 안내를 통해 학생들은 검사 결과를 보며 자신의 일상의 모습과 비교하면서 작성할 수 있게 된다. 검사 결과 중 자신에게 맞다고 생각되는 부분을 골라서 글로 정리하는 과정을 통해 학생들은 막연하게 인식하고 있던 자신의 특징을 조금은 명확하게 인식할 수 있게 된다.

3. 나의 주요 흥미유형과 관련된 특성

순위	흥미유형	성격 특성	직업 특성
1위	E (기업형)	리더십으로 다른 사람들을 이끈다.	발표. 면접하기 조직관리, 경영
2위	S (사회형)	타인의 감정을 잘 이해한다.	가르치기, 다른 사람 돕기
3위	C (관습형)	맡은 일에 대한 책임감이 있다.	문서 작성하기, 정보 처리하기

직업흥미검사 흥미유형과 관련된 성격 및 직업 특성 작성 예시
흥미유형과 관련된 성격 및 직업특성을 직접 작성하면서 직업에 대한 막연한 인식이 한층 구체적이고 명확해지는 효과를 기대할 수 있다.

4. 흥미유형별 직업 및 학과정보

순위	흥미유형	대표직업	대학 학과
1위	E (기업형)	고위공무원, 국회의원, 기업고위임원	수학교육과, 교육학과, 심리학과
2위	S (사회형)	인문계, 자연계중등학교교사, 초등교사	수학교육과, 교육학과, 국어교육과
3위	C (관습형)	일반공무원, 사서	신문방송학과, 방송영상과, 수학과

직업흥미검사 흥미유형과 관련된 직업 및 학과 정보 작성 예시

흥미유형에 매칭된 직업들은 모두 이론적 근거에 따라 제시된 것이다. 이렇게 정리된 직업 중에서 학생들은 자신에게 좀 더 잘 맞는 직업 분야가 무엇인지 좁혀나가게 된다.

마지막으로 **흥미유형별 직업 및 학과 정보를 작성**하는 것이다. 이 활동은 앞으로 전개될 직업 및 학과탐색을 할 때 매우 유용하게 사용된다. 커리어넷 흥미검사는 홀랜드 이론(Holland's theory)을 기반으로 하여 각 흥미유형에 적합한 직업을 제시하고 있다. 다시 말해 각각의 흥미유형에 제시된 직업들은 아무 근거 없이 제시된 것이 아니라 충분한 이론적 토대를 바탕으로 제시된 것이다. 따라서 해당 유형에 제시된 직업 중에서 자신이 관심이 있는 직업을 선정하여 탐색해 나가는 것은 자신에게 적합한 직업을 찾아 나가는 과정에 적지 않은 도움이 된다.

어쩌면 미래 직업 세계의 변화로 자신에게 적합한 직업이 커리어넷에 소개되어 있지 않을 것을 염려하시는 사람들도 있을지 모른다. 그러나 여기서 소개하는 방법은 **잠정적 진로설계**임을 기억하길 바란다. 앞서도 언급했지만, 진로수업에서 진로설계의 목적은 직업 확정이 아니라 **프로토타입**(prototype)[10]을 만들어가는 과정이다. 이 과정을 통해 프로토타입 진로를 설계한 학생들은 앞으로 학교 활동 및 독서활동들을 경험하면서 자신이 설계한 진로가 자신에게 적합한지 확인해 나갈 수 있다. 그러면서 자신이 선택한 진로를 좀 더 구체화시키기도 하고, 한편으론 자신에게 좀 더 적합하다고 생각되는 다른 진로로 변경해 나가기도 한다.

직업흥미검사 수업을 진행한 후에는 직업적성 및 직업가치관 검사, MBTI성향 검사를 진행하여 프로파일 작성할 수 있도록 안내한다. 직업적성 프로파일, 직업가치관 프로파일, MBTI 프로파일 작성법 역시 직업흥미검사와 동일한 방법으로 진행하면 된다.

검사 결과를 정리하는 활동 진행할 때는 두 가지 유의점에 주의하자. 첫 번째는 **심리검사에 대한 편견이나 선입견의 해소**이다. 생각보다 많은 학생들이 심리검사 활동에 앞서 다소 부정적인 태도를 보이곤 한다. 주로 이전에 비슷한 심리검사를 많이 했는데, 일회성으로 검사를 하고 검사 결과에 대해 제대로 정리해보지 않았던 학생들은 '그런 검사들은 이미 중학교 때 다 해보았다'면서 검사를 하기도 전에 부정적인 태도로 일관하며 시큰둥해하는 경우가 있다.

---

10. 주요한 기능을 담은 시제품. 본격적으로 제품을 생산하기에 앞서 성능을 검증·개선하기 위해 핵심기능만 넣어서 제작한 시제품을 의미

그런 학생에게는 시기별로 검사 결과가 바뀔 수 있으니까 다시 해 보자고 권하는 한편, 이번에는 검사로 끝나지 않고 향후 활동과 연계하여 인생설계와 대학진학에 도움이 된다는 점을 분명히 알려줌으로써 수업에 적극 참여할 수 있도록 이끌어주자.

두 번째는 **수업 분위기**이다. 딱딱한 분위기에서는 학생들이 형식적인 과정으로만 인식하여 기계적으로 임하기 쉽다. 따라서 따뜻하고 격려하는 분위기로 이끌어가야 한다. 활동에서 프로파일 작성 자체가 중요한 게 아니라 실제 미래를 설계하는 진지한 자세로 프로파일을 작성해 나가는 과정이 훨씬 더 중요하다.

"잘 못해도 괜찮아"

"선생님도 예전에 그랬어."

"이제부터 선생님과 함께하자!"

이처럼 학생들을 격려하는 분위기로 이끌어갈 때, 학생들은 작은 선택일지라도 자신에게 적합한 것들로 의미 있게 채워나갈 수 있다. 그리고 이런 작은 선택들이 모여서 자신에 대한 성찰을 높여갈 수 있게 되고, 그렇게 높여간 자아성찰력을 통해 앞으로 진행할 더 큰 선택을 할 수 있는 힘을 기를 수 있게 된다. 심리검사 시 이 점을 꼭 기억해서 학생들이 자발적으로 참여하는 활동을 진행할 수 있도록 지속적으로 격려하며 수업을 진행하길 바란다.

- **심리검사 결과의 종합 및 정리 방법**

끝으로 검사 결과를 종합하여 정리하는 방법을 소개하겠다. 지금까지 작성한 프로파일을 바탕으로 자아탐색 종합 프로파일에 정리하는 작업이다. 실제로 수업을 진행할 때는 자아탐색 종합 프로파일을 첫 번째 직업흥미검사를 할 때 나눠주고 활동이 끝날 때 직업흥미검사 부분에 자신의 유형을 적게 하고, 하고 싶은 직업을 작성하도록 안내한다. 직업 적성, 직업 가치관, MBTI 역시 각각의 활동이 끝난 후에 해당되는 영역에 유형 및 관심 직업을 작성할 수 있도록 안내하고 있다.

1. 각 영역별 결과를 적어보고 하고 싶은 직업을 적어보세요.		
검사종류	결과	하고 싶은 직업
직업흥미검사 (H형) (커리어넷)	ex) 직(사회형), I(탐구형),C(관습형)-1,2,3번 유형만 E (기업형) S (사회형) C (관습형)	자연계중등학교교사
청소년용 직업적성검사 (커리어넷)	ex) 자기이해능력, 대인관계능력, 수리논리능력 자기성찰능력, 수리·논리력, 언어능력	자연계 중등학교교사 인문계중등학교교사
청소년용 직업가치관검사 (커리어넷)	ex) 자기개발, 사회봉사, 다양성 안정성, 능력발휘, 사회봉사	자연계중등학교교사 인문계중등학교교사 기자
MBTI성향검사	ex) ISFJ(헌신형) ISFJ (수호자형)	도서관 사서, 간호사

자아탐색 종합 프로파일 작성 예시
작성한 프로파일을 바탕으로 자아탐색 종합 프로파일에 정리한다. 이때 자신의 유형과 함께 희망하는 직업을 함께 작성하도록 안내한다.

MBTI까지 작성이 끝난 후에는 지금까지 작성해온 직업들 중에서 개인적으로 좀 더 관심이 가는 직업 3개를 골라 적게 하고, 그 이유도 함께 작성하도록 지도한다. 다음 단계인 직업탐색 과정에서는 자아탐색 과정에서 선정한 관심 직업을 바탕으로 정보를 탐색하고 그 결과를 가지고 잠정적인 직업을 선정하도록 지도하면 된다.

이렇게 자신의 특질을 기반으로 관심 직업을 정리하는 과정을 아프리카에서 우물을 파는 것에 비유할 수 있다. 아프리카에서 우물을 팔 때는 그냥 아무 데나 파는 것이 아니라 '서베이(Survey)'라는 일종의 사전조사 작업을 통해 물이 있을 만한 포인트를 찾아낸 후에 우물을 판다고 한다. 앞으로 전개될 직업탐색도 이와 마찬가지로 진행되어야 한다. 직업탐색에서 사전조사의 역할을 담당하는 것이 바로 자아탐색이다. 성실한 자아탐색을 거치며 자신의 특질과 적합한 직업 등을 충분히 정리할 필요가 있다. 이후 그렇게 정리된 직업들 중에서 자신에게 적합한 직업들을 찾아가는 것이 무모한 시행착오를 줄이는 현명한 방법이다.

| 자신에게 적합한 직업과 맞춤형 학과 탐색 |

바로 앞에서 다양한 진로심리검사를 통해 자아를 성찰하고 자신의 흥미, 적성, 성향, 가치관 등을 탐색했다면 본격적으로 다양한 직업들을 탐색하고, 특정 직업과 밀접하게 관련된 학과들을 탐색하는 과정이 필요하다. 이러한 직업·학과탐색 지도의 핵심은 정보를 탐색해서 자신에게 적합한 정보를 고를 수 있도록 안내해주는 데 있다. 따라서 학생들에게 필요한 정보를 어디에서 얻을 수 있는지, 그리고 그 정보 중에서 자신에게 필요한 정보가 어떤 것인지 찾아가도록 안내해주는 것이 필요하다. 이러한 과정을 진행하다 보면 학생 스스로 정보를 찾는 힘을 키울 수 있고, 찾아낸 정보 중 자신에게 불필요한 정보를 거르고 필요한 정보를 골라내는 선별 안목 또한 키워갈 수 있다.

▪ **직업탐색 지도 방법**

학생들이 탐색해야 되는 직업은 자아탐색 수렴 과정을 진행하며 압축했던 3개의 관심직업이다. 직업정보탐색도 앞에서와 마찬가지로 커리어넷[11]을 통해 진행할 수 있다. 커리어넷 앱에서 직업·학과탐색을 선택한 후 직업탐색을 찾아서 탐색하고 싶은 직업을 검색한다. 나와 있는 정보 중에서 직업 선택에 필요한 정보를 찾아서 정리한다.

학생들에게 필요한 정보는 직업관련 정보와 직업 준비관련 정보이다. 커리어넷에서 제공되는 정보들 중 직업관련 정보는 '하는

---

11. https://www.career.go.kr/cnet/front/main/main.do

관심 직업	정보보호전문가

직업기초정보	인터넷 정보 탐색 내용
하는 일	정보보안 정책을 수립, 시스템에 대한 접근 및 운영을 통제하며, 침입자가 발생했을 때에는 신속히 탐지·대응해 정보자산 보호. 각종 바이러스나 해킹에 대비, 방화벽 구축, 정보가 크래킹 당했을 때 신속하게 복구
적성 및 흥미	해커들의 최신 크래킹 기법과 바이러스에 대한 분석적 사고가 필요하며, 각종 프로그램 언어, 네트워크나 운영 체제, 데이터베이스 등 컴퓨터 시스템 전반에 걸친 해박한 지식이 요구된다. 더 나아가 경제와 산업에 대한 거시적 안목과 책임감과 도덕심이 필요.

직업 정보탐색 프로파일 작성(일부) 예시

관심 직업을 찾아 정보를 탐색하는 활동을 통해 학생들이 꿈꾸는 직업이 막연한 꿈이 아닌 실현 가능한 꿈으로 발전하게 된다. 구체적으로 어떤 일을 하는지, 이런 직업을 가진 사람들에게는 어떤 소양이 필요한지 등을 알아봄으로써, 이후 과목이나 학과를 선택할 때 좀 더 구체적인 준거를 마련해줄 수 있다.

일', '적성 및 흥미', '고용 현황', '임금 수준' 등이고, 직업 준비관련 정보는 '입직 및 취업 방법', '준비 방법', '관련 자격증'이다. 각각의 관심 직업에 대한 정보와 함께 준비 방법에 대한 정보도 함께 파악하는 것은 중요하다. 그래야 각각의 정보들을 수렴하여 자신의 특성과 비교해보고, 이를 통해 한층 더 자신에게 현실적으로 적합한 직업을 선택할 수 있기 때문이다.

또한 동영상을 활용하여 정보를 탐색하는 방법도 있다. 오직 글로만 제공되는 정보만으로는 각 직업이 가진 성격을 구체적으로 파악하는 데 한계가 있다. 특히 텍스트보다는 이미지에 훨씬 더 친숙한 요즘 학생들의 성향도 고려할 필요가 있다. 동영상을 통한 정보탐색은 직업인의 인터뷰를 직접 촬영해 제공되기 때문에 글로는 파악할 수 없는 한층 세밀하고 현실적인 정보를 파악할 수 있다는 장점이 있다. 학교에서 수업을 진행할 때 동영상을 활용한 정보탐색은 워크넷[12]을 통해 진행하고 있다. 워크넷에도 양질의 정보가 많기 때문에 수업을 통해 정보탐색을 하는 방법을 안내하여 추후에 혼자서 정보를 탐색할 때도 활용할 수 있도록 지도하면 좋다. 스마트폰에 워크넷 앱을 설치한 후 실행한다. 직업진로를 선택한 후 관련 직업 동영상을 찾아서 탐색하고 싶은 직업을 검색한다. 영상을 통해 제공되는 직업인 인터뷰 내용을 들으며 '직업 관련 정보'와 '직업 준비관련 정보'를 나눠서 정리한다. 영상 옆에 인터뷰 내용이 글로 정리되어 있으니 들으면서 필요한 내용을 찾아서 정리하기에도 좋다.

• **직업 의사결정지도 방법**

직업 의사결정지도의 핵심은 잠정적 의사결정이 가능하도록 지도하는 것이다. 학생들은 한번의 선택으로 자신에게 꼭 맞는 직업을 선정하려고 한다. 그러나 앞에서 밝혔듯이 이는 현실적으로 불가

---

12. https://www.work.go.kr/index.jsp

능하다. 짧은 시간 동안 자신에 대해 완벽히 알 수 없을뿐더러, 세상에 존재하는 모든 직업을 탐색할 수도 없다.

진로발달 학자들인 슈퍼(Super), 긴즈버그(Ginzberg), 타이드만 그리고 오하라(Tiedeman & O'Hara)는 고등학생의 진로발달 단계를 탐색기, 잠정기, 구체화기 등으로 선정하여 자신이 나아갈 방향을 탐색하고 잠정적으로 진로를 선정하며 다양한 활동을 통해 자신과의 적합 여부를 파악해보는 것이 중요하다고 하였다.

직업 의사결정을 지도하기에 앞서 잠정적으로 진로를 선택해보는 것 자체가 발달단계상 반드시 필요한 요소임을 지속적으로 강조해야 한다. 학생들이 주어진 상황 안에서 최선을 다해 정보를 탐색하고 탐색한 정보를 바탕으로 잠정적으로 진로를 선택하며, 선택한 진로를 구체화시켜 나가기 위해 학교활동을 충실히 진행할 때 그들의 진로역량 또한 크게 향상될 수 있기 때문이다.

직업 의사결정은 두 가지로 진행한다. 첫 번째로 진행하는 것은 **관심 직업이 자신과 적합한지 여부를 파악**하는 것이다. 이를 위해 지금까지 진행한 학생 자신에 대한 정보와 직업에 대한 정보를 종합해서 관심 직업 적합도 프로파일을 작성하도록 안내한다. 작성 방법은 다음과 같다. 먼저 관심 직업 3개를 정하고 선정한 이유를 작성하게 한다. 또한 각 관심 직업별로 자신에게 맞는 점과 그렇지 않은 점을 작성하도록 지도한다. 앞에서 진행한 활동을 포트폴리오

관심직업	이유	자신에게 적합한 점	자신에게 적합하지 않는 점
정보보호 전문가	평소부터 관심이 많고 세 가지 직업 중 가장 하고 싶은 직업 이고, 가장 잘 할 자신이 있는 직업 이다	"관계 탐구하는 과정을 즐긴다 새로운 것에 대한 호기심이 많다. 논리적이고 합리적인 사고를 한다. 혼자서 하는 일에 집중하는 경우가 많다. 논리적으로 사고해 더 문제를 해결하는 능력이 있다." 의 재능이 정보보호전문가에 적합한 역량이다.	나의 급한 성격은 정보보안전문가가 되기에 적합하지 않을 것 같다. 정보보안전문가는 작고 사소한 실수를 찾아낼 수 있도록 하나하나 꼼꼼하고 세심해야 하기 때문이다. 급한 성격을 가라 앉히는 연습을 해야겠다.

관심 직업 적합도 프로파일 작성 예시

직업에 대해 알아보고 나면 자기 자신이 해당 직업을 수행하는 데 필요한 역량을 얼마나 가지고 있는지, 반대로 적합하지 않은 점은 무엇인지 점검해보는 과정을 거쳐야 한다. 이러한 과정을 통해 때로는 진로의 방향이 바뀔 수도 있지만, 반대로 부족한 점을 보완하기 위해 어떤 노력이 필요한지를 파악할 수 있다.

로 쌓아가고 있다면 이 내용을 작성할 때, 이전 기록을 참고해서 작성하도록 안내하면 된다.

두 번째는 **직업 의사결정 프로파일을 작성**함으로써 잠정적인 진로를 선정할 수 있도록 안내한다. 직업 의사결정 프로파일을 실시하기 전에 학생들에게 직업 의사결정 유형에 대하여 안내해주자. 학생들에게 알려주어야 할 의사결정 유형은 세 가지로 합리적 유형, 직관적 유형, 의존적 유형이다. 이 세 가지 유형의 정의와 각각의 장단점을 비교해주며, 예컨대 정보를 바탕으로 선택하는 직업 의사결정은 합리적 유형임을 소개한다.

최종 의사결정 기준	자기탐색 요인[1]				직업요인					직업가치관[2]			합산
	흥미 [RIASEC]	적성 (다중지능)	성격 (MBTI,컬러)	능력 (직업카드)	하는일[가]	자격증[나]	취업전망[다]	직업전망[라]	되는방법[마]	능력발휘[바]	안정성	사회적 인정	
1 법의학자	4 8	4	5	4	5 10	2	1	1	2	5 10	5	5	43 57
2 임상병리사	4 8	4	4	4	4 6	4	2	2	3	4 8	4	3	42 54
3 생명공학 기술자	5 10	4	5	4	5 10	4	3	3	4	5 10	4	4	50 65
4													

직업 의사결정 프로파일 작성 예시

학생들이 자신의 관심직업의 점수를 매기는 과정을 통해 탐색한 정보와 자신과의 적합성을 자연스럽게 비교하며 잠정적으로 진로를 결정하는 데 도움을 준다.

각 직업을 비교하며 점수를 매기는 과정을 통해 탐색한 정보와 자신과의 적합성을 자연스럽게 비교해볼 수 있게 된다. 만약 점수를 매기기 어려운 내용은 우선은 직관적으로라도 할 수 있도록 안내를 하며, 추후에 정보를 추가로 탐색하여 다시 진행하도록 지도를 해주면 된다. 학생들은 이 과정에서 합리적 의사결정을 하는 데 정보의 중요성을 깨닫게 되며, 앞으로 진행되는 학과 정보탐색에 더 적극적으로 임하는 계기도 된다. 직업 의사결정활동에 자세한 내용은 QR코드로 제시해놓았으니 실제로 학생들을 지도하실 때 참고하면 된다.

직업 의사결정 QR코드

▪ 학과탐색지도 방법

이번에는 학과 정보를 탐색하는 방법을 소개하겠다. 많은 학교에서 학과탐색을 진행할 때, 학과·계열 검사를 실시한 후에 검사 결과를 바탕으로 학과를 선정하도록 하고 있다. 만약 앞부분에서 진행한 자아·직업탐색이 다소 미비한 경우에는 이런 방법도 고려해볼 만하다. 그러나 지금까지 진행한 자아·직업탐색 지도가 제대로 이루어졌다고 전제하면 직업과 관련된 학과를 학생이 직접 찾아보며 선정하게 하는 편이 교육적으로 훨씬 더 유익하다. 우리는 앞에서 설명한 정보탐색 교육의 핵심을 되새길 필요가 있다. 정보탐색을 하는 목적은 미래의 직업, 학과를 선정하려는 것도 물론 있지만, 학생들 스스로 정보를 탐색하는 힘을 길러주고 자신에게 적합한 정보를 골라낼 수 있는 안목을 키우는 데 좀 더 주목할 필요가 있다.

학과 정보탐색은 대학진학을 고려한 탐색으로 연계해서 진행하게 된다. 학과에 대한 일반적인 특성뿐만 아니라 자신이 지망하고자 하는 대학의 학과를 파악해보는 것이 이후에 진행될 학업설계에 큰 도움이 되기 때문이다. 학과 정보는 앞에서 소개한 커리어넷, 워크넷뿐만 아니라 교육청에서 발간한 〈고교학점제 과목선택 안내서〉에도 잘 정리되어 있다. 여기서는 커리어넷과 서울시교육청에서 발간한 과목선택 안내서를 활용하여 탐색하는 방법을 소개하겠다.

	희망학과1	희망학과2	희망학과3
	컴퓨터 공학과	시스템 공학과	컴퓨터 응용 제어과
학과 소개	(필기 내용)	(필기 내용)	(필기 내용)
주요 전공 교과	(필기 내용)	(필기 내용)	(필기 내용)
유사 학과	(필기 내용)	(필기 내용)	(필기 내용)
개설 대학	(필기 내용)	(필기 내용)	(필기 내용)
고교 선택 과목	(필기 내용)	(필기 내용)	(필기 내용)

학과 정보탐색 작성 예시

학과 정보를 탐색할 때는 자신이 희망하는 직업군과 관련하여 대학의 전공과 연계해 탐색할 수 있도록 한다.

학생들이 탐색해야 하는 학과는 직업탐색의 수렴 과정에서 선정한 직업과 관련된 학과이다. 먼저 커리어넷을 활용하여 선정한 직업과 관련된 학과를 확인한다. 커리어넷 앱을 실행하고 직업·학과 정보를 선택한 후 학과 정보를 클릭한다. 해당 직업에 관련 학과를 살펴보며 관심 학과 3개를 선정한다. 때때로 선정한 직업에 따라 관련 학과가 3개가 안 되는 경우도 있다(예: 초등교사). 그럴 경우에는 2순위 직업을 검색한 후에 관련 학과를 알아보고 나머지를 선정하면 된다.

학생들이 관심 학과 3개를 선정하고 나면 본격적으로 학과 정보를 탐색하도록 안내하자. 학과 정보탐색은 커리어넷, 워크넷 등으로 진행해도 되지만, 서울시교육청에서 발간한 2015 개정교육과정 선택과목 안내서를 참고하면 좋다. 앞으로 진행될 학업설계에서 많이 활용하게 될 안내서이기 때문에 미리 살펴보면서 익숙해지도록 하는 것이 필요하기 때문이다. 이 자료는 PDF로도 배포되기 때문에 학생들이 각자의 스마트폰으로 다운로드를 받아서 정보를 찾아보도록 안내하면 좋다.

학생들에게 PDF파일을 보내주고 실행하도록 안내한다. 파일 구성에 대한 설명을 해주고 학과를 찾는 방법을 소개해준다. 파일에 학과가 계열별로 잘 정리되어 있기 때문에 계열에 대한 안내를 해주고 관련 학과를 찾을 수 있다고 설명하면, 대체로 무리 없이 자신에게 맞는 내용을 찾아볼 수 있다. 파일에서 관심 학과를 찾아서 필요한 정보를 양식지에 옮겨 적도록 안내한다.

이 과정을 통해 학생들은 그동안 추상적으로만 알고 있던 학과 정보를 좀 더 구체적으로 파악하게 된다. 특히 대학교에서 공부하는 전공 교과가 무엇인지 그리고 고등학교에서 어떤 과목을 선택하면 좋을지 등에 대해 충분히 예상해볼 수 있다. 학과 정보를 파악하는 과정에서 글로서 확인할 수 없는 세부적인 내용은 질문지로 제작하여 이후 학과 탐방활동에 활용할 수도 있다.

▪ 관심 대학 중심의 학과탐색지도 방법

학과 정보탐색 후에는 해당 학과가 개설된 대학을 중심으로 학과 정보를 탐색할 차례이다. 자신이 원하는 학과가 개설된 대학 중에서 탐색해보고 싶은 대학을 3개 선정한다. 관심 대학을 선정하고 이를 중심으로 학과 정보탐색(이하 대학/학과탐색)을 하는 이유는 어차피 진학과 관련된 정보까지 파악해야만 현실적인 진로학업설계가 가능하기 때문이다. 학과 정보만 알아보는 데 그친다면 진학과 관련된 정보 또한 추상적으로 얻게 될 뿐이다. 관심 대학을 정하고, 해당 대학의 학과에 대한 정보를 탐색해야 좀 더 실현가능한, 즉 현실적인 진로학업설계가 이루어질 수 있다.

대학/학과 정보탐색은 학과 기본 정보탐색과 입시 정보탐색으로 이루어진다. 대학/학과 기본 정보는 해당 대학교 학과 홈페이지를 방문하여 탐색하면 된다. 학생들이 파악할 정보는 학과 교육목표, 학과 커리큘럼, 교수진 구성 및 특징, 기타 특징으로 나눌 수 있다. 이 과정을 통해 학생들은 해당 학과가 지향하는 교육목표를 확인할 수 있고, 입학 후 배우게 될 전공 과목을 확인할 수 있게 된다. 또한 교수진 구성을 통해 해당 학과 교수들의 세부 전공을 확인할 수 있으며, 기타 특징을 살펴보면서 해당 학과가 지닌 차별적인 특징도 확인할 수 있다.

이러한 정보들은 이후 학생들이 학교활동 및 학생부종합전형을 준비할 때 큰 도움이 된다. 학과의 세부 전공을 확인하며 고등학교 시기에 이수해야 할 과목에 대한 안목도 키울 수 있고, 관련된 맞춤형 탐구활동을 전개할 수도 있게 된다. 예컨대 동아리 등의 비교과활동에서도 어떤 활동을 진행해야 할지 아이디어도 얻을 수 있다. 만약 관심 가는 교수가 있다면 인터넷 검색을 통해 해당 교수가 집필한 책, 논문, 진행한 강의, 작성한 기사 등을 참고하여 해당 전공에 대해 더 깊이 있게 알아갈 수 있는 장점도 있다. 이러한 내용을 잘 정리해서 해당 교수에게 메일을 보내 직업탐방 인터뷰 요청을 진행한다면 섭외 가능성도 높아진다.

대학/학과 기본 정보탐색이 끝났다면 입시 정보를 탐색하면 된다. 입시 정보는 대입정보포털[13]을 활용해 진행한다. 스마트폰에 '어디가' 앱을 설치한 후 실행하면 된다. 전형 평가기준 및 결과 공개를 선택한 후 키워드에 대학명을 검색하면 전형별 전형 요소, 전형 자료 등의 입시전형과 관련된 내용들을 살펴볼 수 있다. 학생들에게 대학별로 수시 전형 2~3개와 정시 전형을 살펴보며 정보를 확인하도록 안내한다. 특히 전년도 전형 결과 부분에서는 모

---

13. www.adiga.kr

관심 대학/학과 정보탐색 작성 예시

앞서 학과탐색 정보를 근거로 하여 관심 있는 대학과 학과 정보를 탐색하고, 각각의 입시전형에 대해서도 조사한다. 이를 통해 진학 가능성을 대략적으로 판단해볼 수 있다.

집인원, 경쟁률, 충원인원, 최종등록자 학생부 교과성적 환산등급 등을 유심히 살펴보면서 실제 진학 가능성에 대해 구체적으로 생각해볼 수 있도록 안내하는 것이 좋다.

대학/학과 정보탐색을 완료한 후에는 직업 의사결정 때와 마찬가지로 대학/학과 의사결정 프로파일을 통해 지원하고 싶은 대학을 선정하도록 안내한다. 자아 및 진로 요인, 대학 요인, 현실적 여건 등을 확인하며 1순위 대학교 및 학과를 선정한다.

[5 점 기준]

관심 대학 및 학과	자아 및 진로 요인				대학 요인			현실적 여건			합산
	흥미&적성 적합성	학과와 직업 일치성	역량 개발 가능성	졸업 후 취업전망	학과 커리큘럼	교수진 구성	대학 지원 정도	합격가능 성취현 성체	부모님 동의성	대학학비 적절성	
1 ○○대 컴퓨터학과	5	4	3	5 (10)	5 (10)	5	5	2	5	3 (6)	57
2 한양대 컴퓨터 소프트웨어학부	5	4	5	5 (10)	5 (10)	5	4	3	5	5 (10)	61
3 성결관대 소프트웨어 학과	5	4	5	5 (10)	5 (10)	5	3	4	5	5 (10)	61

대학/학과 의사결정 작성 예시

관심 있는 대학과 학과 정보를 토대로 지망 순위를 선정하여 1순위를 정한다. 다만 1순위 지정 자체가 중요하기보다는 자신이 희망하는 대학&학과가 자신의 흥미나 적성, 능력과 연관이 있는지, 실현 가능한지 등을 파악함으로써 진로에 관한 문제를 한층 현실화하는 데 목적이 있다. 이를 통해 학생들은 대학&학과 선택이 자신의 진로와 밀접한 관련이 있음을 인지하고, 좀 더 진지하고 신중하게 선택하게 된다.

여기에서 편의상 1순위 대학과 학과를 결정하기는 하지만, 이 단계에서 중요한 것은 1순위 대학/학과를 선정하는 것이 아니다. 그보다는 이 과정을 수행하면서 진학하고자 하는 대학/학과가 자신의 진로와 적합한지, 현실적으로 가능한 목표인지에 관한 진지한 고민을 이끌어내는 데 더 큰 의미가 있다. 나아가 1학년 시기부터 자신이 진학하고자 하는 대학/학과를 비교하며 진학에 대한 현실적인 고민도 이어갈 수 있다는 데 의미가 있다.

| 사명선언서를 통한 인생설계로 진로의 당위성 확보 |

진로지도를 마치고, 본격적인 학업설계를 진행하기에 앞서 한 가지 더 고민해볼 것이 있다. 그건 바로 학생들에게 강력한 동기를 부여하는 것이다. 자아탐색, 직업탐색 및 학과탐색이 잘 이루어졌다면 학생들은 비록 잠정적이긴 하지만, 꽤 합리적인 수준에서 판단한 '희망 직업'과 '진학하고 싶은 대학/학과'가 구체적으로 선정되었을 것이다. 물론 지금까지 탐색한 내용들만을 바탕으로 하여 학업설계를 지도할 수도 있다. 하지만 이것만으로는 뭔가 동력이 살짝 부족하다.

학업설계를 진행한 후에 학생들은 앞으로 희망하는 진로로 나아가기 위해 교과와 창체활동을 진행하게 될 것이다. 그러나 우리도 알다시피 그 과정은 결코 녹록지 않으며, 순간순간 자신의 선택에 대한 의구심이 절로 일어날 만큼 고난과 역경도 수없이 발생하게 된다. 아무리 합리적인 과정을 통해 직업/학과를 정했더라도 도중에 힘겨운 시련이나 고난이 발생할 때 이겨낼 힘이 솟구치지 않아 쉽게 포기해버릴 수도 있다는 뜻이다. 따라서 어떠한 고난과 역경 속에서도 이를 반드시 이겨내야 할 이유가 필요하다. 즉 자신이 선택한 직업/학과를 단순히 '하고 싶어서' 정한 것이 아니라 '꼭 해야만 하는' 당위성이 있을 때, 비로소 어떤 역경에 부딪혀도 이겨낼 수 있는 힘이 생기게 된다.

▪ 사명선언서 작성 지도 방법

인간은 자신이 이 세상에 태어난 삶의 목적, 즉 사명을 발견함으로써, 그 사명을 직업을 통해 이룰 방법을 고민할 때, '해야만 하는' 당위성을 발견할 수 있다. 다시 말해 자신이 선정한 직업이 단순히 돈벌이의 수단에 그치는 것이 아니라, 세상에 뭔가 기여할 수 있다는 고차원적 가치를 추구해 나갈 수 있는 사명의 도구로서 인식한다면 해당 직업으로 나아가고자 하는 열정이 생기게 되고, 여러 고난을 이겨낼 수 있는 힘도 얻게 된다. 다음의 예시는 필자가 지도한 학생들이 직접 사명 작성 사례를 옮겨온 것이다.

▷ 환경파괴를 막고 재생시키는 정책을 통해 지속가능한 환경을 만드는 국가정책연구원

▷ K리그에 속한 구단들이 더더욱 성장할 수 있도록 돕는 전문광고 기획자

▷ 갑작스러운 사고로 장기가 재기능을 하지 못해 피해를 당하는 사람이 없도록 돕는 장기이식 코디네이터

▷ 기계나 기계의 시스템을 쓰기 힘든 사람들이 좀 더 편하게 쓸수 있도록 개발하는 반도체공학기술자

▷ 학업에 지치고 생기가 없어진 아이들에게 활기를 불어넣어주는 체육교사

▷ 모든 사람들이 다른 사람들과 차별대우를 받지 않고 같은 대우를

받을 수 있게 해주는 VR전문가

▷ 어렵고 고독한 사회적 약자들의 어두움을 밝게 비추는 등불 같은
경찰관

앞에서 설명한 진로설계 교육을 체계적으로 진행하고 나면 학생
들은 어느새 자신의 삶을 진지하게 고민하며, 자기 삶의 목적이
무엇인지에 대해 생각하게 된다. 이런 깊이 있는 고민의 과정을
통해 학생들이 사명을 작성할 수 있게 되는 것이다. 필자는 개인
적으로 사명서 작성 시간을 가장 좋아한다. 떨리는 목소리로 자신
의 사명을 발표하는 모습을 통해 아이들의 꿈에 대한 열정을 보게
되고, 다음 세대에 대한 희망을 발견할 수 있기 때문이다.

사명선언서 작성법을 간단히 소개하자면 직업명 앞에 어떤 직
업인이 되고 싶은지? 또는 직업을 통해 무엇을 이루고 싶은지?를

사명선언서
작성방법
QR코드

고민하며 수식어를 붙이면 된다. 구체적인 사명선언서
작성 방법은 QR코드로 제시해놓았으니 학생 지도에
참고하면 좋겠다.

▪ 사명 로드맵 작성 지도 방법

사명 작성을 지도한 후에는 학생들에게 사명으로 나아갈 로드맵
을 작성하도록 한다. 로드맵이란 도달해야 할 분명한 목적지와 길
이 나와 있는 지도를 의미한다. 목적지로 가는 과정이 길목마다

명시되어 있기 때문에 목적지에 잘 도착할 수 있도록 도움을 준다. 설령 목적지를 향해 나아가다가 잠시 길을 잃은 경우에도 로드맵을 통해 다시 경로를 재설정하여 목적지를 향해 나아갈 수 있게 된다. 이처럼 사명로드맵이 명확하게 그려져 있으면 사명으로 나아갈 때 큰 도움을 받을 수 있다.

사명 로드맵은 양식지의 하단 부분부터 작성하도록 지도한다.

학생 사명 로드맵 작성 예시

학생들은 사명 로드맵 작성을 통해 단순히 어떤 직업에 종사하고 싶다를 넘어 어떤 사명감을 가지고 일하고 싶다는 포부를 갖게 됨으로써 직업 소명의식을 높이게 된다. 그리고 이는 앞으로 진로와 관련한 학업설계 과정에서 부딪히게 될 수많은 역경을 극복하는 원동력이 될 수 있다.

작성 순서는 이루고 싶은 사명은 가장 먼저 작성하고, 사명으로 가기 위한 첫 번째 직업을 바로 다음에, 첫 번째 직업에 입문하기 위한 대학 및 학과를 마지막에 작성하도록 안내한다.

양식지의 상단 부분은 직업 입문 과정에 필요한 정보와 사명 성취 과정(직업 성장 과정)에 필요한 정보를 작성할 수 있도록 제시했다. 예컨대 각 과정에 필요한 자격증, 요구되는 능력, 예상되는 어려움 등을 포함하여 사명으로 나아가기까지의 구체적인 과정들을 작성하도록 안내한다. 이 활동은 학생들이 대학진학 이후의 삶에 대한 방향을 생각해볼 수 있는 기회를 준다는 점에서 의미 있다. 상당수의 학생들이 마치 대학진학이 자신의 인생 목표인 양 간주하는 모습을 지켜볼 때마다 안타깝기 그지없다. 사실 대학은 학생들이 자신의 인생에서 도달해야 할 최종점이 아니라 거쳐야 하는 수많은 과정들 중 하나에 불과하기 때문이다. 이런 활동을 통해 학생들이 직업 입문 과정도 고민해보고, 직업 입문 이후에 사명으로 나아가는 과정도 고민하는 동안 인생의 방향에 대한 고민을 미리 해볼 수 있다는 점에서 유익이 있다.

학생들 대부분이 하단 부분의 내용과 상단에서 직업 입문 과정은 지금까지 다뤄온 직업탐색과 학업탐색 덕분에 비교적 잘 작성하는 편이다. 그러나 사명 성취 과정의 작성은 유독 어려워하는 모습을 보이곤 한다. 사실 학생들이 사명 성취 과정을 제대로 작성하지 못하는 것은 당연하다. 아직 직업에 입문도 하지 않은 학생들이 직업 입문 이후에 사명으로 나아가는 과정을 구체적으로 작성한다는 건 매우 어렵기 때문이다. 그래도 굳이 이 영역을 넣은 데는 그만한 이유가 있다. 그건 바로 직업 입문이 끝이 아님을 강조하고 싶었기 때문이다. 즉 직업에 입문한 이후 자신의 사명을 이루기 위한 과정이 본격적으로 시작된다는 것을 알려주고 싶었다. 이러한 과정이 앞으로 이어진다는 것을 알고 있는 학생들의 시야는 단순히 대학진학이나 직업 입문에 머무르지 않는다. 나아가 고등학교 생활을 하면서도 사명으로 나아가는 과정의 일부임을 잊지 않으면서 자신의 존재를 키우기 위해 노력하게 된다. 구체적인 사명 로드맵 작성 방법도 QR코드로 확인할 수 있으니 학생 지도에 참고하면 좋겠다.

사명 로드맵
작성법
QR코드

| 학생 유형에 따른 맞춤형 진로지도 방안을 고민하다 |

지금까지 진로수업을 통한 다양한 진로지도 방안에 대해 설명하였다. 진로지도에서 마지막으로 설명할 내용은 바로 학생 유형별 맞춤형 진로지도 방안에 대한 고민이다. 학생들마다 진로성숙 수준은 상이하기 때문에 유형에 따른 맞춤형 진로지도 방안이 반드시 필요하다. 이에 끝으로 학생들의 진로성숙도를 기반으로 한 맞춤형 지도 방안에 관해 살펴보기로 한다.

- 진로성숙 수준에 따른 학생 유형 분류

이주연(2020)[14]은 학생 유형별 맞춤형 진로지도를 돕기 위해 진로
성숙 수준에 따른 진로지도의 유형을 다섯 가지 유형으로 분류하
여 제시하여 소개하고 있다. 제시된 내용을 참고하여 학생 유형별
맞춤형 진로지도 방안에 대한 제안을 하고자 한다.

※자료: 이지연 외(2015: 29-34; 2016: 49-52), 교육부(2016: 9)의 진로 상담(지도) 유형별 진로지도(상담) 내용을
이주연 외(2020: 277)가 응용하여 새롭게 제시한 자료임.

고등학생의 진로성숙 수준에 따른 진로지도 유형 및 집중 지원 내용
학생들의 진로성숙 수준에 따라서 진로지도의 유형 및 지원 내용을 달리하여 진로지도가 이루
어져야 한다.

---

14. 이주연 외, 2020, 한국교육과정평가원, 277쪽

학생 맞춤형 진로지도를 위해서 진로성숙도 검사를 시행하여 학생을 유형별로 분류하는 과정이 필요하다. 진로성숙도 검사는 앞에서 소개한 커리어넷에서 비교적 간단히 실시해볼 수 있다. 커리어넷 앱 실행하고 진로심리검사를 클릭한 후에 '진로성숙도검사' 클릭하여 검사를 진행하면 된다. 검사 결과는 크게 태도차원과 능력차원, 행동차원으로 구분되는데, 실제 검사 결과[15]는 아래의 그림과 같이 제시된다.

결과에 나온 점수는 또래 안에서 자신의 상대적인 위치를 나타낸다. 결과 해석 시 점수가 35점 미만이면 낮은 수준이고, 35점 이상~55점 미만은 보통 수준이며, 55점 이상이면 높은 수준으로 간주한다. 학생 유형을 분류할 때 필요한 요소가 자기이해, 진로탐색, 진로결정인데, 이 검사 결과에서는 자기이해, 정보탐색, 합리적 의사결정 영역을 활용하면 된다.

태도차원	점수	능력차원	점수	행동차원	점수
계획성	45.55	자기이해	37.67	진로탐색 준비행동	55.6
직업에 대한 태도	28.86	정보탐색	42.64	※ 점수는 또래 안에서 자신의 상대적인 위치를 알려줍니다.	
독립성	33.4	합리적 의사결정	37.02	• 점수 35미만: 낮은 수준 • 점수 35이상 55미만: 보통 수준	
진로낙관성	44.8	희망직업지식	40.78	• 점수 55이상: 높은 수준	

진로성숙도 검사 결과 예시
각 차원에 대해 T점수로 표준화하여 검사 결과가 나오게 된다. 또래들 사이에서 개별 학생의 위치가 어느 정도인지 파악할 수 있다.

- **진로성숙도 검사, 어떻게 활용할 것인가?**

진로성숙도 검사는 2회에 걸쳐 실시하면 된다. 즉 입학 초에 사전 검사 성격으로 진행하며, 5월 말에 직업탐색활동이 종료된 다음에 사후검사 성격으로 한 번 더 진행하면 좋다. 사후검사 시기를 5월 말로 잡은 이유는 바로 그 시기에 진로수업에서 직업 의사결정이 진행되기 때문이다. 그래서 이 무렵이면 학생들의 자기이해, 정보 탐색, 합리적 의사결정에 대한 처치가 어느 정도 완료된 상태이므로 스스로 얼마나 성장했는지를 확인할 수 있을 것이다.

학생 유형별 분류는 사후검사까지 2회 검사를 모두 실시한 후에 시행하는 것으로 제안한다. 먼저 1회 검사는 학생들에게 진로성숙도 영역 중 부족한 부분을 파악하여 수업을 통해 성장시킬 필요가 있는 영역을 확인하는 용도로 활용하면 좋을 것 같다. 학생들은 자신에게 부족한 영역을 파악하여 그 부분에 집중하도록 동기를 부여할 수 있기 때문이다. 다음의 내용은 실제 진로 프로파일의 내용 일부를 가져온 것이다.

> 진로성숙도 검사에서 계획성과 자기이해가 가장 낮게 나왔다. 계획
> 성이 낮은 이유는 평소에 계획을 세우지 않고 생활했던 것이 낮은
> 원인이라고 생각한다. 학교에서 선생님들과 함께 진로에 대한 계획

---

15. 커리어넷 진로성숙도검사(https://www.career.go.kr/inspct/web/psycho/grow2/result 검색일: 2021.2.15.)

을 세워가며 계획을 세우는 능력을 높일 수 있도록 할 것이다. 자기이해가 낮은 이유는 평상시 자신에 대해 생각해볼 기회가 별로 없었기 때문이다. 앞으로 진로수업을 통해 자신에게 대한 탐색활동에 적극 임할 것이다. 선생님께서 자기이해가 진로설계에 가장 기본이 된다고 하셨으니 앞으로 진행되는 자기이해 활동에 적극 임하겠다.

-K고 학생 진로성숙도 프로파일 중 일부

이후 2회 검사를 모두 진행한 후에는 학생들이 각자 어떤 영역에서 성장했는지를 스스로 확인하도록 하고, 유형별로 분류하는 작업을 진행하면 된다. 유형별로 분류활동을 진행할 때, 학생들에게 분류하는 이유를 명확하게 설명해줄 필요가 있다. 즉 우열을 가리기 위한 분류가 아니라 분류 이후에 개별 맞춤형으로 최선의 상담 및 교육을 진행하여 학생들 각자의 진로성숙도를 성장시키기 위함임을 명확히 짚어주는 과정이 필요하다. 또한 낙인효과의 발생으로 인한 부정적 인식을 심어주지 않도록 세부 유형 명칭을 생략한 채 '유형1', '유형2' 등으로 체크하도록 안내하는 것이 좋다. 학생 유형이 분류된 이후에는 학생 유형에 맞게 상담 및 교육을 진행하면 된다. 유형에 따른 진로상담 교육을 진행할 때 좀 더 초점을 맞추어야 할 것들을 구분하여 정리하면 다음과 같다.

먼저 **학업연계형(유형1)**은 자기이해, 진로탐색, 진로결정에서 성숙 수준이 높은 학생이므로 진로결정에 따라 차근차근 실천·준비하고, 학업설계·이해와 연계할 수 있게 집중적으로 지원하면 된다. 또 진로수업에서 제공되는 학과탐색, 인생설계, 학업설계 과정을 통해 진로학업설계를 진행하도록 하면 될 것이다.

설계지도형(유형2)은 자기이해, 진로탐색의 성숙수준은 높으나 진로결정은 낮은 학생이다. 이 유형에 속한 학생은 자기이해와 진로탐색의 기반은 마련되어 있다고 여겨지므로, 진로결정을 할 수 있도록 집중 지원하면 된다. 특히 고등학교에서의 진로결정은 프로토타입(Prototype)을 만드는 과정임을 명확하게 설명함으로써 얼마든지 검증과 개선의 여지가 있음을 알려주고, 잠정적으로 진로를 결정할 수 있도록 안내를 하자.

탐색강화형(유형3)은 자기이해, 진로탐색 중 한 영역이 낮아 진로결정도 낮게 나온 유형이다. 낮게 나온 영역에 대한 상담활동 및 교육 프로그램을 제공하면 된다.

동기촉진형(유형4)은 자기이해, 진로탐색이 모두 낮은 유형이다. 진로결정은 했지만 자기이해나 진로탐색이 낮은 경우에도 동기촉진형으로 분류하여 해당 영역을 높일 수 있는 상담활동 및 교육 프로그램을 제공하면 된다.

자립지원형(유형5)은 심리 및 생활이 어려운 학생들로 이 유형의 학생은 진로수업 과정에서 파악할 수 있다. 직업흥미검사에서 육각형이 지나치게 작게 나오거나 전반적인 검사 결과가 매우 낮은 특징이 있다. 수업 과정에서 이 유형이라고 판단되는 학생이 발견

되면 전문상담교사 등과 연계하여 지속적으로 관리를 받을 수 있도록 도움을 주어야 한다.

이상에서 제시한 유형별 맞춤형 진로지도 방안은 자기이해, 진로탐색, 진로결정의 세 가지 측면을 바탕으로 대략적으로 제시한 것이다. 따라서 무조건 여기에만 맞추어 진로지도를 진행해야 한다기보다는 각 학교의 상황을 고려하여 나름대로 적합한 프로그램을 개발하여 운영하는 것이 필요하다.

02
과목선택지도

진로와 교육과정을 연계한 과목선택, 어떻게 도울 것인가?

앞에서 진로수업을 중심으로 학생들의 적성과 능력, 흥미나 성향 등을 충분히 탐색하고 파악하는 시간을 가졌다면 본격적으로 진로를 계발할 수 있는 과목을 적절히 선택할 수 있도록 도움을 주어야 한다. 고교학점제에서 진로교육은 이벤트성 행사가 아니라 학교 교육과정 안에서 일상적으로 이루어져야 하는 점이 핵심이다. 아울러 진로와 연계하여 학생들이 선택

진로학업설계 중 '과목선택지도' 과정
과목선택지도는 진로학업설계의 2번째 단계로 앞서 파악한 학생들의 진로역량을 바탕으로 진로를 향해 나아갈 수 있는 과목들을 파악하고 선택하는 데 도움을 주는 단계이다.

한 과목의 이수 여부는 단순히 참고에 그치는 것이 아니라 고등학교 졸업을 위한 중요한 요건이 된다. 나아가 이것은 단지 고등학교 교육과정으로 끝나는 것이 아니라 자신이 미래에 종사할 직업 역량을 키우는 일종의 밑거름이 되는 것이다. 따라서 학생들이 어떤 과목을 선택하는가는 고교학점제에서 매우 중요한 문제이다. 이에 지금부터는 학생들의 과목선택을 지도하는 방안에 관해 좀 더 자세히 다루어보고자 한다.

| 학생의 진로에 따른 최선의 과목선택을 위하여 |

고교학점제는 기본적으로 학생들의 과목선택권을 존중하지만, 그들이 올바른 선택을 하도록 돕는 역할은 결국 학교와 교사의 몫이다. 학생 스스로 진로탐색 과정에 참여하게 하며 자신의 진로와 관련한 과목을 잘 선택할 수 있게 도움을 주어야 하는 교사들은 학생들의 다음 세 가지 질문에 대하여 가장 최선의 답을 제공할 수 있도록 사전에 준비해둘 필요가 있다.

첫째, 해당 학생의 진로에 도움이 되는 과목은 무엇인가?

둘째, 해당 학생은 학교에서 학생이 필요한 과목을 수강할 수 있는가?

셋째, 해당 학생이 필요한 과목은 어떻게 수강할 수 있을까?

이에 대하여 교사는 과목선택 또한 진로탐색 및 준비의 과정임을 학생들이 인식할 수 있도록 지도하되, 한 번의 과목선택이 인생 전반을 좌우하는 것은 아님을 함께 안내한다. 다만 학생이 자신의 선택에 책임질 수 있는 자세를 가질 수 있도록 지도하고, 학생의 성적과 과목 흥미가 일치하지 않을 때는 진로선택을 재점검할 수 있도록 지도하며, 학생 자신의 진로희망과 개인적 조건이 부합되지 않을 때도 다양한 직업적 대안이 존재함을 안내해줄 필요가 있다.

특히 실제 상담 과정에서는 학생의 진로상담 및 진로결정 결과가 어떠한지를 확인하고, 학생의 희망진로와 연계하여 이수가 필요한 과목들은 무엇이 있는지 확인해야 한다. 그리고 필요에 따라서는 학생의 희망 대학의 희망 전공 학과 홈페이지에서 교육과정을 확인하는 것이 좋다. 그리고 과목선택 또한 자기주도적 진로탐색과 설계의 한 과정이므로 과목선택에 대한 학생 자신의 책임을 인식할 수 있도록 지도하여야 한다. 오른쪽 표 3-3은(141쪽 참조) 교사와 학생이 과목선택지도 과정에서 각각 준비하여야 할 사항들을 나누어 예시한 것이다.[16] 교사는 전체 교과 영역 안내 자료, 공동교육과정 안내 자료, 과목별 위계도, 전공별 교육과정 안내 자료, 기타 해당 진로 분야 관련 정보탐색 방법 안내 자료를 학생에게 제공할 수 있도록 준비한다. 학생은 자신의 진로탐색 과정을 통해 희망 진로에 대해 정리한 내용, 자신의 특성에 대해 정리한 내용, 그 외 진로활동 자료를 제출할 수 있도록 준비해야 한다.

| 표 3-3 | 과목선택지도 과정에서 준비하여야 할 자료

주체	자료
교사	- 교과영역 안내 자료 - 공동교육과정 안내 자료 - 과목별 위계도(필요한 경우) - 전공별 교육과정 안내 자료 - 정보탐색 방법 안내 자료
학생	- 희망 진로에 대해 정리한 내용 - 자기특성에 대해 정리한 내용 - 그 외 진로활동 자료

※ 자료: 경상북도교육청, 2020

| 선택할 수 있는 과목에 관한 정보들을 제공한다 |

과목선택지도는 "학생의 진로교육에 도움이 되는 과목을 선택할 수 있도록 진로 방향과 연계된 과목선택에 대한 정보 및 가이드라인을 제시하여 지도하는 것"을 의미한다. 교사는 학생의 '과목선택 정보' 제공을 위하여 다음의 표 3-4와 같이(142쪽 참조) 크게 7가지 항목에 대해 안내할 필요가 있다.[17]

---

16. 경상북도교육청, 2020, 〈펼쳐라 1년이 보인다 월별 고등학교 교육과정 매뉴얼〉, 113쪽

17. 경기도고교학점제교육연구회, 2020, 〈고교학점제와 진로 지도 로드맵〉, 24쪽

| 표 3-4 | 과목선택 정보

구분	특징

교육과정에 대한
이해 자료 제공
	• 교과 영역 안내
	  - 2015 개정교육과정의 교과 구분과 각 과목의 특성에 대한
	    안내 (보통교과의 공통과목과 일반 선택 및 진로선택과목, 전문
	    교과)
	• 교육과정 편성 지침 : 총 이수 단위, 필수 이수 단위, 기초 교
	  과 이수 단위 비율, 3년간 진로선택과목 3과목 이상 이수 등
	• 수강 인원에 따른 성적 산출 방법 안내

공동교육과정
안내
	• 다른 학교나 지역 등에서 과목을 이수할 수 있는 방법 안내
	• 개설하지 않은 선택과목 이수를 희망하는 학생이 있을 경우
	  해당 과목을 개설한 다른 학교에서의 이수 인정
	• 온, 오프라인(학교간) 공동교육과정, 학교 밖 자원에 대한 정보
	  제공
	• 온라인 수업(한국교육개발원)을 통한 이수 정보 제공

전공별 교육과정 안내 자료	• 대학교, 각 시도교육청, 한국직업능력개발원, 한국고용정보 원 안내
정보탐색 방법 안내 자료	• 대학교, 각 시도교육청, 한국직업능력개발원, 한국고용정보 원 안내 • 전문직업인, 동문, 지역사회, 기업체 등과 협력하여 정보 습득

과목의 위계성을
고려한 이수 지도
	• 위계성을 갖춘 과목의 경우, 계열적 학습이 가능하도록 안내
	  - I과 II로 구분되어 있는 경우 특별한 경우를 제외하고는
	    I과목을 먼저 이수한 후 II과목을 이수하도록 지도
	  - 일반고에서 전문 교과를 개설할 때, 선택과목 간의 위계가
	    있는 경우 보통교과의 선택과목을 먼저 이수하도록 지도

과목에 대한 다양한 정보 제공	• 과목별 교육과정 및 평가 방법 등 과목 기본 정보 제공 • 진로/진학/취업과 연계된 과목 정보 제공 • 대학/교육청 등에서 발행하는 과목 및 교육과정 안내서 활용
수강신청 방법 안내	• 수강신청 온라인 시스템 안내 • 수강신청 기간(1차, 2차, 3차 등 조정 기간) 안내 • 수강신청 방법 안내

※자료: 경기도고교학점제교육연구회, 2020

▷ **교육과정에 대한 이해 자료 제공**: 교과 영역이 어떻게 구성되어 있는지, 교육과정 편성 지침이 어떤 조건을 만족하길 요구하는지, 수강 인원에 따른 성적 산출 방법이 어떻게 적용되는지 등을 안내할 필요가 있다.

▷ **공동교육과정 안내**: 학생이 현재 재학하고 있는 학교를 넘어서 다른 학교나 지역 등에서 과목을 어떻게 이수할 것인지, 개설하지 않은 선택과목 이수를 희망하는 학생이 있을 경우 해당 과목을 개설한 다른 학교에서의 이수를 어떻게 인정하는지, 온라인-오프라인(학교간) 공동교육과정에 대한 전반적인 내용, 학교 밖 자원에 대한 내용, 그리고 한국교육개발원에서 운영하는 온라인 수업을 통한 이수 정보 등을 안내하는 것이 필요하다.

▷ **전공별 교육과정 안내**: 특히 대학교, 각 시도교육청, 한국직업능력개발원, 한국고용정보원에서 제작한 자료들을 학교 여건과 학생 진로희망 사항에 따라 적절하게 재정리하여 안내한다.

▷ **정보탐색 방법 안내**: 물론 대학교, 각 시도교육청, 한국직업능력개발원, 한국고용정보원 사이트를 방문하여 구체적인 자료를 얻는 것도 도움이 되지만, 전문직업인, 동문, 지역사회, 기업체와의 협력을 통하여 정보를 얻을 수도 있다.

▷ **과목의 위계성 안내**: 특히 위계성을 갖춘 과목일 경우 계열적 학습이 가능하도록 안내하고, 전문교과를 포함한 선택과목 간에도 위계가 있음을 학생이 충분히 숙지하도록 안내하여야 한다.

▷ **과목에 대한 다양한 정보를 제공**: 특히 과목별 교육과정 및 평가 방법 등 과목 기본 정보를 제공하고, 진로-진학-취업과 연계된 과목 정보를 제공하며, 대학이나 교육청 등에서 발행하는 과목 및 교육과정 안내서를 활용하면 좋다.

▷ **수강신청 안내**: 학생들이 선택희망 과목을 입력해야 할 수강신청 온라인 시스템이 어떻게 운영되는지, 수강신청 기간이 어떻게 설정되어 있는지, 수강신청 방법이 어떠한지 등에 대한 내용을 안내하는 것이 필요하다.

이상에서 정리한 내용을 학생들에게 알려준다. 과목선택지도에서 특히 유의할 점에 대해서는 지금부터 좀 더 자세히 살펴보자.

| 교육과정에 관한 이해를 돕는 자료를 제공한다 |

고교학점제의 진로교육은 반드시 정규교육과정 안에서 이루어지는 것을 원칙으로 한다. 따라서 단위학교별 교육과정 안에도 학생들이 선택할 만한 다양한 진로선택과목들을 마련해야 한다. 오른쪽 표 3-5는 학생들에게 교육과정에 대한 이해 자료를 제공하는 과정에서 현재 학생들에게 적용되고 있는 '2015 개정교육과정 보통교과'를 정리한 것이다.[18] 진로와 관계없이 모든 학생들이 반드시

| 표 3-5 | 2015 개정교육과정 보통교과

교과 (군)	교과	공통	일반선택	진로선택
기초	국어	국어	화법과작문, 독서, 언어와매체, 문학	실용국어, 심화국어, 고전읽기
	수학	수학	수학Ⅰ, 수학Ⅱ, 미적분, 확률과통계	실용수학, 기하, 경제수학, 수학과제탐구, 기본수학, 인공지능수학
	영어	영어	영어회화, 영어Ⅰ, 영어독해와작문, 영어Ⅱ	실용영어, 영어권문화, 진로영어, 영미문학읽기, 기본영어
	한국사	한국사		
탐구	사회 (역사/ 도덕 포함)	통합사회	한국지리, 세계지리, 세계사, 동아시아사, 경제, 정치와법, 사회·문화, 생활과윤리, 윤리와사상	여행지리, 사회문제탐구, 고전과윤리
	과학	통합과학 과학탐구 실험	물리학Ⅰ, 화학Ⅰ, 생명과학Ⅰ, 지구과학Ⅰ	물리학Ⅱ, 화학Ⅱ, 생명과학Ⅱ, 지구과학Ⅱ, 과학사, 생활과과학, 융합과학
체육 예술	체육		체육, 운동과건강	스포츠생활, 체육탐구
	예술		음악, 미술, 연극	음악연주, 음악감상과비평, 미술창작, 미술감상과비평
생활 교양	기술· 가정		기술·가정, 정보	농업생명과학, 공학일반, 창의경영, 해양문화와기술, 가정과학, 지식재산일반, 인공지능기초
	제2 외국어		독일어Ⅰ, 일본어Ⅰ, 프랑스어Ⅰ, 러시아어Ⅰ, 스페인어Ⅰ, 아랍어Ⅰ, 중국어Ⅰ, 베트남어Ⅰ	독일어Ⅱ, 일본어Ⅱ, 프랑스어Ⅱ, 러시아어Ⅱ, 스페인어Ⅱ, 아랍어Ⅱ, 중국어Ⅱ, 베트남어Ⅱ
	한문		한문Ⅰ	한문Ⅱ
	교양		철학, 논리학, 심리학, 교육학, 종교학, 진로와직업, 보건, 환경, 실용경제, 논술	

※자료: 교육부, 2021

들어야 하는 공통과목을 비롯하여 일반선택, 진로선택과목이 각각 어떤 의미를 가지고 있는지 그리고 무엇보다 해당 과목이 어떻게 구성되어 있고 유기적으로 연결되어 있는지에 대하여 학생이 숙지할 때까지 충분히 설명하는 것이 필요하다.[19] 이를 통해 학생들은 단편적 과목선택이 아닌 자신의 진로와 관련된 큰 그림 안에서 자신에게 꼭 필요한 과목들을 골라 선택할 수 있을 것이다.

보통교과 중에서 **일반선택과목**은 교과별 주요 학습 영역을 일반적인 수준에서 다루는 과목을 말한다. 즉 고등학교 단계에서 필요한 각 교과별 학문의 기본적 이해를 바탕으로 한 과목을 의미한다. 또한 보통교과 중 **진로선택과목**은 교과 융합학습, 진로 안내학습, 교과별 심화학습, 실생활 체험학습 등이 가능한 과목으로서, 학생의 진로에 따른 선택권을 확대하기 위하여 모든 학생들은 졸업 전에 진로선택과목을 3개 과목 이상 이수하도록 하고 있다.

오른쪽 표 3-6은 2015 개정교육과정 중 마이스터고를 제외한 특수목적고등학교에서 주로 개설하여 편성하는 과목인 '전문교과Ⅰ' 과목들에 대하여 과학계열과 체육계열에 해당하는 과목들을 분

---

18. 교육부 고시 제 2015-74호

19. 교육부 고교학점제 종합추진계획(2021.2.16.)에 따르면, 2015 개정교육과정 현행 보통교과(공통과목, 일반선택과목, 진로선택과목)와 전문교과(전문교과Ⅰ, 전문교과Ⅱ) 과목구조는 추후 고교학점제 전면 시행(2025학년도 이후)을 위하여 보통교과(공통과목, 선택과목(일반선택, 융합선택, 진로선택))와 전문교과(전문공통, 전공일반, 전공실무) 과목구조로 개편할 방향이다.

리하여 정리한 것이다.[20] 전문교과 I 의 경우 아래의 표에서 정리한 과학계열과 체육계열 이외에도 예술계열, 외국어계열, 국제계열의 교과군들이 있으며, 과목의 위계가 보통교과보다 높거나 각 계열의 특화된 과목들로 구성되어 있다. 또한 특수목적고등학교가 아닌 학교의 재학생들도 학생의 희망 여부나 학교 여건에 따라 이런 과목들을 이수할 수 있는데, 일반고등학교의 경우 보통교과의 진로선택과목으로 편제한다. 그리고 평가는 현재(2021년 기준) '3단계 성취평가제'만 적용하고 '등급은 미산출'하도록 하고 있다.

| 표 3-6 | 2015 개정교육과정 전문교과 I

교과(군)	과목
과학계열	심화수학 I, 심화수학 II, 고급수학 I, 고급수학 II, 고급물리학, 고급화학, 고급생명과학, 고급지구과학, 물리학실험, 화학실험, 생명과학실험, 지구과학실험, 정보과학, 융합과학탐구, 과학과제연구, 생태와환경
체육계열	스포츠개론, 체육과진로탐구, 체육지도법, 육상운동, 체조운동, 수상운동, 개인·대인운동, 단체운동, 체육전공실기기초, 체육전공실기심화, 체육전공실기응용, 스포츠경기체력, 스포츠경기실습, 스포츠경기분석

※자료: 교육부, 2015

---

20. 교육부 고시 제 2015-74호

또한 다음의 표 3-7은 2015 개정교육과정 중 마이스터고등학교를 포함하는 특성화고등학교에서 주로 개설하여 편성하는 '전문교과II' 과목들 중 '경영·금융' 교과(군) 과목들을 정리한 것이다.[21] '경영·금융' 교과(군) 이외에도 '보건·복지', '디자인·문화

| 표 3-7 | 2015 개정교육과정 전문교과II(경영·금융 교과(군))

교과 (군)	과목군			기준학과
	전문공통과목	기초과목	실무과목	
경영·금융	성공적인 직업생활	상업 경제 기업과 경영 사무 관리 회계 원리 회계정보처리 시스템 기업자원통합관리 세무일반 유통일반 국제상무 비즈니스영어 금융일반 보험일반 마케팅과 광고 창업일반 커뮤니케이션 전자상거래일반	총무 비서 사무행정 회계실무 구매조달 공정관리 공급망관리 수출입관리 금융상품 세일즈 증권거래업무 보험모집 고객관리 매장판매 노무관리 인사 예산자금 세무실무 자재관리 품질관리 물류관리 창구사무 카드영업 무역금융업무 손해사정 전자 상거래실무 방문판매	경영·사무과 재무·회계과 유통과 금융과 판매과

※자료: 교육부, 2015

콘텐츠', '미용·관광·레저', '음식조리', '건설', '기계', '재료', '화학공업', '섬유·의류', '전기·전자', '정보·통신', '식품가공', '인쇄·출판·공예', '환경·안전', '농림·수산해양', '선박운항'에 이르기까지 기준학과에 따른 다양한 교과(군)들이 안내되어 있다.[21]

물론 특성화고 및 마이스터고 학생들뿐 아니라 일반고에 재학하는 학생들도 학생의 희망과 학교 여건에 따라 전문교과 II 과목을 다양하게 이수할 수 있다. 주로 일반고에서 취업을 희망하는 학생 또는 해당 과목과 관련된 전공으로 대학진학을 희망하는 학생들을 위해 개설 가능하며, '전문교과 I'에 속한 과목을 수강하는 경우처럼 일반고는 보통교과의 진로선택과목으로 편제한다. 그리고 평가는 현재(2021년 기준) '3단계 성취평가제'만 적용하고 '등급은 미산출'하도록 하고 있다.

앞에서 안내한 2015 개정교육과정 보통교과, 전문교과 I·II 이외에도 다양한 교과목들을 학생들이 자신의 희망에 따라 선택할수 있는데, 이는 교육부에서 공식적으로 고시한 과목이 아니라 하여 '고시외과목'이라 하고, 각 시도교육청의 승인을 받으면 개설가능하다. 관련된 일례로 광주 G고등학교에서는 '실무국어', '상업수학', '토익연습 I', '재무회계', '원가관리회계' 등의 과목을 개설하고, 부산 D고등학교에서는 '전기CAD', 'SMT기초', '군리더십',

---

21. 교육부 고시 제2015-74호

'전쟁사', '국방체육', '전력설비' 등의 과목을 개설하였다. 또한 전국의 다양한 일반계고등학교에서도 '영미문화', '통계조사', '강원의 역사와문화', '시사영어', '인문지리', '국토순례', '호모스토리텔리쿠스', '인문학적 감성과 역사이해', '고등학교 사회적 경제' 등의 다양한 과목을 개설하여 학생들이 자신의 진로 방향에 맞게 과목을 선택할 수 있도록 돕고 있다[22](일반고에서 개설 가능한 전문교과의 과목 안내는 154~155쪽 참조).

다음은 경북 Y고등학교에서 '통계조사'를 수강한 학생의 인터뷰를 옮겨온 것이다. 학생이 자신의 진로 방향에 맞는 과목을 선택하는 것이 얼마나 의미 있고 중요한지를 새삼 확인할 수 있다.

> 제가 초등학교에 다닐 때 집에 어떤 분이 오신 적이 있어요. 조사를 하시길래 무슨 내용인가 싶었더니 나라에서 주기적으로 실시하는 '인구주택총조사'라고 하더라구요. 다양한 질문에 대해 직접 전수조사하면서 국민들의 생활양식을 분석하고, 나중에 그 결과를 분석한 결과를 토대로 국가 정책을 세우기도 한다고 하더라고요. 그래서 저도 통계의 활용에 대하여 관심이 생겼고, 그래서 통계학과에 진학해야겠다는 생각으로 고등학교에 입학했어요. 그런데 막상 입

---

22. 교육부 고교학점제 종합추진계획(2021.02.16.) 37쪽

학하고 보니 통계와 관련된 과목이 별로 없더라고요. 그러던 차에 고시되지 않은 교과목을 공부할 수 있다는 이야기를 수학 선생님으로부터 들었고 관심 있는 친구들끼리 모여 '통계조사' 과목을 수강할 수 있었죠. 평소 흥미를 가지고 있었기에 교과서는 없었지만, 선생님이 준비해주신 다양한 자료를 가지고 분석하고 활용하는 공부를 알차게 했던 것 같아서 뿌듯했어요.

이처럼 교육과정 연계 과목선택지도를 하는 데 있어서 고시된 과목 이외에도 학생들의 관심 분야에 따라 다양한 과목을 개설할 수 있음을 알려준다. 만약 학생의 흥미와 관련된 과목이 없다면 시도교육청의 승인을 받아 새로운 과목을 개설할 수도 있다. 물론 고시외과목은 교육부에서 이미 고시한 과목들, 온라인·오프라인 공동교육과정, 온라인 수업 내에서 학생이 희망하는 과목이 개설되어 있는지를 먼저 살펴보고 개설하는 것을 추천한다.

| 보통교과의 과목선택 시 유의사항은 무엇인가? |

교육과정에서 공통과목, 일반선택과목, 진로선택과목, 전문교과Ⅰ, 전문교과Ⅱ로 과목 유형을 구분한 이유는 결국 학생의 과목선택권을 확대하기 위함이다. 학생에 따라 적성이나 관심사가 다르고,

진로 목표 또한 다를 것이기 때문에 특정 교과 영역에 치우치는 선택보다는 점차 자신에게 맞는 방향을 잡아가는 형태로 안내하는 것이 필요하다.

예를 들어 어떤 학생이 인문사회계열 진로 방향을 희망한다고 했을 때, 과목 또한 무조건 인문계열 과목만 선택해야 하는 것은 아니다. 필요에 따라서는 자연계열 학생이 주로 선택하는 '미적분' 과목을 이수해야 하는 학생도 있을 수 있다. 또한 예체능계열 진로를 희망하는 학생이 만약 산업디자인 전공을 희망하는 경우에도 컴퓨터 활용 능력이 요구되기 때문에 정보관련 과목을 이수하는 것을 권장할 수도 있는 것이다.

다만 그저 학습의 부담이나 석차등급의 유불리만을 고려하여 과목선택을 지도하는 것은 결코 바람직한 방향이라고 할 수 없다. 왜냐하면 3개년 동안 교육과정을 통하여 학생이 자신의 역량을 키워가며 성장하도록 돕는다는 고교학점제의 취지에서 볼 때, 그저 이수하기 쉽거나 성적을 잘 받을 수 있는 과목을 선택하는 것만으로는 학생의 진로목표를 성취하는 데 궁극적으로 도움이 되지는 않기 때문이다. 물론 학업에 대해 흥미와 관심이 거의 없는 학생이라면 단계적으로 선택과 집중을 통해 변화를 이끌어갈 필요가 있지만, 이런 경우에도 학생 자신의 진로목표를 이루기 위해서는 다소 어렵더라도 그 과정을 극복해야 한다는 것을 충분히 안내해주어야 한다.

| 위계가 있는 교과의 과목선택 시 유의사항은 무엇인가? |

하위개념에 대한 이해를 전제로 하여 계열적 학습이 이루어져야 하는 과목들이 있다. 이런 과목들은 이전 개념을 잘 배워야 이후 연결된 상위개념으로 학습이 이어진다. 이처럼 위계가 뚜렷한 교과로는 수학, 과학 등을 들 수 있다. 물론 이 외에도 공통과목, 일반선택, 진로선택, 전문교과 순으로 일반적인 위계성을 포함하고 있다. 따라서 교사는 학생에게 일반선택과목과 진로선택과목의 위계를 고려하여 선택하도록 안내할 필요가 있다.

예컨대 수학 교과에서 '수학'은 모든 학생이 이수해야 하는 공통과목이며, '수학 I', '수학 II', '확률과통계', '기하'는 공통과목인 '수학'의 학습을 전제로 한 과목이다. '수학 II'는 '수학 I'을 먼저 이수한 후 이수해도 되고, '수학 I'과 병행하여 이수해도 된다. '경제수학'은 '수학 I'의 학습을, '미적분'은 '수학 I', '수학 II'의 학습을 전제한 과목이다.

또한 과학 I, 과학 II처럼 I과 II로 구분된 과목은 특별한 경우를 제외하고는 I을 먼저 이수하고 II를 이수하도록 한다. 더 깊이 공부하고 싶은 학생이 전문교과 I에 해당하는 과목을 선택하고자 할 때는 그에 앞서 보통교과에서 먼저 배워야 하는 과목(선이수 과목)이 있는지를 확인하여 해당 과목부터 이수하도록 안내할 필요가 있다.

일반고에서 개설 가능한 전문교과의 과목 안내

일반고 학생들이 보통교과 수준의 과목을 내실 있게 학습하도록 하는 것이 학문 기초를 닦는 데 도움이 된다. 상대적으로 전문교과 Ⅰ 과목은 특목고에서 주로 편성하여 개설하는 과목이지만, 일반고 학생이라도 더욱 깊이 있게 공부하고 싶은 학생을 위해서 일반고에서도 편성할 수 있으므로 심화 수준의 학습이 가능한 학생에게 안내할 필요가 있다. 다만 전문교과Ⅰ 과목을 선택할 때는 아래 표 3-8을 참조하여 보통교과에서 먼저 배워야 하는 과목을 배운 뒤에 배울 수 있도록 해당 과목을 먼저 이수하도록 지도할 필요가 있다.[23]

|표 3-8| 전문교과Ⅰ 과목의 선이수 추천 과목 예시

보통교과		전문교과Ⅰ 중 국제계열 과목
공통과목	일반선택	
통합사회	세계지리	지역이해, 비교문화, 세계문제와 미래사회
	사회·문화	한국 사회의 이해, 비교 문화, 세계문제와 미래사회
	세계사	현대세계의 변화, 세계문제와 미래사회
	경제	국제경제
	정치와법	국제정치, 국제법, 국제관계와 국제기구

※자료: 서울특별시교육청교육연구정보원, 2020

---

23. 서울특별시교육청교육연구정보원, 2020, 〈2015 개정교육과정 선택과목 안내서〉, 서울특별시교육청교육연구정보원, 15쪽

24. 서울특별시교육청교육연구정보원, 2020, 〈2015 개정교육과정 선택과목 안내서〉, 서울특별시교육청교육연구정보원, 15쪽

또한 진학보다는 취업을 위한 실무 과목을 고려한 경우나 적성과 흥미를 고려하여 배우려는 학생들을 위해 교내에 개설된 전문교과II 과목이 있다면 학생이 진로 방향에 맞는 학습을 할 수 있도록 안내할 필요가 있다. 아래 표 3-9는 특성화고뿐만 아니라 일반고에서도 상당수 편성하고 있는 전문교과II 과목의 특성을 나타낸 것이다.[24]

| 표 3-9 | 전문교과II 과목의 특성

교과(군)	과목	특성
보건·복지	보건간호	특성화고 보건·간호과 학생들이 보건 체계와 간호조무사의 역할 및 업무를 이해하고, 대상자 및 상황에 따라 적합한 업무를 안전하고 바르게 수행할 수 있는 태도를 함양하는 데 도움을 주는 과목
음식조리	식품과 영양	특성화고 음식 조리 분야 전공 학생들이 영양소에 대한 이해를 통하여 질병과 생애 주기에 따른 영양관리 능력을 습득하고, 식품의 특성과 가공 및 저장 과정에서 나타나는 변화 등을 이해할 수 있는 능력을 향상시킬 수 있도록 편성된 이론 과목
정보·통신	정보 처리와 관리	특성화고 및 산업수요 맞춤형고 학생들이 정보 기술에 대한 일반적인 지식과 기술을 습득한 후, 응용 소프트웨어를 활용하여 실생활에서 많이 사용하는 자료와 정보를 처리하는 실무 능력을 키울 수 있도록 구성한 과목
	프로 그래밍	C프로그래밍 기본개념과 원리를 습득하고 실제 프로그램의 작성 및 구현 등의 기술을 터득하여 산업 현장에서 직무를 효율적으로 수행할 수 있도록 교육하는 과목
디자인·문화 콘텐츠	디자인 일반	디자이너가 갖추어야 할 기본적인 지식과 기술을 습득하여 급변하는 산업과 다양한 디자인 분야에 적응할 수 있도록 내용이 구성된 이론 중심 과목
	컴퓨터 그래픽	디지털 환경에서 제공되는 컴퓨터활용시스템에 대한 이해를 바탕으로 그래픽 제작 원리를 익히고, 컴퓨터 그래픽 프로그램을 이용하여 단일 이미지와 동적인 이미지를 표현하여 디지털 인터페이스 디자인 등 디자인 실무에 적용할 수 있는 방법을 익힐 수 있도록 구성된 이론·실습 통합 과목
미용·관광·레저	미용의 기초	헤어 미용, 피부 미용, 메이크업, 네일 미용의 각 분야별 미용에 관한 기초적인 지식을 이해하여 실무교과목과 연계할 수 있도록 구성한 교과목
	미용 안전·보건	고객의 건강과 안전에 관련된 내용을 포괄하고 있으며 공중보건이 가지는 의미와 중요성을 이해하여 환경 위생·감염병 관리·산업보건 등 미용업과 관련된 공중보건영역과 미용사와 시술 공간의 위생을 관리하고 안전사고를 예방할 수 있도록 미용업위생·안전관리 전반에 대한 지식을 이해하여 고객에게 청결하고 안전한 서비스를 제공하기 위해 구성한 과목

※ 자료: 서울특별시교육청교육연구정보원, 2020

| 진로계열에 따른 과목선택지도, 어떻게 할 것인가? |

비슷한 진로를 희망하는 다른 학생들의 과목선택을 살펴보는 과목선택 사례 탐구는 큰 도움이 된다. 이를 통해 학생은 자신의 과목선택 방향을 발견할 수 있다. 다만 이 과정에서 학생은 자신이 잘하고 좋아하는 과목선택과 진로와의 연계성을 탐색하기 위해 노력하여야 하며, 한편 교사는 다양한 진로에 따른 과목선택 사례를 안내한다. 진로에 따른 과목선택의 좀 더 구체적인 이해를 돕기 위해 인문, 간호보건계열과 고등학교 졸업 후 바로 취업을 희망하는 각각 경우의 실제 과목선택 사례를 표 3-10, 3-11, 3-12에 차례로 정리하였다.[25] 이 사례들을 통해 진로와 과목선택 간의 연계성을 다시 한번 생각해볼 수 있을 것이다.

▪ 인문계열 ○○학과

언어와 문화를 탐구하는 어문계열 위주로 선택한 모형이다. 제2외국어는 Ⅱ수준까지 선택할 수 있다. 언어소통 능력뿐만 아니라 다양한 문학과 문화를 배우고 경험하는 분야이므로 생활과 윤리, 사회·문화, 세계사, 세계지리, 윤리와 사상, 철학 등 사회 교과의 과목도 충분히 선택할 수 있다(오른쪽 표 3-10 참조).

---

25. 서울특별시교육청교육연구정보원, 2020, 〈2015 개정교육과정 선택과목 안내서〉, 서울특별시교육청교육연구정보원, 17-19쪽

| 표 3-10 | 인문계열 진로에 따른 과목선택지도 예시

구분	1	2	3
기초	국어, 수학, 영어, 한국사	화법과작문, 독서, 언어와매체, 문학, 고전읽기, 수학Ⅰ, 수학Ⅱ, 확률과통계, 영어회화, 영어Ⅰ, 영어 독해와 작문, 영어Ⅱ, 영미문학읽기	
탐구	통합사회	한국지리, 세계지리, 세계사, 동아시아사, 경제, 정치와법, 사회·문화, 생활과윤리, 윤리와사상, 사회문제탐구 중 택 4~6	
탐구	통합과학, 과학탐구실험	과학Ⅰ, 생활과 과학 중 택 1~2	
체육·예술	체육, 음악, 미술	운동과건강, 스포츠생활, 음악감상과비평, 미술감상과비평	
생활·교양	철학, 논술, 논리학 중 택1~2, 제2외국어Ⅰ, 한문Ⅰ, 제2외국어Ⅱ, 한문Ⅱ 중 택 2~3		

※자료: 서울특별시교육청교육연구정보원, 2020

• 간호 · 보건계열 ○○학과

이 분야의 직무를 수행하기에 필요한 것은 생명과학·화학적인 지식뿐만 아니라, 환자를 깊이 이해하고 배려하는 따뜻한 마음도 중요하다. 이에 화학, 생명과학은 심화 수준까지 선택하고, 생활과 윤리, 정치와법, 사회·문화, 심리학, 보건 등 인간에 대한 이해를 돕는 과목도 선택할 수 있다(오른쪽 표 3-11 참조).

• 취업을 목표로 하는 경우

모든 고등학생이 대학진학을 희망하는 것은 아니다. 졸업 후에 취업을 하거나, 일정 기간은 취업 준비를 하게 될 수도 있다. 이런 경우 고등학교 단계에서 익힐 수 있는 컴퓨터나 경영관련 과목을 적극적으로 선택하여 공부해도 좋겠다. 그 외 관심 있는 분야, 잘할 수 있는 과목을 열심히 공부하면 생각지도 못했던 곳에서 자신의 가치와 능력을 발견하게 되고, 앞으로 사회에 나가서 자신 있게 도전해서 성취를 이루는 힘을 기르게 될 것이다(160쪽 표 3-12 참조).

이제까지 '과목선택지도'에 대하여 자세히 살펴보았다. 구체적으로는 과목선택지도의 개념이 어떤 것이며 무엇이 준비되어야 하는지, 교육과정이 어떻게 구성되어 있는지, 과목선택지도 시 특별히 유의해야 할 사항이 무엇이 있는지, 진로에 따른 과목선택지도 사례는 무엇이 있는지 등에 대해서 하나하나 살펴보았다. 물론 일

| 표 3-11 | 간호·보건계열 진로에 따른 과목선택지도 예시

구분	1	2	3
기초	국어, 수학, 영어, 한국사	화법과작문, 독서, 언어와매체, 문학, 수학 I, 수학 II, 확률과통계, 미적분, 영어회화, 영어 I, 영어독해와작문, 영어 II	
탐구	통합사회	정치와 법, 사회·문화, 생활과윤리, 사회문제탐구 중 택 2~3	
	통합과학, 과학탐구실험	화학 I, 생명과학 I	화학 II, 생명과학 II
체육·예술	체육, 음악, 미술	운동과건강, 스포츠생활, 음악감상과비평, 미술감상과비평	
생활·교양	제2외국어 I, 한문 I 중 택 1~2, 심리학, 보건, 제2외국어 II 중 택 2~3		

※자료: 서울특별시교육청교육연구정보원, 2020

| 표 3-12 | 취업을 목표로 하는 학생의 과목선택지도 예시

구분	1	2	3
기초	국어, 수학, 영어, 한국사	화법과작문, 독서, 문학, 실용국어, 수학Ⅰ, 수학Ⅱ, 실용수학, 영어회화, 영어Ⅰ, 영어독해와작문, 실용영어	
탐구	통합사회	한국지리, 세계사, 정치와 법, 사회·문화, 생활과 윤리, 여행지리 중 택 3~4	
	통합과학, 과학탐구실험	과학Ⅰ, 생활과 과학 중 택 1~3	
체육·예술	체육, 음악, 미술	운동과건강, 스포츠생활, 음악감상과비평, 미술창작, 미술감상과비평	
생활·교양	제2외국어Ⅰ, 한문Ⅰ 중 택 1~2 실용경제, 지식재산일반, 컴퓨터그래픽, 컴퓨터구조 중 택 2~3		

※자료: 서울특별시교육청교육연구정보원, 2020

반고라면 수능 및 대입과 어떤 관련이 있는지, 특성화고라면 취업과 어떤 관련이 있는지 등에 관해 깊이 있는 탐구를 통하여 단위학교의 교육 여건 및 학생들의 요구에 부합하는 맞춤형 과목선택 지도 방안을 추가한다면 학생들이 자신의 진로와 관련된 과목들을 더욱 잘 선택할 수 있을 것이다. 이를 통해 모든 학생들이 학교교육 안에서 한층 더 성장해 나가도록 실질적인 도움을 줄 수 있을 것이다.

고등학교 3년간 학습할 교과목에 대한 로드맵을 그리다

앞선 '과목선택지도' 과정이 학생들로 하여금 개개인의 진로희망에 따라 과목을 잘 선택하도록 지도하는 과정이었다면, 이제부터 살펴볼 '과목이수설계지도' 과정은 간단히 말해 "학생 개인의 진로희망에 따라 선택한 과목 중에서 3년 동안 자신이 학습하게 될 교과목에 대한 계획을 세워 구체적인 학습 설계 전략과 함께 학교생활 전반을 계획할 수 있도록 지도하는 것"을 의미한다.

진로학업설계 중 '과목이수설계지도' 과정
고교학점제에서는 학생들이 선택한 과목에 대한 이수기준을 충족시켜야 한다. 따라서 구체적인 학습 전략을 세우고 이것을 고등학교 3년 동안 잘 실천할 수 있어야 한다.

| 과목이수설계지도에서 반드시 고려해야 할 것들은? |

교사는 먼저 학생에게 과목이수설계지도를 할 때 표 3-13에서(164쪽 참조) 정리한 바와 같이 크게 교육과정 편성 운영 지침과 과목 이수 시기, 공동교육과정 안내, 교과 외 프로그램, 탄력적 과목 이수 설계, 학생 개인별 요건 등 6가지 내용을 염두에 두고 지도할 필요가 있다.[26] 세부 내용을 좀 더 자세히 살펴보면 다음과 같다.

첫째, **교육부와 시도교육청에 정한 교육과정 편성·운영 지침** 준수 여부를 점검하여야 한다. 3년간 교과 총 이수학점이 졸업 이수기준에 충족되는지, 교과 영역별 또는 교과별 필수이수학점을 충족하는지, 기초교과 영역(국어, 영어, 수학, 한국사) 총 이수학점의 비율이 교과 총 이수학점 비율의 50%를 초과하지 않는지, 진로선택과목 개수를 3개 이상 선택하였는지를 꼭 확인하여야 한다.

둘째, **학생들의 발달 수준과 진로, 적성 등을 고려한 과목 이수 시기**를 지도할 필요가 있다. 무엇보다 학생의 학업 수준과 적성을 고려한 맞춤형 교육 이수경로를 안내하여 진로진학취업과 연계하도록 하고 다양한 진로탐색이 가능한 선택과목의 조합을 통해 다양한 이수경로를 만들어갈 수 있도록 지도한다. 또한 중간에 학생이 진로 변경을 할 수도 있으므로 일단 폭넓게 선택한 후 학기(학년)가 진

---

26. 경기도고교학점제교육연구회, 2020, 〈고교학점제와 진로 지도 로드맵〉, 25쪽.

| 표 3-13 | 과목이수설계지도 내용

구분	특징
교육과정 편성 운영 지침 준수	• 교육과정 편성·운영 지침 준수 여부 점검 　- 3년간 교과 총 이수학점이 졸업이수기준(180학점)[27]에 충족되도록 지도 　- 교과 영역별 또는 교과별 필수 이수학점(단위)을 충족하도록 지도 　- 기초교과영역 총 이수학점 총합이 교과 총 이수학점의 50%를 초과하지 　　않도록 지도 　- 진로선택과목을 3개 이상 선택하도록 지도
과목 이수 시기	• 학생들의 발달 수준과 진로, 적성 등을 고려한 과목 이수 시기 지도 　- 수준과 적성을 고려한 맞춤형 이수경로를 안내하여 진로진학취업과 연계 　- 다양한 진로 탐색이 될 수 있도록 선택과목의 조합을 통한 다양한 이수 　　경로를 만들어 갈 수 있도록 지도 　- 중간에 진로 변경 등을 고려하여 처음에는 폭넓게 선택한 후 학기가 진행 　　될수록 선택과 집중을 하도록 지도 　- 선수과목 이수 여부와 학습 능력, 성취에 다른 과목 이수 선택 시기 지도 　- 무학년 수업의 경우 학습 수준의 차이가 있을 수 있으므로 수준별 수강이 　　가능하도록 지도 　- 위계가 뚜렷한 과목의 경우 선이수과목을 고려하여 이수하도록 지도 　- 대학수학능력시험에 따른 교과별 이수 과목과 이수 시기 결정 지도 　- 매 학기 자신이 이수한 과목을 인지하도록 지도
공동교육 과정 안내	• 학교 밖 다양한 강좌 이수경로 활용 안내 　- 지역의 공동교육과정, 온라인 교육과정, 학교 밖 학습 경험 등 안내 　- 이동 시간, 성적 처리, 학교 간 수업 조정, 생활안전 등을 고려해서 지도
교과 외 학교 프로그램	• 교과학습뿐 아니라 진로진학과 연계하여 교과외 프로그램 참여 기회 안내 　- 자율활동(학급, 학생회 활동 등), 동아리활동, 봉사활동, 진로활동(진로, 직업 　　체험활동 포함)[28], 주제탐구활동, 방과후학교 활동 등을 통한 학습 기회 안내 　- 공강 시간을 활용한 다양한 활동 지도(시간 관리 지도)
탄력적 과목 이수설계	• 학생들의 진로 변경 가능성에 대비한 탄력적 과목이수설계 지원 　- 잠정적 진로선택이므로 이후에 흥미가 바뀌거나 하고 싶은 일이 달라질 　　경우, 매 학기 과목선택 조정이 가능하도록 지원 　- 진로가 불분명한 경우에는 특정 교과를 편중하여 선택하지 않도록 지도
학생 개인별 요건	• 대학 모집단위별 최저이수단위 　- 대학별로 제시된 모집단위별 최저이수단위를 참고하여 설계하도록 지도

행될수록 선택과 집중을 하도록 지도하고, 선수과목 이수 여부, 이수 선택 시기의 다양성, 수준별 수강, 대학수학능력시험 관련 과목 등 다양한 변수를 생각하여 지도하고, 무엇보다 매 학기 학생 자신이 이수한 과목을 인지하도록 지도하는 것이 필요하다.

셋째, 공동교육과정과 같은 **학교 밖 다양한 강좌를 이수할 수 있는 경로를 활용**할 수 있도록 안내할 필요가 있다. 특히 지역 학교 간 공동교육과정, 온라인 교육과정, 기타 학교 밖에서 인정되는 학습 경험들에 대하여 안내하고, 이동 시간, 성적 처리, 학교 간 수업조정, 생활안전 등을 고려하여 지도하는 것이 좋다.[29] 아울러 공동교육과정으로 과목을 이수하고자 하는 경우 소속 학교에 개설(또는 개설 예정)된 과목은 선택할 수 없음을 안내하여야 한다.

넷째, 교과 학습뿐 아니라 **진로진학과 연계하여 교과 외 다양한 프로그램에 참여할 기회**가 있음을 안내할 필요가 있다. 창의적체험활동(자율, 동아리, 봉사, 진로)뿐 아니라 주제탐구활동, 방과후학교 활동 등을 통해 다양한 학습 기회가 있음을 안내하고, 공강 시간을 활용하여 여러 활동을 할 수 있음을 지도하는 것이 필요하다.[30]

---

27. 2025학년도 전면시행 이후 교과는 2021년 현재 180단위에서 174학점으로 감축
    (교육부 고교학점제 종합 추진계획(2021.2.16.) 25쪽 참조)
28. 2025학년도 전면시행 이후 창의적 체험활동은 2021년 현재 진로활동, 자율활동, 동아리활동, 봉사활동 총합 24단위에서 진로탐구활동(가칭) 9학점, 동아리, 자치 등(운영방식 학교 자체 결정) 9학점(144시간) 총합 18학점으로 감축
    (교육부 고교학점제 종합 추진계획(2021.2.16.) 25쪽 참조)
29. 대구 칠곡 고교학점제 선도지구에서는 경북대와 연계하여 '빅데이터 분석(전문교과II)' 수강을 지원한다(교육부 고교학점제 종합추진계획(2021.2.16.) 40쪽 참조)

다섯째, 학생들의 진로 변경 가능성에 대비하여 **탄력적 과목이수설계 지원**이 가능함을 지도할 필요가 있다. 특히 1학년 학생의 진로선택은 잠정적인 수준의 진로선택이기 때문에 이후에 흥미가 바뀌거나 하고 싶은 일이 달라질 때 매 학기 과목선택 조정이 가능하도록 지원하고, 진로가 불분명한 경우에는 특정 교과에 편중하여 선택이 이루어지지 않도록 지도할 필요가 있다. 실제로 학생 자신의 진로에 따라 학과를 선택할 경우 어느 한 개 학과에만 국한시

| 표 3-14 | 진로별 유사 전공 및 관련 학과 예시

진로	관련 학과
국제회의 전문가	경영학과, 관광경영학과, 외국어계열 학과 등
유전공학 연구원	생명과학과, 생명자원학과, 유전공학과 등
일반 공무원	경영학과, 경제학과, 법학과, 사회복지학과, 행정학과, 회계학과 등
정보보호 전문가	디지털정보과, 인터넷정보학과, 정보보호학과, 정보통신공학과, 컴퓨터공학과, 컴퓨터보안과 등
변리사	광학공학과, 기계공학과, 물리학과, 법학과, 산업공학과, 전기공학과, 전자공학과, 정보통신공학과, 제어계측공학과, 행정학과, 화학과 등

※자료: 광주광역시교육청, 2020

---

30. 서울 동작관악 고교학점제 선도지구에서는 서울대, 중앙대, 숭실대 등 풍부한 지역 대학 인프라를 활용하여 학생의 자기주도적 진로학업설계 지원을 위한 고교 대학 연계 진로 진학 프로그램을 운영하고 있다(교육부 고교학점제 종합추진계획(2021.2.16.) 41쪽 참조).

키는 것보다는 유사 전공 및 관련 학과를 모두 고려함으로써 표 3-14와(166쪽 참조) 같이 학과선택의 폭을 넓히는 것이 좋다.[31] 또한 미술, 음악, 체육 등에 흥미를 가진 학생이라면 무조건 처음부터 실기에만 집중하기보다는 진로선택의 폭을 넓히기 위해 기본에 충실한 학업에 참여하도록 하는 것이 바람직하며, 학생 자신의 소질과 진로에 대해 충분히 고민한 후 관련 분야의 능력을 향상시켜 나가는 것이 좋다. 예를 들면, 미술을 좋아하는 학생이 시대와 지역에 따른 미술작품을 공부하다가 국제관계학과 또는 프랑스어과, 사학과 등에 진학할 수도 있다. 또한 음악을 좋아하는 학생이 방송 음악에 관심을 두고 공부하다가 자신이 가진 기획력을 발견하고 프로그램 기획자가 되기를 희망해 언론영상학과나 미디어콘텐츠학과, 방송미디어학과, 신문방송학과 등으로 진학할 수도 있다. 그리고 체육을 좋아하는 학생이 활발하게 움직이는 것을 좋아하면서 타인을 도와주는 것을 좋아하는 장점을 발견하고 응급구조학과나 물리치료학과, 관광학과 등에 진학할 수도 있다. 이런 면에서 **탄력적 이수설계 지원**은 학생의 미래 성장을 위한 과목이수설계 지도 측면에서 매우 중요하다고 볼 수 있다.

여섯째, 대학에 따라서는 **대학 모집 단위별 최저이수학점**이 제시되기도 하므로 학생 개인의 희망 대학에 따라 적용될 수도 있다. 해

---

31. 광주광역시교육청, 2020, 〈2020학년도 빛고을 꿈대로 진로대로〉, 광주광역시교육청, 47쪽

당되는 학생들은 사전에 대학별로 제시된 모집 단위별 최저이수
학점을 참고하여 설계할 수 있도록 지도할 필요가 있다. 다음은
경기 B 고등학교에서 탄력적 과목이수설계 지원을 담당한 교사의
이야기이다. 인터뷰 내용을 통해 학생들의 진로 방향이 도중에 얼
마든지 변경될 수 있으며, 진로 방향의 변화에 대한 탄력적 대처
와 운영의 필요성을 재확인할 수 있다.

제가 담임을 한 학생인데, 학생이 처음에는 의대를 진학하고 싶다면
서 오직 그쪽 진로 방향으로 과목이수설계를 원했어요. 그런데 진로
검사 결과도 그렇고, 상담 과정에서 알게 된 학생의 평소 가치관도
그렇고 왠지 이 아이는 경영 쪽에 더 맞아 보이는 거예요. 그래서 다
시 주의 깊게 물어봤더니 자신은 둘 다 관심이 있는데 확실하게 어
떤 방향으로 가야 하는지 모르겠다는 거예요. 그래서 저는 담임으로
서 학생에게 '오직'이라고 생각하지 말고 중간에 진로 방향이 변경될
수도 있으니 1학년 때 의학과 경영학에 대한 다양한 과목도 듣고 자
료도 찾아보면서 과목선택을 하자고 권했어요. 학생은 나름대로 자
신의 성격이나 학업에 대해서 고민한 끝에 2학년 초에 경영학으로
방향을 정하게 되었어요. 그렇게 도중에 진로 방향이 바뀐 학생들이
20%는 되는 거 같아요. '오직'이 아니라 다양한 방향으로 아이들이
진로 방향을 탐색할 수 있도록 돕는 게 힘든 과정이지만, 1학년 담임
교사들은 특히 더욱 신경써야 되는 것 같아요.

과목선택을 넘어 학교생활 전반에 걸친
맞춤형 학교생활계획지도

진로학업설계에서 오직 과목선택만 중요하게 고려하는 것은 아니다. 원만한 학교생활이 이루어질 수 있게 지원하는 것 또한 포괄적 의미에서 진로학업설계에 포함된다. 즉 앞서 설명한 과목선택지도 과정과 과목이수설계지도 과정은 진로학업설계에서 학생을 지도하는 데 있어서 염두에 두어야 하는 사항이지만, 이는 반드시 구체적인 **학교생활계획지도**로 연결되어야 한다. 여기서 학교생활계획지도의 개념은 다음과 같이 정리해볼 수 있다.

> 학생이 자신의 진로 방향에 맞게 과목을 선택하고 수업을 듣는 것에서 끝나는 것이 아니라, 해당 진로 방향과 관련하여 어떤 프로그램, 교내 대회에 참여하고, 또 어떤 책을 추천받아 읽어야 하는지 등에 대해서까지 구체적으로 계획하여 학생이 참여할 수 있도록 지도하는 것이다.

▪ 4가지 역량에 기반한 역량개발지원팀의 역할

학교생활계획지도가 제대로 이루어지려면 학생의 학교생활 전반에 대하여 계획하고 운영할 수 있는 **팀을 구성**하는 것이 필요하다. 이는 고교학점제 운영의 핵심이라고 할 수 있는 '교육과정이수지도팀'에서도 할 수 있으며, 교육과정이수지도팀을 넘어서 다양한 영역에 대하여 학생, 학부모, 교사, 관리자를 돕는 **역량개발지원팀**을 통해서도 그 역할을 수행할 수 있다. 다음의 표 3-15는 역량개발지원팀의 주요 역할을 예시한 것인데, 역량을 크게 마음, 학습, 교사전문성, 관리자전문성의 4가지로 나누어 개발하도록 지원하고 있다. [32]

| 표 3-15 | 역량개발지원팀의 역할

역량	역할
마음	Wee 서비스 제공(대상 : 학생, 학부모, 교사, 관리자)
학습	각종 특색 사업, 나누다클래스(책임교육 포함), 교육과정 개발(교육과정이수지도 포함), 학생안내자료 개발, 진로교육자료 개발, 학업관리프로그램 개발
교사전문성	교사동아리, 전문적학습공동체, 원격수업활용, 전공진로진학취업지도
관리자전문성	학교 주요 현안 연구, 단기정책 연구, 중장기정책 연구

※자료: 영광고등학교, 2020

첫째, **마음역량 측면**으로는 Wee 프로그램을 통해 학생, 학부모, 교사, 관리자 모두가 마음 돌봄의 서비스를 받고 역량을 키울 수 있

---

32. 영광고등학교, 2020, 〈2020학년도 영광고등학교 교육과정운영계획〉, 100쪽

도록 돕고, 둘째, **학습역량 측면**으로는 학생이 참여할 수 있는 각종 특색 사업, 책임교육을 포함한 학생 전체의 맞춤형 멘토링을 위한 나누다클래스, 교육과정이수지도를 포함한 교육과정 개발, 학생안내 자료 개발, 진로교육 자료 개발, 학생의 학업을 체계적으로 관리해줄 수 있는 온·오프라인 프로그램 개발 등을 돕는다. 셋째, **교사전문성역량 측면**으로는 교사동아리 운영, 전문적학습공동체, 코로나19를 포함한 다양한 여건에 따른 원격수업활동 지원, 전공진로진학취업지도를 통해 학생들이 역량을 키울 수 있도록 돕고, 넷째, **관리자전문성역량 측면**으로는 학교의 주요 현안을 연구하고, 학생과 교사를 위하여 단기 및 중장기적으로 어떻게 운영할지에 대하여 연구하며 지원하는 역할 등을 한다.

▪ 진로 방향에 따른 역량개발지원팀의 활동 전개 예시

이상에서 설명한 4가지 역량을 토대로 진로 방향에 맞는 역량개발지원이 이루어져야 한다. 그렇다면 실제 사례를 통해 진로에 맞게 어떤 역량개발지원이 구체적으로 이루어졌는지 살펴보기로 하자. 다음의 표 3-16은(172쪽 참조) 경영학과 관련된 진로 방향을 희망하는 학생들이 어떤 과목을 듣고 그 과목과 관련한 활동을 어떻게 전개해야 하는지를 정리하여 학생들에게 제시한 자료이다.[33]

---

33. 경상북도교육청, 2020, 〈학생부종합전형 대비 전공별 교육과정 설계 안내서〉, 17쪽

| 표 3-16 | 경영학과 추천 진로선택과목 소개 및 추천활동

과목명	과목 소개	추천활동
경제 수학	일반선택과목인 '수학 I '을 학습한 후, 수학의 지식과 기능을 활용하여 경제 및 금융의 기본 개념을 이해하기를 원하는 학생들이 선택할 수 있는 과목이다. '경제수학'에서 학습한 수학 및 경제의 내용은 경제, 경영, 금융을 포함한 사회과학 분야를 학습하는 데 기초가 되고, 나아가 창의적 역량을 갖춘 융합 인재로 성장할 수 있는 기반을 제공함	- 시중 금융기관의 금리를 살펴보고 유불리를 조사하기 - 지수와 로그가 실생활에 유용하게 사용되는 사례 발표
사회 문제 탐구	다양한 층위의 공동체에서 발생하는 사회문제에 대한 탐구를 통해 사회문제의 원인을 파악하고 이에 대한 적절한 해결방안을 모색할 수 있는 능력을 함양하며, 사회문제해결을 위해 능동적이고 주체적으로 참여하는 민주시민으로서의 태도를 기르는 것을 목표로 하는 과목임	- 역사적으로 큰 이슈가 되었던 경제 관련 사건을 그 당시 상황으로 돌아가 해결책을 모색하기

※자료: 경상북도교육청, 2020

이 자료에서 보면 경영학을 희망하는 학생들에게는 '경제수학' 교과 내용과 연계하여 '시중 금융기관의 금리를 살펴보고 유불리 조사하기', '지수와 로그가 실생활에 유용하게 사용되는 사례 발표하기' 등과 같은 활동을 추천하고 있다. 또한 '사회문제탐구' 교과 내용과 연계하여 '역사적으로 큰 이슈가 되었던 경제관련 사건을 그 당시 상황으로 돌아가 해결책 모색하기'와 같은 활동을 구체적으로 추천하고 있음을 알 수 있다. 특히 최근 신설된 '자율탐구활동'과 관련하여 학생이 해당 활동을 한층 폭넓게 심화시켜 나가도록 돕고 있음을 알 수 있다.

| 표 3-17 | 경영학적 인재상과 관련한 추천활동

인재상	활동 목표	추천활동
전인적인 인격을 갖춘 성숙한 경영인	경영 현상에 대한 이론과 응용 방법을 살펴보고 인성과 창의성을 갖춘 유능한 경영인이 되기 위해 다양한 독서활동을 하며 리더로서 역량을 키우기	- 경영이론교과서 읽기 - 신문기사를 읽고 올해 노벨경제학상의 '경매이론', '한국판 뉴딜' 등에 대해 탐구해 보기
문제해결능력을 지닌 창조적 경영인	국내외의 우량 혁신기업들은 신기술 또는 신지식을 경쟁적으로 사업화하여 국가경제발전에 크게 기여하였다는 사실에 주목하고 기업의 사회적 책무와 창업 아이템 등에 관심을 갖고 기업가 정신을 키우기	- 사회적 기업 보고서 작성 - 삼성과 애플의 오너 경영철학을 조사하고 장단점을 표로 나타내어 보기
전문적인 지식을 겸비한 전문 경영인	경영학과 홈페이지 및 교육과정, 경영학 관련 웹사이트 탐색하기	- 경영학과 교육과정 살펴보기 - 경영학 이론 및 학자가 정리된 블로그 가입

※자료: 경상북도교육청, 2020

또한 학생들에게 각각의 진로와 관련하여 요구되는 주요 인재상이라든가 이런 인재가 되기 위해서 어떤 목표를 세우고 또 어떤 활동이 이루어지면 도움이 되는지 등을 구체적으로 알려주는 것도 도움이 된다. 위의 표 3-17은 경영학과 관련된 진로 방향을 희망하는 학생들이 경영학적 인재상에 따라 어떤 목표를 세우고 활동을 어떻게 전개해야 하는지에 대하여 정리하여 학생들에게 실

제로 제시한 자료이다.[34]

이 자료에서 보면 '전인적인 인격을 갖춘 성숙한 경영인', '문제해결능력을 지닌 창조적 경영인', '전문적인 지식을 겸비한 전문경영인'이라는 경영학적 인재상을 갖추기 위하여 구체적인 활동목표와 함께 교과서, 신문기사 등을 이용한 탐구, 사회적 기업 보고서 작성, 경영철학 분석 등 다양한 활동을 참여하는 것을 추천하고 있음을 알 수 있다.

또한 진로와 밀접한 전공학과를 정확하게 안내하는 것도 중요하다. 그리고 해당 학과에 진학하기 위해 필요한 제반사항들도 반드시 함께 안내할 필요가 있다. 표 3-18은(176~177쪽 참조) 경북 Y고등학교에서 경영학과를 포함하여 인문사회·상경계열 진로 방향을 희망하는 학생들을 위해 학교 교육계획에 맞추어 추천활동을 정리하여 제시한 자료이다. 즉 대학의 어떤 학과에 진학하여야 하고, 고등학교에서 일반선택, 진로선택과목으로는 어떤 과목을 선택하여 이수하는 것이 좋으며, 어떤 동아리에 참여하여 협력을 통해 성장할 수 있을지, 어떤 교내활동(프로젝트) 등에 참여하여 자신의 연구 성장 결과를 발전시킬지, 어떤 경시대회에 참여하고, 어떤 책을 통하여 시야를 넓힐 수 있을지 등에 대해서까지 안내하기 위하여 정리한 것이다.[35]

---

34. 경상북도교육청, 2020, 〈학생부종합전형 대비 전공별 교육과정 설계 안내서〉, 20쪽
35. 영광고등학교, 2020, 〈YK 진로진학길라잡이〉, 101쪽

앞서도 이야기했지만, 학생이 진로를 결정한 후에 다른 진로로 변경하는 것은 학교에서 흔히 볼 수 있는 사례이다. 예컨대 어떤 학생이 처음에는 경영학과를 희망하였다가 진로 방향을 변경하거나 때로는 복수전공을 선택하고자 할 수도 있다. 이런 경우 경영학과와 관련된 다양한 계열에 대한 학교생활참여계획을 함께 제공함으로써 학생이 중간에 진로를 변경하게 되더라도 당황하지 않고 꾸준히 성장해 나아갈 수 있도록 함께하는 프로그램들도 다양하게 개발하여 학생들에게 안내해줄 수 있어야 한다. 이런 활동에서는 특히 학생들에게 해당 학과에 진학한 졸업생이나 재학생, 해당 분야 교사를 멘토로 연결하여 학생이 학교생활에 잘 참여하고 성장할 수 있도록 돕는 것이 좋다.

| 과목이수설계지도에서 참고할 만한 유용한 지원서비스 |

물론 앞에서 설명했던 3년간의 학교생활계획지도 과정도 중요하지만, 무엇보다 과목이수설계를 지도하는 선생님들을 위한 다양한 지원도 마련되어야 한다. 표 3-19는(178쪽) 다양한 고교학점제 연구선도학교에서 활용하는 과목이수설계지도에 도움이 되는 정보를 제공하는 유용한 온라인 지원 서비스들을 정리한 것이다. 탑재된 내용을 참고로 하여 적절한 도움을 받을 수 있기를 바란다.

| 표 3-18 | 인문사회·상경계열과 관련된 추천활동

구분		경영·경제	법학	사회과학	언어·문학	인문학	N.C.E (자율전공)
대학 관련 학과		경영 경제 국제통상 회계 벤처중기 금융 빅데이터	법학 국제법무학 기업융합 법학	정치외교 아동 청소년지도 미디어 행정 문헌정보 사회복지 언론영상 콘텐츠 평생교육 사회학 광고홍보	국문 영문 일문 중문 불문 독문 서문 한국어문 유라시아 일본학 문예창작	철학 사학 미술사학 아랍지역학 기독교학 한국역사학	자율전공 융합전공
고등학교 관련 교과목	일반선택	독서 문학 수학Ⅰ·Ⅱ 미적분 확률과 통계 영어Ⅰ·Ⅱ 경제 정치와법 사회·문화 논술 실용경제	영어Ⅰ·Ⅱ 영어독해 와작문 경제 정치와법 사회·문화 생활과윤리 철학 논술	독서 문학 수학Ⅰ·Ⅱ 미적분 확률과통계 영어Ⅰ·Ⅱ 정치와 법 사회·문화 생활과윤리	독서 문학 영어Ⅰ·Ⅱ 영어회화 세계지리 세계사 동아시아사 사회·문화 제2외국어 한문	독서 문학 수학Ⅰ·Ⅱ 영어Ⅰ·Ⅱ 세계지리 세계사 동아시아사 사회·문화 윤리와사상 철학 종교학	독서 문학 수학Ⅰ·Ⅱ 영어Ⅰ·Ⅱ 세계사 사회·문화 생활과윤리 제2외국어 한문 철학 논술
	진로선택	경제수학 사회문제 탐구 창의경영 지식재산 일반 국제경제	사회 문제탐구 고전과윤리 국제법	사회 문제탐구 영어권문화 경제수학	심화국어 고전읽기 사회문제탐구 고전과윤리 영미문학읽기 영어권문화	사회문제탐구 고전읽기 고전과 윤리 과학사	사회문제탐구

구분	경영·경제	법학	사회과학	언어·문학	인문학	N.C.E (자율전공)
관련 동아리	경제경영	정치법률 다울림	온에어 프로듀서 사회과학반 도시재생 참여	문예창작 일본애니메이션 영동제작소 스크린영어 영미문화 오사베리 라온북 영어소설읽기 데일리영광	아고라르 스콜라 독도정원 가꾸기반 생각을 펼치는교실 역사토론반 시사토론반	아고라르 스콜라 독도정원 가꾸기반 생각을펼 치는교실 역사토론반 시사토론반
관련 교내 활동	경제-수학- 과학 캠프 빅데이터 통계분석 프로젝트 사회적 기업캠프	LEAD 프로젝트 삼진아웃제 학생자치 법정 헌법재판 모의 형사재판	LEAD 프로젝트 비호기자단	테마별 문학기행 더 영광프레스 와글와글 북콘서트	국제교류 국토대장정 역사탐방	경제-수학- 과학캠프 창의융합 프로젝트 YK-MOOC STUDY 영광캠프 JROTC LEAD 프로젝트 비호학술 프로젝트
관련 경시 대회	창업 프로젝트 발표대회 경제 경시대회	사회탐구 경시대회	사회탐구 경시대회	영어어휘능력시험 꿈물꿈물프로젝트 영어 에세이 대회 한국어능력 경시대회 국어독해력 경시대회 비호문학제 일어스피드 퀴즈대회	주제 말하기대회 독서장원급제 역사탐방 발표대회 한국사 경시대회	주제탐구 발표대회
추천 도서	글로벌 기업의 조건 인문의숲 에서경영 을만나다 경영학 콘서트 경제학 콘서트	정의란 무엇인가 사회계약론 군주론 공정사회란 무엇인가 죄와 벌	목민심서 국가는 어떻게 내돈을 쓰는가 정치학 으로의 산책 저널리즘 글쓰기의 논리	고도를 기다리며 돈키호테 셰익스피어 4대비극 뿌리 깊은 나무	동양철학 에세이 한국문화 유산산책 문화의 수수께끼 스피노자의 뇌	동양철학 에세이 한국문화 유산산책 문화의 수수께끼 스피노자의 뇌

※자료: 영광고등학교, 2020

| 표 3-19 | 교사를 위한 온라인 지원 서비스 목록

지원 사이트	사이트 주소	탑재 내용
교육부 고교학점제 지원센터	www.hscredit.kr	고교학점제 소개, 고교학점제 운영 자료, 수강신청 시스템 등
하이파이브	www.hifive.go.kr	특성화고, 마이스터고 포털, 학교 정보, 교육지원, 취업진로 등 정보 나눔터
교실온닷	www.classon.kr	온라인 공동교육과정 플랫폼, 수강안내, 수업신청 방법
국가 교육과정 정보센터	www.ncic.go.kr	우리나라 교육과정, 세계 교육과정, 지역 교육과정, 우수학교 교육과정, 교육과정 원문 및 연구자료, 법령, 정책자료 등 제공
학생평가 지원포털	https://stas.moe.go.kr	과정중심 수행평가, 성취평가제, 형성평가 등 학생평가에 필요한 자료를 일원화 하여 제공하는 포털사이트
세종교육청 고교학점제	www.sjesee.com	진로계열 안내, 대학 학과 탐색, 고교 과목 소개, 교육과정 편성, 캠퍼스형 공동 교육과정 안내, 교육과정 규칙 등
광주교육청 고교학점제 지원센터	7th.gen.go.kr/high/	고교학점제, 학교간 공동교육과정, 강사풀 등록 등
대학 알리미	www.academyinfo.go.kr	대학의 공시정보를 담고 있는 웹사이트
워크넷	www.work.go.kr	직업진로 정보를 제공하는 취업정보사이트
커리어넷	www.career.go.kr	진로심리검사, 진로상담, 진로동영상, 직업 학과 정보, 진로교육 자료 등 진로와 직업에 대한 다양한 정보를 제공

첫째, **교육부 고교학점제지원센터**이다. 이 사이트에 접속하면 고교학점제 소개, 고교학점제 운영 자료, 수강신청 시스템 등을 열람하고 접속할 수 있다. 특히 다양한 연구 및 선도학교들이 고교학점제를 운영하며 학생들을 지도하면서 어떤 고민에 빠지고 이를 해결하기 위한 대안을 찾으려고 함께 어떻게 노력했는지에 대해 알 수 있으므로 매우 유용하다.

둘째, 특성화고, 마이스터고 포털로서의 **하이파이브** 사이트이다. 이 사이트에 접속하면 특성화고, 마이스터고들의 학교 정보, 교육지원(중등직업교육 특장점, NCS 교육과정, 산학일체형 도제학교, 직업계고 육성 사업, 고교학점제, 정부부처 연계 직업계고 지원 정책), 취업진로(고졸 취업 지원 정책, 진로탐색 프로그램, 직업 정보), 기타 정보들을 검색하고 공유할 수 있다.

셋째, 온라인 공동교육과정 플랫폼으로서의 **교실온닷** 사이트이다. 이 사이트는 실제로 온라인 공동교육과정 수강안내, 수업신청 방법을 제공하고 실제 온라인 공동교육과정 수업을 들을 수 있도록 기능하고 있다.

넷째, **국가교육과정정보센터** 사이트이다. 이 사이트에 접속하면 우리나라 교육과정, 세계 교육과정, 지역 교육과정, 우수학교 교육과정, 교육과정 원문 및 연구자료, 법령, 정책자료 등을 폭넓게 검색하여 학교 교육과정 설계에 활용할 수 있다.

다섯째, **학생평가지원포털** 사이트이다. 이 사이트에는 학생들의 진로계열 안내 자료, 대학 학과탐색 자료, 과정중심 수행평가, 성취평가제, 형성평가 등 학생 평가에 필요한 자료들이 다양하게 탑재되어 있어 특히 교과 교사들에게 매우 유용하다.

여섯째, 교육청별로 개설되어 있는 **고교학점제 지원** 사이트이다. 예를 들어 세종교육청 고교학점제 지원 사이트에 접속하면 사이트고등학교 개설 과목 소개, 교육과정 편성, 캠퍼스형 공동교육과정 안내, 교육과정관련 규칙 등에 대해 알 수 있으며, 또한 광주교육청 고교학점제지원센터 사이트에 접속하면 광주형 고교학점제, 광주 지역의 학교 간 공동교육과정, 고교학점제 운영과 관련한 강사풀 등에 대해 알 수 있으므로 매우 유용하다. 전국 대부분의 교육청들은 각자의 고교학점제 지원 사이트 또는 페이지를 교육청 단위별로 개설하고 있으니 이를 적절히 활용할 것을 추천한다.

물론 이외에도 대학알리미, 커리어넷, 워크넷부터 다양하게 교사를 지원해줄 수 있는 관련 사이트들은 매우 다양하게 개설되어 있다. 다양한 경로를 통해 선생님들이 진로교육에 참고할 만한 유용한 정보들을 얻을 수 있기를 바란다.

| 고교학점제 연구학교 사례로 살펴보는 과목이수설계지도 |

표 3-20은(182~183쪽 참조) 교육부 고교교육혁신과에서 분석한 고교학점제 연구학교들에서의 학생 과목선택 지도사례를 표로 간략히 정리한 것이다.[36] 실제 연구학교들도 저마다 처한 다양한 교육환경 속에서 노력하고 있는 만큼, 이 학교들의 과목선택 지도사례 분석을 통해 현재 속한 학교에서 어떻게 운영하고 무엇을 고민할지에 대해 조금이나마 도움을 얻을 수 있을 것이다.

표 3-20에서 정리한 바에 따르면 과목선택 지도사례의 유형을 전담인력지정형, 협업체제구성형, 담임역할강화형, 기타의 크게 네 가지로 분류하고 있다. 각각의 유형에 대해 좀 더 자세히 살펴보면 다음과 같다.

첫째, **전담인력지정형 유형**이다. 이 경우 전담교사를 지정하여 별도의 수업 시간을 배정하여 지도한다. 전담교사가 학생 대상으로 선택과목을 안내하고, 수강신청 지도 등의 학업설계를 직접 지도하고 있다. 서울 N고의 경우에는 교육과정 업무 담당자를 주로 활용하며, 서울 G고의 경우에는 진로전담교사를 주로 활용하고, 서울 M고의 경우에는 외부 전문가를 주로 활용하는 등 학교의 여건에 따라 다양한 방식으로 학생들을 지원하고 있다.

---

36. 교육부(2020.5.1.), 고교학점제 연구학교 학생 학업설계지도사례 검토보고, 3쪽 및 교육부(2021.2.16.) 고교학점제 종합추진계획, 37쪽 참조

| 표 3-20 | 2020 고교학점제 연구학교 학생 과목이수설계지도 사례

유형	지도사례
전담 인력 지정형	• 전담교사를 지정하여 별도의 수업 시간을 배정 • 학생 대상 선택과목 안내, 수강신청 지도 등 학업설계를 직접 지도 • 교육과정 업무 담당자 활용(서울 N고), 진로전담교사 활용(서울 G고), 외부 전문가 활용(서울 M고) 서울 N고 (교육과정 업무 담당자 활용) • (특징) 연구학교 1년차에는 담임이 학업설계 지도를 담당하였으나, 이해도 부족 등 현실적 한계에 따라 2년차부터 별도 지도 교사를 지정 • (담당교사) 교육과정 담당자(수학) 및 연구학교 추가 배치 교사(영어) 　- 학교 교육과정 업무담당자이자 연구학교 운영담당자로서 연구학교 운영과 연계하여 본인 수업 시간의 일부로 1학년 학업설계 지도를 병행 • (편성 시간) 1학년 창의적 체험활동 '진로활동' 담당 　- 본인 교과 수업 시수는 경감, 진로전담교사는 3학년 진학지도 주력
협업 체제 구성형	• 학생 대상 학업설계 지도는 기본적으로 담임이 담당 • 담임의 해당 역량 제고를 위한 지원팀을 구성 또는 전문가를 지정하여 총괄 • 교육과정 지원팀 구성(울산 H고), 교육과정전문가 총괄 지도(전남 J고) 울산 H고(교육과정 지원팀 구성) • (특징) 부장, 담임, 교과 교사 등 학교 구성원 모두가 참여하는 '고교학점제 종합 지원단'을 구성하여 역할 분담 및 학생 진로, 학업 설계를 상시 지원 • (구성) 교육과정혁신부장, 진로상담부장, 학년부장, 담임, 각 교과 교사 • (주요 역할) 3개년 학업설계 지도, 수강이력 주기적 관리, 과목변경 상담 등 ※ 표 참조 (아래)

교육과정혁신부장	진로상담부장	학년부장,담임	교과 교사
-교육과정편성운영 -교육과정선택지원	-진로, 적성 검사 -진로, 학업 상담	-학생별학습관리 -학생별 교육과정 지도	-진로, 적성별 과목 강의요목 작성 -학생중심 수업 및 평가

※ 학부모 연수, 교사 대상 연수, 학생 선후배 진로멘토링단 조직·운영 등

담임 역할 강화 유형	• 소인수 담임제, 복수담임제 등을 활용하여 '학업설계지도'로서 담임역할 강화 • 소인수 담임제(경기 G고), 복수 담임제(서울 M고)
	경기 G고(소인수 담임제) • (특징) 선택이동수업 증가에 따라 담임의 학급영향력이 감소하고, 전교사의 학생지도체제로의 변화 필요성에 따라 담임 역할 전환 및 소인수 담임 배정 - 2~3학년의 경우 개인별 시간표에 따라 매시간 이동 및 교과교실에서 수업 수강 • (담임 배정 방식) 2학년 대상 담임당 10여명 학생 담당(복수담임제 활용) • (담임 역할) 학생 진로지도 및 학업설계, 책임교육과 연계하여 학생의 학교생활 및 학업성취수준의 점검 및 관리

기타 사례	• 학년별 진로교육과정 운영, 학생 간 멘토링 강화 등 학교별 상황에 따라 진로, 학업설계지도 강화 및 내실화 • 학년별 진로 교육과정 편성(경기 I고), 학생 교육과정 마스터 운영(충북 D고), 학생 멘토링 강화(대구 S고)

경기 I고(학년별 진로교육과정 편성)

• (특징) 1학년 진로교육 집중학년·학기제, 2학년 인턴십 등 학년별로 진로교육과정을 운영하고, 지역사회 네트워크를 활용하여 체험활동 강화
• (학년별 진로교육과정) 주제탐구, 진로와직업, 인턴십 등 진로전담교사가 기획, 운영

학년	운영 내용
1학년	• 주제탐구 프로젝트 : 흥미 및 강점 발견, 자기주도적 학습법 습득 • 진로와 직업 : 미래직업세계의 변화 이해, 진로 및 학업설계 실행 • 문제공감 프로젝트 : 팀 단위 사회적 문제의 발견 및 해결 모색
2학년	• 팀 프로젝트, 인턴십, 과제연구
3학년	• 열아홉 프로젝트 : 졸업논문/졸업작품/자기성장 보고서/프로젝트 • 창의적 문제해결기법

※ '동천마을네트워크', '이우생활공동체' 등 학부모, 교사로 구성된 지역네트워크 연계
※ '경기 꿈의 대학' 수강신청 안내 및 상담 과정 운영

※자료: 교육부, 2020

둘째, **협업체제구성형 유형**이다. 이 경우 학생 대상 학업설계지도는 기본적으로 담임이 담당하도록 하되, 담임의 해당 역량 제고를 위한 지원팀을 별도로 구성하거나 또는 전문가를 지정하여 총괄하도록 하고 있다. 특히 울산 H고의 경우 고교학점제 종합 지원단(교육과정 지원팀)을 구성하여 3년간 학업설계지도, 수강이력의 주기적 관리, 과목 변경 상담 등을 교육과정혁신부장, 진로상담부장, 학년부장, 담임, 교과교사들이 지원단으로 참여하여 학생들을 함께 돕고 있다.

셋째, **담임역할강화 유형**이다. 이 경우 소인수멘토 담임제, 복수담임제를 활용하여 '학업설계지도'로서 담임의 역할을 강화할 수 있도록 돕고 있다. 특히 경기 G고의 경우 선택 이동 수업이 증가됨에 따라 담임의 학급 영향력이 감소하고, 전 교사의 학생 지도 체제로의 변화 필요성이 강화됨에 따라 담임 역할을 전환하고 소인수멘토 담임을 배정하였으며, 담임은 학생 진로지도 및 학업설계, 책임교육과 연계하여 학생의 학교생활 및 학업성취수준의 점검 및 관리 등을 역할을 수행하고 있다.

그 밖에 **기타 유형**으로 학년별 진로 교육과정을 편성하는 경기 I고, 학생 교육과정 마스터 제도를 운영하는 충북 D고, 학생 교육과정 멘토링 제도를 운영하는 대구 S고 등도 있다. 이처럼 이미 다양한 학교들이 학교별 특색에 따라 과목이수설계지도 강화 및 내실화를 위하여 열심히 노력하고 있다.

이상에서는 학생의 과목이수설계지도 과정에서 진행되는 과목이수설계지도 내용, 학생 맞춤형 학교생활계획지도, 유용한 온라인 지원 서비스, 그리고 다양한 학교들의 과목이수설계지도 사례에 대해 살펴보았다. 학생의 자율과 책임을 강조하는 동시에 그에 적합한 다양한 지원을 해주어야 하는 학교 교사의 입장에서 보면 학생의 과목이수설계지도 과정을 포함한 모든 과정들이 하나부터 열까지 매우 수고로운 일일 것이다. 하지만 학생의 성장과 밝은 미래를 위해 다소 번거롭고 힘들더라도 반드시 지원해야 하는 일임은 분명하다.

지속적인 맞춤형 지원을 통해
책임교육을 실현하다

앞에서 우리는 진로지도부터 과목선택지도, 과목이수설계지도를 어떻게 할 것인지에 대해 살펴보았다. 그렇다면 앞선 과정을 충실히 거친 모든 학생이 자신이 선택한 과목을 성공적으로 이수할 수 있도록 체계적으로 지원하는 과정이 필요하다. 이제부터 함께 살펴볼 학업관리지도 과정은 학생이 자신의 진로를 향해 나아가기 위한 계획을 차근차근 실천하는 데 필요

진로학업설계 중 '학업관리지도' 과정
학생이 선택한 과목을 성공적으로 이수할 수 있도록 꾸준한 학습 지원이 이루어져야 한다. 이를 통해 학생들은 자신의 학업계획을 기반으로 지속적으로 성장하게 된다.

한 상담과 지원이 시작되는 과정이다. 즉 작심삼일(作心三日)이 되지 않고, 학생이 자신의 계획에 따라 지속적으로 실천하여 성장할 수 있도록 도와주는 매우 중요한 과정이라 할 수 있다.

| 학업관리지도의 효과를 높이기 위해 필요한 것은 무엇인가? |

진로학업설계에서의 학업관리지도란 다음과 같은 내용을 의미한다고 정의할 수 있다.

> 학생이 선택한 과목의 최소학업성취기준 이상을 도달하고 누적 학점이 졸업기준을 충족할 수 있도록 학생 개별 맞춤형 학업계획의 수립 및 실천을 위해 지도하는 것이다.

이를 위해 교사는 학생의 현재 학업 수준을 정확히 파악하는 것은 물론, 학생 개개인의 특성 및 학생의 주변 환경까지 포괄적으로 이해할 필요가 있다. 특히 학생이 자신의 학업계획을 수행하는 과정에서 겪을 수 있는 학업 문제들은 다양한 요인들이 서로 복잡하게 얽혀 있는 경우가 많다. 따라서 학생 개별 특성을 고려하여 문제의 원인을 종합적으로 살펴보는 한편, 학생과 함께 머리를 맞대고 문제해결 방법에 대해 깊이 고민할 필요가 있다. 이렇게 학교와 교사는 학생의 과목별 **최소학업성취수준 보장**을 위해 체계적 학습 코칭 등 학습의 질 관리를 강화할 수 있도록 지원하는 동시에, 학교에서뿐만 아니라 가정에서의 올바른 학습 분위기 형성 지원, 부모의 지원 등 학부모와의 상담을 병행하여 학생이 학교와 가정에서 잘 성장할 수 있도록 도와야 한다.

학업관리지도 과정에서는 담임교사, 진로전담교사, 교육과정 이수 지도팀의 충분한 상담과 지도를 거쳐 학생이 자신의 능력과 진로 특성에 맞게 학업계획서를 작성하도록 지도하여야 한다. 이때 교사는 특히 진로상담 내용 영역 중 학업설계와 학교생활설계와 관련한 자료들을 두루 참고하여 상담을 진행할 필요가 있다.[37] 교사는 학생이 작성한 교과목 이수계획서를 활용하여 교육과정 편성 운영 지침을 준수하고 있는지 수시로 확인하고, 학생의 진학 및 취업과 관련하여 교과와 비교과 활동의 설계를 지원하는 것은 물론, 3년간 학생의 교과 및 비교과의 학습설계가 유기적으로 연결되도록 지도할 필요가 있다.

특히 교사는 상담 과정에서 학생의 학업계획 및 실천 내용을 수시로 확인해야 한다. 만약 학생에게 필요한 부분이 있다면 학교 외 다양한 강좌 이수경로를 활용할 수 있도록 안내하고, 학생의 내신 관리뿐만 아니라 희망하는 대입전형, 취업 방향에 적합한 비

---

37. '과목이수설계지도에서 참고할 만한 유용한 지원서비스'(175쪽) 참조

교과활동을 설계할 수 있도록 지원해주어야 한다. 또한 학생이 학업설계서를 작성한 이후에 진로 변경을 할 경우에는 학업설계서에 변경 내용을 바로 반영하고 관련 교육활동에 참여할 수 있도록 도와야 하며, 학생이 자기주도적 학업설계의 중요성을 알고 지속적으로 실천할 수 있도록 동기를 부여해야 한다.

일반계 고등학교의 경우라면 교사와 학생들은 다음의 그림과 같은 자료를 준비하여 학업관리지도에 임하면 좀 더 효과적인 결과를 얻을 수 있을 것이다.[38]

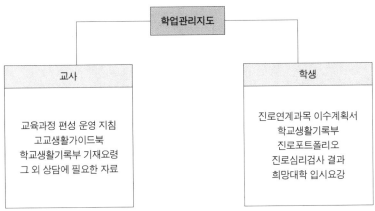

※자료: 경상북도교육청, 2020

학업관리지도 준비 자료
학업관리지도의 효과를 높이기 위해서는 사전에 교사와 학생 각각 자료를 준비하여 임하는 것이 좋다.

---

38. 경상북도교육청,2020, 〈펼쳐라 1년이 보인다〉, 《월별 고등학교 교육과정 매뉴얼》, 114쪽

| 학업관리지도의 핵심, 학업계획서 |

먼저 학업관리지도 과정에서 가장 핵심적인 **학업계획서** 작성에 대하여 좀 더 자세히 살펴보기로 하자. 담임교사들은 학생이 입학 초기에 시행한 진로검사 결과와 개별 상담 결과와 학생 개인의 진로와 적성에 따라 필요한 교과목 안내 및 상담을 바탕으로 하여 학생의 3년간 학업계획서 작성을 지도하여야 한다. 이 과정에서 학생의 흥미와 적성, 진로희망이 잘 반영된 구체적인 학업계획서 작성을 위해 담임교사 외에도 진로전담교사, 교육과정이수지도팀의 충분한 지도가 필요하며, 긴밀한 협력을 통하여 학생이 진로에 따라 체계적이고 실천가능한 학업계획서를 작성하고, 이를 지속적으로 실천할 수 있도록 지원해야 할 것이다.

▪ 학업계획서 작성 시 담아낼 것들

학업계획서에는 적성 및 흥미, 진로희망, 진로관련 과목 및 소속 학교 편성 여부, 진로관련 체험활동 내용, 진로심리검사 결과, 진로탐색 결과 이외에도 교과관련 각종 교내외활동, 과목 이수 체크리스트 등을 포함할 수 있으며, 학교 특성에 따라 자율적으로 재구성하거나 추가할 수 있다. 또한 학업계획서에서 확인해야 할 주요 내용으로 교과군/교과 영역별 필수이수단위를 충족하였는지, 학생의 기초 교과 영역 총 이수학점이 교과 총 이수학점의 50% 비율 이하인지, 과목별 위계를 지켜서 순서대로 학습하도록 배치했는지 등이 포함될 수 있다. 아울러 학업계획서를 작성할 때는 학생이 자가점검할 수 있도록 학업계획서 양식과 자가점검 목록을 함께 배포하는 것이 좋다. 특히 이 경우에는 학생이 진학하고자 하는 대학(학과)에서 교과군별 최소이수단위 조건을 제시하는 경우도 있을 수 있으므로 해당 대학(학과)의 모집요강을 학생이 반드시 스스로 숙지하도록 지도할 필요가 있다.

▪ 학업계획서 작성 시 유의할 것들

이제 학업계획서 작성 지도 시 유의사항에 대하여 살펴보도록 한다. 학업계획서 작성은 학생 개인이 자신의 진로희망에 따라 3년간 수강할 과목을 선택하고 이수할 계획을 정리하는 과정이므로, 학업계획서에는 과목선택뿐만 아니라 학교생활에 대한 설계가 잘 드러나야 한다. 또한 고등학교 입학 후 1년간 진로를 탐색하고 결정하는 과정에서 학교별 과목 안내서를 기초 자료로 활용하여 학업계획서를 작성하게 되는데, 먼저 진로희망과 밀접하게 관련 있는 과목을 선택하고 해당 과목을 수강하기 위해 우선적으로 이수해야 할 과목이 무엇인지를 파악하고 나서 이를 학기별로 배치하는 것이 매우 중요하다. 그리고 학업계획서에 기재하게 되어 있는 학기별 선택과목명과 해당 과목의 분류(교과 영역, 교과군 등)는 국가수준 및 시도교육청 교육과정의 중요 지침과 이수기준을 점검하기 위해 활용하며, 학생이 이를 준수할 수 있도록 확인한다. 또한 학생이 진로 방향을 변경하게 되면 학업계획서의 내용도 수정될 수 있다는 가능성도 염두에 두고 지도해야 한다.

표 3-21은(194~195쪽 참조) 일반계 고등학교 학생의 3개년 학업계획서 양식을 예시한 것이다.[39] 학업계획서에는 기본적인 인적사항뿐만 아니라, 학생 자신의 진로희망과 이유, 진로적성검사 결과, 희망진로관련 과목, 정규교육과정 이외의 과목, 선택희망 검토 결과, 보호자 확인, 학교생활 설계하기 계획을 기록하여 교사들로부터 도움을 받을 수 있도록 구성하였다. 제시한 양식에서 이러한 내용을 담은 이유를 좀 더 자세히 설명하면 다음과 같다.

첫째, 학생 자신의 **진로희망과 이유** 부분을 기록할 수 있도록 하였다. 이 과정을 통해 학생은 학생 자신의 고등학교 3년간 진로희망을 피상적이 아닌 분석적이면서 종합적으로 살펴보고 기록하는 과정을 통해 학생 스스로 진로희망에 대한 의식을 가지고, 혹시라도 학생이 진로희망을 변경하는 경우에는 그 사유를 명시함으로써 학생이 어떤 과정을 거쳐 진로희망을 변경하고 이후의 과목선택 및 학교생활 참여로 연결되었는지의 경로를 파악할 수 있도록 도와야 한다. 아울러 진로적성검사 결과를 함께 기록함으로써 학

---

39. 신천고등학교, 2020, 〈2020학년도 1,2학년 개별 교육과정 설계 지도 계획〉, 8-11쪽 재구성

생 자신의 주관적인 진로 설정이 아니라 진로적성검사의 객관적 결과에 비추어 자신의 방향을 돌아보고 한층 현실적인 학업계획을 세울 수 있도록 도울 수 있다.

둘째, 학생 자신이 **희망진로관련 과목**을 기록할 수 있도록 하였다. 학생은 교육부, 시도교육청, 각 학교에서 개발한 '수강과목선택을 위한 선택과목 길라잡이' 책자 등을 참고하여 자신의 진로희망에 적합한 기초, 탐구, 체육·예술, 생활·교양, 그리고 전문교과를 기록하여 어떤 과목을 어떤 순서로 수강할지를 한눈에 파악하고 학업 과정에 참여하는 데 도움이 될 수 있다.

셋째, **정규교육과정 이외의 과목**들을 기록할 수 있도록 하였다. 이러한 과목들은 전국적으로는 주문형강좌, 학교간 공동교육과정, 온라인 공동교육과정에서 찾아볼 수 있고, 지역별로는 경기 꿈의학교, 대구 꿈창작캠퍼스 등에서 찾아볼 수 있다.

넷째, 지도교사(멘토교사)는 **학생의 선택희망과목을 검토**하여 이에 대해 의견을 제시할 수 있도록 하였다. 지도교사는 학생과 수차례 상담을 진행한 후에 학생 스스로 작성자 확인 서명을 하게 한다. 이를 통해 학생들은 진로 방향에 따른 과목선택에 대해 자율과 책임이 함께 따른다는 것을 인식할 수 있게 된다. 또한 학생의 학업 수행 과정 가운데 교사, 학생과 함께 지원해야 하는 보호자 확인 서명을 통하여 보호자 또한 학생의 성장을 위해 함께 협력해야 하는 존재임을 인식시킬 수 있다.

| 표 3-21 | 일반계 고등학교 학생의 3개년 학업계획서(신천고)

학업계획서

이름			
학년	반	번호	담임교사
1			

〈자신의 진로희망과 설정 이유〉

학년	진로희망	설정 이유
1학년		

〈진로적성검사 결과〉

검사명(종류)	검사일	검사 결과 요약

〈희망 진로관련 선택과목〉

교과 영역	교과(군)	진로관련 과목
기초	국어	
	수학	
	영어	
탐구	사회	
	과학	
체육·예술	체육	
	예술	
생활·교양	기술·과정	
	제2외국어 / 한문	
	교양	
전문교과		

〈정규교육과정 이외의 과목〉

과목명	수강 방법

〈선택 희망 검토 결과〉

지도교사 의견	작성자 확인
	성명 (서명)

〈보호자 확인〉

위 사실을 확인하였습니다.

2020. . . 관계 :   성명 :   (서명)

〈학교생활 참여계획〉

	1학년	2학년	3학년
교내대회			
교내행사			
창체동아리			
자율동아리			
봉사활동			
기타활동			
멘토교사의견			

※자료: 신천고등학교, 2020

다섯째, **학교생활 참여계획**을 학생이 스스로 기록할 수 있도록 하였다. 이 과정을 통해 학생은 학년별로 자신의 진로 방향으로 나아가기 위해 참여하고 싶은 교내대회, 교내행사, 창체동아리, 자율동아리, 봉사활동 등을 학교 교육계획서 및 신입생 안내 자료 등을 참고하여 구체적으로 계획하고 멘토교사로부터 실천 사항에 대한 피드백을 받을 수 있다.

아울러 이상의 것들 외에도 단위학교의 필요에 따라 추가되는 항목들을 학업계획서 안에 추가할 수 있다. 특히 학생이 입학하고 졸업할 때까지 해당 학생에 대한 멘토(교사, 동학년생, 선배, 졸업생 등)의 역할을 할 수 있는 자원들과 긴밀히 연계하여 학생이 언제나 조언을 구할 수 있는 폭넓은 인적 자원 네트워크가 형성될 수 있다면 더욱 유익할 것이다.

▪ 학업계획서와 연계한 이수 과정의 점검
학업관리지도에서 무엇보다 중요한 것은 학생들이 선택한 과목을 성공적으로 이수할 수 있게 돕는 것이다. 이를 위해서는 물론 학생 스스로도 자신의 과목이수 과정을 꾸준히 점검할 수 있어야 할 것이다. 표 3-22는(198~199쪽 참조) 표 3-21의(194~195쪽) 3개년 학업계획서와 연계하여 학생의 3년 동안 자신의 과목선택이수 과정을 점검하는 데 활용하는 과목선택 점검표 양식을 예시한 것이다.[40] 이 양식에서는 학생이 수강할 수 있는 과목을 학교 지정과목과 학생 선택과목으로 나누고 있다. 특히 학생 선택과목의 경우 학생의 진로희망에 따라 다양한 과목군에서 학생이 원하는 과목을 선택할 수 있도록 하였다. 또한 동일 교과를 여러 시기로 나누어 학생들이 자신의 진로 방향에 따라 다양한 이수 과정으로 참여할 수 있도록 하였다. 학생에 따라 정규교육과정 이외에 다양한 과목들을 선택하게 될 수도 있기 때문에 이러한 가능성을 염두에 두고, 학생의 희망에 따라 수강할 수 있는 고시외과목 교육과정, 주문형강좌, 온라인 공동교육과정, 학교간 공동교육과정, 꿈의학교(경기), 꿈창작캠퍼스(대구) 등을 기록하여 학생이 자신의 과목 선택에 대하여 수시로 점검해볼 수 있도록 하였다.

지금까지 학업관리지도 과정의 핵심이라고 할 수 있는 학생의 '학업계획서 작성 및 관리'에 대하여 살펴보았다. 우리가 잊지 말아야 할 것이 있다. 고교학점제로 학생의 자율성과 책임감을 기르고 학업에 적극적으로 참여하게 하는 것도 중요하지만, 진로지도 과정과 과목선택 과정을 거쳐 학생 스스로 학업을 계획하고 교육활동에 참여하는 모든 과정 속에는 반드시 학교와 교사의 지속적인 지원과 협력이 이루어져야 할 것이다.

---

40. 경기도고교학점제교육연구회, 2020, 〈고교학점제와 진로지도 로드맵〉, 32쪽

| 표 3-22 | 과목선택 점검표 양식(예시)

구분	교과 영역	교과군 (필수학점)	세부과목		운영 학점	1 학년		2 학년		3 학년	
			유형	과목							
학교 지정	기초	국어(10)	공통	국어(8)	8						
		수학(10)		수학(8)	8						
		영어(10)		영어(8)	8						
		한국사(6)		한국사(6)	6						
	탐구	사회(10)		통합사회(8)	6						
		과학(12)		통합과학(8)	6						
				과학탐구실험(2)	2						
	체육 예술	체육(10)	일반	체육	4						
			일반	운동과건강	4						
			진로	스포츠생활	4						
		예술(10)	일반	음악	4						
			일반	미술	4						
			진로	음악감상과비평	4						
	생활 교양	제2외국어	일반	일본어Ⅰ	6	(택1)					
			일반	중국어Ⅰ	6						
		교양	일반	진로와직업	8						
			일반	환경	2						
학생 선택	기초	국어	일반	화법과작문, 언어와매체, 문학, 독서							
			진로	심화국어, 고전읽기, 실용국어							
			전문	고전문학감상, 현대문학감상							
		수학	일반	수학Ⅰ, 수학Ⅱ, 미적분, 확률과통계							
			진로	기하, 경제수학, 실용수학, 수학과제탐구							
			전문	심화수학Ⅰ, 심화수학Ⅱ							

구분	교과 영역	교과군 (필수학점)	세부과목		운영 학점	1 학년	2 학년	3 학년
			유형	과목				
학생 선택	기초	영어	일반	영어Ⅰ,영어Ⅱ,영어회화,영어독해와작문				
			진로	실용영어, 영어권문화, 진로영어, 영미문학읽기				
			전문	심화영어Ⅰ, 심화영어Ⅱ				
	탐구	사회	일반	한국지리, 세계지리, 세계사, 동아시아사, 경제, 정치와법, 사회·문화, 생활과윤리, 윤리와사상				
			진로	여행지리, 사회문제탐구, 고전과윤리				
			전문	사회과제연구, 지역이해, 국제관계와국제기구				
		과학	일반	물리학Ⅰ, 화학Ⅰ, 생명과학Ⅰ, 지구과학Ⅰ				
			진로	물리학Ⅱ, 화학Ⅱ, 생명과학Ⅱ, 지구과학Ⅱ, 과학사, 생활과과학, 융합과학				
			전문	과학과제연구				
	생활 교양	기술·가정, 제2외국어, 한문, 교양	일반	논술, 교육학, 보건, 한문				
			진로	공학일반, 지식재산일반				
			전문	프로그래밍, 자료구조				
	통합	고시외과목						
		주문형강좌						
		온라인 공동 교육과정						
		학교간 공동 교육과정						
		꿈의 학교						
		꿈창작 캠퍼스						
합계								

※자료: 경기도고교학점제교육연구회, 2020

| 책임교육, 모든 학생의 학습권 보장을 지원하다 |

고교학점제는 진로와 적성에 따라 다양한 과목을 선택 이수하고,
누적학점이 기준에 도달할 경우 졸업을 인정받는 교육과정 이수
운영제도이다. 이에 따라 학생은 자신이 선택한 과목을 충실히 이
수하겠다는 책임감을 가져야 하며, 학교는 교육과정 다양화를 통

하여 개별 학생이 자신의 진로와 적성을 파악하고 개별화된 맞춤형 교육과정을 설계할 수 있게 도와줄 책임이 있다.

▪ 다양한 학습활동을 통한 학생 성장 지원에 초점을 맞춘 책임교육

학생이 선택한 과목을 성공적으로 이수하기 위해서는 해당 과목에서 요구하는 **최소학업성취수준**에 도달할 수 있도록 모든 개별 학생의 학습권 보장을 위하여 학교는 다양한 지원을 할 필요가 있다. 특히 고등학교의 경우 학습의 누적 결손을 시기적으로 만회할 시간이 부족하고, 이후 진로진학 및 취업이 곧바로 연결된다는 측면에서 모든 학생이 교과에서 최소학업성취수준을 달성할 수 있도록 돕는 책임교육의 중요성이 강조될 필요가 있다.

책임교육을 추진하는 데 있어 반드시 염두에 둘 부분이 있다. 무엇보다 학교에서의 기초학력 보장을 위한 지도가 '낮은 학습 결과에 대한 책임을 묻는 것'이 아니라, '교과 학습 및 다양한 분야의 학습활동을 통해 **학생의 성장을 지원**하는 데 목적이 있음'을 기억해야 한다. 즉 학생이 학습 과정에서 겪는 어려움을 극복하고 자신의 잠재력을 최대한 발휘할 수 있도록 학교공동체적 차원에서 담임교사 및 관련 부서뿐만 아니라 모든 교사가 협력적으로 지원하고, 이를 위한 체계적인 계획을 수립할 필요가 있다. 또한 책임교육은 단지 교과성취도 결과만을 기준으로 대상 학생을 선정하여 운영하는 프로그램이 아니다. 예를 들어 수업 시간에 계속 잠만

자고 있다든지, 학습 무력감에 빠져 있다든지 등 학생의 다양한 학업태도 문제 또한 책임교육 대상을 선정할 때 주요 고려 요인에 넣어야 할 필요가 있다. 특히 이 과정에서 대상 학생이 타학생들로부터 낙인찍히지 않도록 책임교육 교과 담당교사 및 업무 담당자는 학생의 개인정보 보호를 위해 노력을 기울여야 한다.

통상적으로 기초학력 책임지도를 위한 교과는 해당 연도 해당 학기에 개설된 과목으로 선정하여 운영하며, 대상 학생이 프로그램에 따라 주어진 과제를 성실히 수행할 수 있도록 돕고, 성취도뿐만 아니라 인성 등 다양한 측면에서 바람직한 성장이 이루어질 수 있도록 지도한다. 또한 학교교육과정위원회에서 정한 일정 기준을 통과하면 학생이 해당 과목을 이수한 것으로 인정하도록 하는 규정을 마련하는 한편, 일정 기준을 통과하지 못했다 하더라도 학점이수관리위원회의 추후 운영계획을 통해 학생이 일정 기준에 도달할 수 있도록 지속적으로 지도할 필요가 있다.

• 책임교육관련 협력모델

다음의 표 3-23은(203쪽 참조) 책임교육 관련 협력모델을 예시한 것이다. 모든 학생이 각자 선택한 과목들의 성취기준을 달성하도록 도와주는 책임교육 업무는 표에서 정리한 것처럼 크게 '기획·진단·평가', '교과(상담)', '창의적체험활동'의 세 가지 업무로 나누어 살펴볼 수 있다.[41]

| 표 3-23 | 책임교육관련 협력모델 예시

업무	구성원	업무내용
기획· 진단· 평가	교무기획부장, 교육연구부장, 평가관리부장, 학년부장	• 업무기획 • 계획 수립 및 추진 • 성취도 최소이수기준 미도달 학생 진단 및 유형 분석 • 학력 향상 및 학교적응도 평가 • 성취기준 도달 여부 판단
교과 (상담)	교과부장, 안전생활인권부장, 상담계, 담임교사	• 교과별 지도 내용 구체화 • 인성교육프로그램 구안 적용 • 상담 프로그램
창의적 체험 활동	교무기획부장, 교육연구부장, 교육과정부장, 고교학점제업무담당계	• 인성함양 프로그램 : 바리스타, 비보잉 등 • 스포츠, 예술 프로그램 : 성악, 스포츠 등

※자료: 경기도고교학점제교육연구회, 2020

우선 기획, 진단, 평가를 담당하는 쪽에서는 책임교육 업무를 기획하고, 책임교육 계획을 수립하여 추진하며, 성취도 최소이수기준 미도달 학생을 진단하고 유형을 분석하여, 책임교육 프로그램 이후 학력 향상 및 학교 적응도를 평가하고, 최종적으로 성취기준 도달 여부를 판단하는 역할을 한다. 또한 교과(상담)를 담당하는 쪽에서는 실제 프로그램으로 운영될 교과별 지도 내용을 구체화하며, 교과 이외에 인성교육 프로그램을 구안하여 적용하고, 학생의 정서 발달을 위한 상담 프로그램을 운영하는 역할을 한다. 또한 창의적체험활동을 담당하는 쪽에서는 인성함양 프로그램과 스

---

41. 경기도고교학점제교육연구회, 2020, 〈고교학점제와 진로지도 로드맵〉, 93쪽

포츠 예술 프로그램 등 학생들이 다양한 체험활동을 통하여 성장할 수 있도록 돕는 역할을 하며, 학생의 진로희망 및 적성에 따라 여러 가지 체험활동을 기획하여 운영한다.

▪ 책임교육 관련 운영 프로그램

다음의 표 3-24는 책임교육을 위해 운영해볼 만한 프로그램 구성을 예시한 것이다.[42] 표에서 보듯 크게 네 가지 프로그램으로 진행되는데, 먼저 담임교사가 대상 학생을 기초 상담 후에 관련 자료를 상담교사에게 전달하고, 상담교사는 대상 학생의 자신감 회복을 위해 상담을 실시하게 된다. 교과 담임은 해당 학생의 해당 교과 기초 익히기 프로그램을 통해 학생이 학습 면에서 최소성취기준에 도달할 수 있도록 도와준다. 또한 별도로 전문강사를 초빙하여 인성 함양 및 예술 스포츠 프로그램 등을 운영하여 학생의 진로역량과 인성이 함께 성장할 수 있도록 지원한다.

| 표 3-24 | 책임교육 프로그램 구성(예시)

	프로그램	담당자	업무
1	기초 상담	담임교사	기초상담 후 관련 자료 상담교사에게 전달
2	집단상담 및 치유 프로그램	상담교사	자신감 회복 상담 실시
3	교과별 기초 익히기 프로그램	교과담임	교과별 기초 내용 지도
4	인성 함양 및 예술 스포츠 프로그램	전문강사	바리스타, 스포츠, 성악, 비보잉수업

※자료: 경기도고교학점제교육연구회, 2020

• **최소성취수준 미도달 학생을 위한 지원과 운영 절차**[42]

앞에서 소개한 지원 과정으로 모든 학생이 최소성취수준에 도달하면 좋겠지만, 그렇지 못한 경우도 생길 수 있다. 따라서 이수 과정에서 성취수준에 도달하지 못한 학생들에 대한 지도 방안도 반드시 마련해야 한다. 다음의 표 3-25는 성취도 최소이수기준 미도달 학생에 대한 지도 운영 절차를 예시한 것이다.[43] 먼저 1단계는 미이수 학생 **선정** 기준을 수립하고, 학기말 성적을 근거로 대상 학생을 선별하며, 성취도 최소이수기준 미도달 학생 유형을 분석하여 학생들에게 필요한 프로그램을 구안하는 단계이다. 2단계는 성취도 최소이수기

| 표 3-25 | 성취도 최소이수기준 미도달 학생 지도 운영 절차

단계	단계별 운영 내용
1단계	• 미이수 학생 선정기준 수립 • 성적을 근거로 대상 학생 선별 – 교과 : 국어, 영어, 수학, 사회, 과학 • 성취도 최소이수기준 미도달 학생 유형 분석
2단계	• 성취도 최소이수기준 미도달 학생 지도 - 정서행동특성검사 결과 참고하여 상담 프로그램 실시 　(담임교사 기초 상담 자료를 상담교사에게 전달) - 교과별 기초 익히기 프로그램 실시 - 인성 함양 프로그램 실시 - 스포츠 예술 프로그램 실시
3단계	• 프로그램 운영 결과 분석 – 학력 향상 및 학교적응도 평가, 성취기준 도달 여부 판단

※자료: 경기도고교학점제교육연구회, 2020

---

42. 경기도고교학점제교육연구회, 2020, 〈고교학점제와 진로지도 로드맵〉, 94쪽
43. 경기도고교학점제교육연구회, 2020, 〈고교학점제와 진로지도 로드맵〉, 94쪽

준 미도달 학생을 **지도**하는 단계로서, 정서행동특성검사 결과를 참고하여 상담 프로그램을 실시하여 학생의 정서 발달을 돕는다. 그뿐만 아니라, 교과별 기초 익히기 프로그램과 인성함양 프로그램, 스포츠 예술 프로그램을 통해 학생들이 학습과 인성 양면에서 함께 성장할 수 있도록 돕는 단계이다. 끝으로 3단계는 프로그램 운영 결과를 분석하여 해당 학생에 대한 학력 향상 및 학교적응도 **평가**를 통해 학생의 성취기준 도달 여부를 판단하는 단계이다.

아울러 오른쪽 표 3-26에서는(207쪽 참조) 책임교육 구현 과정을 좀 더 구체적으로 파악해볼 수 있도록 실제 사례를 소개한다. 경기 G고등학교에서 운영하는 책임교육 프로그램의 추진 내용으로 시기별 구체적인 운영 절차를 정리하였다. 표에서 정리한 것처럼 크게 일반지원(A, B)과 집중지원, 특수지원으로 나누고, 특히 일반지원의 경우에는 과제형, 강좌형 프로그램 운영으로 나누어 학생 맞춤형 책임교육 프로그램을 진행하고 있다.[44] G고등학교에서는 학습부진의 원인을 학생별로 진단하고, 이를 유형화하여 '원인에 따른 **학생 맞춤형 최소학업성취수준 보장 프로그램**을 운영하고 있다. 여기에서 일반지원A는 기초교과 중심으로, 일반지원B는 진로탐색을 중심으로, 집중지원은 대안교과를 중심으로, 특수지원은 상담을 중심으로 나누어 운영한다.[45]

44. 갈매고등학교, 2020, 〈2020 갈매고등학교 교육과정계획서〉, 42-43쪽
45. 교육부 고교학점제 종합 추진계획(2021.2.16.), 37쪽

| 표 3-26 | 책임교육 시기별 추진 내용

시기	내용	비고 및 담당
3월	책임교육 학생 및 학부모 안내	책임연구부
	기초학력 부족(성취수준 미달) 학생 파악	담당교사
	책임교육 대상 선정 협의회 운영	학년 담당교사
	책임교육 대상 학생 통보	책임연구부
	책임교육 프로그램 개발 협의	책임연구부
4월	학생별 책임교육 프로그램 상담 및 협의	담당교사
4 ~ 6월	[1차 일반지원 프로그램 실시] - 과제형 : 성취수준 보장을 위한 과제 제출 및 수행 - 강좌형 : 교과보충을 위한 강좌 운영	책임연구부 담당교사 외부 자원
7월	책임교육 대상 선정 협의회 운영	학년 담당교사
	책임교육 대상 학생 통보	책임연구부
	책임교육 프로그램 개발 협의	책임연구부
	학생별 책임교육 프로그램 상담 및 협의	담당교사
8월	[2차 일반지원 프로그램 실시] - 과제형 : 성취수준 보장 위한 과제 제출 및 수행 - 강좌형 : 교과보충 위한 강좌운영 / [1차 집중(특수)지원 프로그램 실시] - 학생상담을 통한 정서지원 프로그램 운영 - 해당학생 특수지원프로그램 운영	책임연구부 담당교사 외부 자원
9월	기초학력 부족(성취수준 미달) 학생 파악	담당교사
	책임교육 대상 선정 협의회 운영	학년 담당교사
	책임교육 대상 학생 통보	책임연구부
	책임교육 프로그램 개발 협의	책임연구부
10월	학생별 책임교육 프로그램 상담 및 협의	담당교사
11월	[3차 일반지원 프로그램 실시] - 과제형 : 성취수준 보장을 위한 과제 제출 및 수행 - 강좌형 : 교과보충을 위한 강좌 운영	책임연구부 담당교사 외부 자원
12월	책임교육 대상 선정 협의회 운영	학년 담당교사
	책임교육 대상 학생 통보	책임연구부
	책임교육 프로그램 개발 협의	책임연구부
	학생별 책임교육 프로그램 상담 및 협의	담당교사
	[2차 집중(특수)지원 프로그램 실시] - 학생 상담을 통한 정서 지원 프로그램 운영 - 해당 학생 특수지원 프로그램 운영	책임연구부 담당교사 외부 자원

※자료: 갈매고등학교, 2020

• 책임교육 대상자, 어떻게 선정할 것인가?

책임교육 프로그램의 운영과 절차만큼 중요한 것이 책임교육 대상자를 **선정하는 기준**을 세우는 일이다. 과연 책임교육 대상자는 어떻게 선정하면 좋을까? 대상자 선정을 위해서는 당연히 명확한 기준이 마련되어 있어야 할 것이다. 다음의 표 3-27은 책임교육 대상자 선정 방법을 예시한 것이다.[46] 통상적으로 책임교육 대상자 선정은 학기말 성적을 기준으로 하여 학생의 동의를 얻어 선정한다. 물론 학교에 따라 학기말 성적으로 미도달 학생을 파악하기

| 표 3-27 | 책임교육 대상자 선정 방법

학년	방법	판별
1	• 성적기준 : 1학기말 • 성적산정 교과 : 국어, 영어, 수학, 한국사, 통합사회, 통합과학	1) 해당 교과 성취도 E, 8등급 이하 2) 학기말 전이라도 학생이 수업 시간에 지속적으로 자거나, 기초학력진단평가에서 기초학력 미달 평가를 받은 학생, 수행평가에서 일정 점수 이하 취득한 경우 협의 및 동의 거쳐 미도달 예정으로 별도 운영 가능
2	• 성적기준 : 1학기말 • 성적산정 교과 : 국어, 영어, 수학, 그 외 학생 선택과목	

※자료: 경기도고교학점제교육연구회, 2020

---

46. 경기도고교학점제교육연구회, 2020, 〈고교학점제와 진로지도 로드맵〉, 94쪽

전에 학기 초 수업 과정에서 지속적으로 잠을 자거나, 기초학력 진단평가에서 기초학력 미달 평가를 받은 학생, 수행평가에서 일정 점수 이하를 취득한 학생에 대하여 잠재적 미도달 학생으로 파악하고 학생의 동의를 거쳐 별도의 책임교육 프로그램을 운영하기도 한다. 하지만 이 또한 예시일 뿐, 결국 책임교육 프로그램은 각 학교에서 어떻게 학생의 학업성취에 도움을 줄 수 있을 것인지 학교구성원들이 함께 논의하고 결정하는 과정이 가장 중요하다.

아울러 학교는 학생의 프로그램 참여 과정 중 학습할 내용, 학습한 결과를 모니터링하고, 담당교사 및 담임교사와의 멘토링을 통하여 학생이 학업 면에서 실질적인 성장을 이룰 수 있도록 피드백이 가능한 별도의 양식을 만들어 활용할 수도 있다. 물론 지속적인 학습지도에도 불구하고 책임교육 대상 학생이 끝내 학업성취를 이루지 못하는 경우도 있을 것이다. 이런 경우에는 과목별 최소이수학점 기준을 통과한다는 전제로 학생의 진로 방향에 맞되 학업성취를 이룰 수 있는 방향으로 일부 과목을 변경할 수 있도록 경로를 열어줄 필요가 있다. 그래야 학생이 흥미를 잃지 않고 자신만의 진로 방향을 찾아가기 위해 포기하지 않고 계속 노력할 수 있는 계기가 마련될 것이다.

이제까지 학업관리지도 과정에서 '학업계획서 작성 및 관리'만큼이나 중요한 '모든 학생의 학습권 보장을 위한 책임교육'에 대하여 살펴보았다. 고교학점제를 통해 학생이 자율성과 책임감을 가지고 과목을 선택하여 이수하게 하도록 지원해주는 것도 중요하지만, 최소학업성취수준을 달성하지 못하는 학생이 좌절하지 않고 선택한 교과목을 이수할 수 있도록 학습, 정서 등 다양한 측면에서 지원하는 '책임교육' 운영의 중요성이 더욱 크다고 말할 수 있다. 책임교육을 위한 학업관리지도 과정에서 요청되는 교사의 역할에 대해서는 다음의 글상자에 간략히 정리하였다.

책임교육 과정에서의 교사를 위한 TIP

⟨1⟩ 책임교육을 위하여 별도의 기구를 만드는 것은 추천하지 않는다. 이미 학교에 있는 교육과정위원회 내에 협의체를 만들어 함께 운영하는 것이 더 편리하다.

⟨2⟩ 책임교육은 기존에 학교에서 이미 운영되고 있는 학생 멘티-멘토제를 활용하여 학생들을 미리 파악하고 그 자료를 바탕으로 교사가 면담할 수도 있다. 이 과정에서 책임교육 대상 학생들도 먼저 마음을 열고 라포를 형성하여 이후 교사와의 면담에서 의미 있는 성과를 거둘 수 있다.

⟨3⟩ 책임교육 프로그램을 위한 자료들을 시도교육청에서 제공하는 기초학력 보정 자료를 활용하여 프로그램을 진행하는 것도 유용하다.

⟨4⟩ 책임교육 프로그램의 목표를 오로지 성적에만 두지는 않는 것이 좋다. 먼저 학생의 학업생활에 대한 만족감과 자신감이 회복되어야 성적 향상으로도 이어질 수 있다.

| 사례를 통해 살펴보는 학업관리지도 |

학생이 고등학교에 입학하여 진로계획 및 과목선택을 성공적으로 마치고, 학업계획서를 성공적으로 작성했다고 하더라도 실제 학업에 임하다 보면 이런저런 문제들이 발생하게 마련이다. 때로는 전혀 예상치 못한 난관에 부딪힐 수도 있다. 고등학교 3년간 학업을 계속하다가 이처럼 크고 작은 다양한 문제들에 부딪힐 때, 학생들이 가장 먼저 손 잡아주기를 기다리는 사람은 바로 교사들이다. 대표적인 두 가지 사례를 통하여 학생들을 어떻게 도울 수 있을지 함께 고민해보기로 하자.

▪ 진로희망을 변경하고자 하는 학생 사례

아무리 초기의 진로지도 과정이 잘 이루어졌다고 해도 중간에 학생들의 진로가 바뀌는 경우는 얼마든지 나타날 수 있다. 이와 관련된 학생의 고민과 이 학생의 고민 해결을 위해 진행된 실제 지도 과정을 살펴보자.

> **학생 고민 1**
>
> "공부하다 보니 꿈이 바뀌었어요!"
>
> H학생은 중학교 때부터 생물학자에 대한 꿈을 꾸며 고등학교에 입학하였다. 고등학교 1학년 때에는 당연히 생물학자에 대한 변치 않

는 진로 방향으로 진로지도 및 학업설계 과정을 거쳐 생물학과 관련된 과목들을 이수하였으나, 2학년 1학기 전문인 특강을 통하여 사회학자가 되고 싶은 새로운 꿈을 가지게 되었다. 그런데 고민이 생겼다. 꿈이야 바꾼다고 해도 이미 교과목 이수를 생물학자에 맞게 다 이수하고 있는데, 이제 와서 사회학으로 바꾸려면 이제까지 이수한 교과목, 그와 관련된 학교생활기록부, 나아가 대입전형까지 어떻게 해야 하나? 혹시 대입전형에 불리하지 않을까? 재수해야 하나? 고민 끝에 멘토 교사에게 찾아오게 되었다.

멘토 방향 1

학생들이 진로 방향에 따라 과목을 변경하거나 선택한 과목이 자신의 수준이나 관심에 맞지 않는 경우 많이 당황하는 것은 사실이다. 이런 경우 교사는 학생에게 진로경로설계, 진로정보탐색, 학습설계, 학교생활설계의 상담 과정이 반복되는 것은 자연스러운 현상임을 인식할 수 있도록 지원한다. 입학사정관들의 경우 실제로 학생의 진로 방향이 도중에 바뀌더라도 그에 대한 충분하고 타당한 사유가 있다면 학생의 진로 방향 변경을 긍정적으로 평가한다고 한다. 게다가 해당 전공관련 교과목을 이수하지 못했다고 해도 학생이 이수한 과목이 학생이 원하는 진로 방향에 대한 특성에 일정 부분이라도 부합한다면, 오히려 미래사회에 필요한 융합형 인재로 대학입학 및 취업 시 좋은 평가를 받을 수 있다는 것이 입학사정관들의 인식

> ### 진로변경희망 학생을 위한 멘토링 고려 사항
>
> - 진로경로설계, 진로정보탐색, 학습설계, 학교생활설계의 반복은 자연스러운 현상임
> - 진로 방향이 바뀌더라도 충분하고 타당한 근거가 있으면 오히려 긍정적으로 평가함
> - 미래사회가 요구하는 융합형 인재로 대학입학 및 취업 시 좋은 평가를 받을 수도 있음

이다. 실제로 의학계열을 준비하다가 경영학과에 장학금을 받고 입학하거나, 경찰국방계열을 준비하다가 패션디자인학과에 장학금을 받고 입학하는 경우가 종종 있다. 위의 글상자는 진로변경희망 학생을 위한 멘토링 시의 고려 사항을 정리한 것이다.[47]

▪ 학업에 어려움을 호소하는 학생 사례

학생들 모두가 자신이 노력하는 만큼의 뚜렷한 결과나 성취감을 얻으면 좋겠지만, 안타깝게도 그렇지 못한 경우도 많다. 때로는 노력의 방향이 잘못되었거나, 어려운 가정 형편과 같은 학습 능력 이외의 문제로 인해 학습 어려움을 호소하는 경우 등도 발생할 수 있다. 실제 사례를 통해 살펴보자.

---

47. 영광고등학교, 2020, 《학년 담임을 위한 멘토링 안내서》, 10쪽

"열심히 노력했는데, 노력에 비해 성적이 안 나와요…"

J학생은 어려운 가정 형편을 보며 자신의 꿈을 이루기 위해 공부를 열심히 해야겠다고 생각하고 있으며, 그런 마음을 품고 고등학교에 입학하였다. 선배들의 말을 들어보니 자기주도적 학습이 중요하다는 말에 학업계획을 구체적으로 짜고 공부를 하였으나, 원하는 만큼 성적도 잘 오르지 않고 무기력에 빠져 있다. 처음에는 친구들에게도 물어보고 선배들에게도 물어보았는데, 다들 자기 공부에 열심히 하느라 나에게 관심도 없는 것 같고 가끔 또래 상담하는 아이들도 내가 이미 책으로 알고 있는 것만 이야기해서 마음에 잘 다가오지 않는다. 어떡하지? 더 물어볼 친구도 없고? 선생님은 뭐 다를까? 그런 고민 끝에 멘토교사에게 찾아오게 되었다.

학생 본인이 전혀 노력하지 않아서 성적이 잘 나오지 않는 경우라면 그나마 자업자득(自業自得)일 수도 있겠으나, 열심히 공부하는데도 성적이 잘 나오지 않는 경우가 많다. 실제로 학생들이 학업 문제에 대하여 어려움을 호소하는 경우는 생각보다 많다. 학생들은 학업 문제를 단지 학업 문제로만 바라보지만, 자세히 들여다보면 실제로는 복합적 원인이 작용하는 경우가 대부분이다. 먼저 성적뿐만 아니라 성격, 가정환경 등 다른 요인이 있는지 상담교사

(또는 상담사)의 도움을 받아 근본 원인을 파악해야 한다. 또한 학업 문제의 무기력이 계속되다 보면 세상에 대한 절망이나 미래에 대한 무기력으로 이어질 수 있기 때문에 학생의 적성에 맞는 진로 방향을 찾고 그에 대한 단계적인 목표 성취를 위하여 진로 전담교사의 도움도 얻어야 한다. 한편 실제로 이런 학생들은 사람보다 책에서 도움을 구하려는 경우가 많다. 소위 학습법 관련 책들이다. 책을 읽는 것은 좋지만, 문제는 합리적인 계획과 실천이 부족하다는 것이다. 실천이 부족하면 다른 학생들보다 더 떨어진다고 생각하게 되고, 그럼 더 지름길이 없는지 또는 요행을 찾게 되는데, 만고의 진리는 '공부는 왕도가 없다'는 것이다. 이에 대해 멘토교사는 문제에 대한 개입보다 학생과의 라포를 먼저 형성해야 하고 적극적 경청의 자세를 가져야 한다. 이런 학생일수록 교사와 데면데면할 가능성이 크다. 그래서 먼저 친해지는 시간이 필요하고, 학생의 스케줄에 대하여 하나하나 점검하며 학생이 진심으로 의지할 수 있도록 신뢰를 줄 수 있는 멘토의 역할을 하는 것이 필요하다. 구체적인 목표를 가장 가까운 것부터, 학생의 사전 동의를 얻어 해당 과목 교사와 나누면서 학생을 위한 맞춤형 플랜을 짜서 수행할 수 있도록 도와주는 것이 필요하다. 가능하다면 멘토 학생을 1명 연결해주는 것도 좋다. 시간은 다소 걸리겠지만, 학생은 그런 과정을 통해 만족감을 느끼게 될 것이다. 다음 글상자는 학습무기력 호소 학생에 대한 멘토링 고려 사항을 나타낸 것이다.[48]

학습 무기력 호소 학생에 대한 멘토링 고려 사항

- 학업 문제는 단지 학업 문제에 국한되지 않고 복합적 원인을 가지고 있는 경우가 많음
- 성격, 가정환경 등 혹시 다른 요인이 있는지 상담교사, 진로 전담교사의 도움 요청
- 이런 학생일수록 학생과의 라포(Rapport) 형성이 우선되어야 함. 적극적 경청의 자세 필요
- 학업은 지금 할 수 있는 것부터, 작은 목표를 세우고, 실천할 수 있도록 지원 및 지지

이제까지 학생의 학업이수 과정에서 겪을 수 있는 다양한 어려운 문제들 중 대표적인 두 가지 사례를 들어보았다. 중간의 진로 변경으로 고민하는 학생, 학습 무기력으로 고민하는 학생의 사례였다. 물론 이런 문제 외에도 학생들을 힘들게 하는 원인은 여러 가지가 있고, 심지어 여러 가지 원인이 복합적으로 뒤섞여 작용하는 경우도 많다. 예컨대 친구와의 교우관계 문제, 교사와의 의사소통 문제 그 외에도 학업 문제로 인해 부모님과 갈등을 겪고 있거나, 시험에 대한 불안감 등 학생들이 학업이수 과정에서 겪을 수 있는

---

48. 영광고등학교, 2020, 〈학년 담임을 위한 멘토링 안내서〉, 13쪽

어려움은 실로 다양하다. 그래서 앞으로 교사는 교과에 대한 전문성은 물론, 상담 능력도 함께 길러 나가야 할 필요가 있다. 또한 교사 혼자 모든 문제를 떠안아 해결하려고 노력하기보다는 문제의 심각성을 빠르게 판단하여 학생에게 필요한 전문적 도움이 제때 이루어질 수 있도록 상담교사(상담사) 및 진로전담교사와 긴밀히 협력할 필요성 또한 높아졌다.

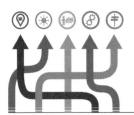

단위학교별 진로수업과 맞춤형 프로그램을 운영하다

앞에서 우리는 고교학점제가 지향하는 모든 학생을 위한 공교육으로 진화하는 데 있어 '진로교육'의 역할과, 학교 교육과정 안에서 어떻게 진로교육이 이루어져야 하는지를 알아보았다. 진로교육을 전담하는 조직의 구성부터 조직 내 각 운영주체의 역할은 물론, 진로지도, 과목선택지도, 과목이수설계지도, 학업관리지도로 이어지는 일련의 진로학업설계 지도 단계에 관해서도 자세히 살펴보았다. 좀 더 구체적인 이해를 돕기 위해 이 장에서는 단위학교별 진로교육 프로그램 운영에 관해 이야기하려고 한다. 실제 학교 현장에서 진로학업설계 프로그램이 어떻게 운영되었는지 살펴본다면 고교학점제의 진로학업설계를 좀 더 명확하게 이해할 수 있을 뿐만 아니라, 각 학교에서 진로관련 프로그램을 운영해 나가는 데 분명 의미 있는 시사점을 얻을 수 있을 것이다.

CHAPTER 04

진로학업설계 프로그램

#학생
학습권 보장

#책임교육
실현

#맞춤형
진로교육

#학생
과목선택권 확대

#진로
학업설계

#진로교육
집중학년 · 학기제

#진로역량
강화

진로수업과 연계하여
상시적 진로교육이 이루어지게 하다

우리나라 학교 교육에서 학생들의 진로와 연계한 프로그램이 전무했던 것은 아니다. 과거에도 진로를 연계한 일련의 '프로그램'들이 존재하기는 했다. 여기서 말하는 프로그램이란 "특정 목표를 달성하기 위해 체계적으로 조직화된 활동"을 의미한다(Royse 외 2006 ; 문애경 2016 재인용). 진로학업 설계 프로그램은 "학생들이 자신의 진로를 기반으로 과목선택 및 학업설계를 도울 수 있도록 체계적으로 조직화된 활동"을 뜻한다. 지금까지 고교학점제 연구는 주로 교육과정을 중심으로 이루어지다 보니 상대적으로 학생의 진로학업설계를 고려하지 못한 한계가 있다. 특히 학교에서 운영되는 많은 진로학업설계 프로그램들이 과목선택이나 학업설계와 잘 연계되지 않거나, 심지어 아에 동떨어진 경우마저 있다 보니 어려움을 겪어온 것이다. 즉 진로를 기반으로 과목선택 및 학업설계를 돕는다는 목표를 지니지 못한 이름뿐인 진로 프로그램은 '일회성' 사업에 그치거나 '백화점식'으로 나열식으로 운영되어 학생 지도에 실질적인 도움을 주지 못한 경우가 많았다.

학생 각자의 실질적 진로학업설계를 돕는 체계적 프로그램의 운영

고교학점제 체제에서 운영되는 진로학업설계 프로그램이 이전에 운영되던 방식과 구분되는 가장 큰 차이점은 바로 실제 과목선택 및 학업설계에 직접적인 도움을 줄 수 있어야 한다는 점이다. 특히 고교학점제가 원래의 취지대로 잘 운영되기 위해서는 한 학기 안에 진로설계가 진행되어야 된다. 물론 학생들마다 진로 결정의 시기가 서로 다르다는 것은 기본 전제로 염두에 두어야 한다. 다만 이러한 기본 전제를 감안하더라도 고교학점제가 원활하게 운영되기 위해서는 어느 정도 일정을 고려할 수밖에 없다. 고등학교 시기의 진로발달 단계는 '잠정기'의 특징을 지니고 있기에 1학기 안에 잠정적으로 진로를 설정하고 다양한 학교활동을 통해 이를 구체화시켜 나갈 수 있도록 지원하는 프로그램을 운영해야 한다.

아무리 잠정적인 진로설계라고 해도 한 학기 안에 이뤄지기 위해서는 프로그램 간에 연계성을 띠며, 매우 체계적으로 운영될 필요가 있다. 이주연(2020)은 진로수업이 체계적인 진로교육에 도움이 된다고 언급하며, 진로수업을 중심으로 각종 프로그램을 연계해서 운영하는 방안을 제시하고 있다.

> 고교학점제에서 1학년 시기에 학업설계 및 과목선택이 이루어지려면, 1학년 1학기에 '진로와 직업' 과목을 집중 이수할 수 있도록 교육과정에 편성하고, 이 과목을 중심으로 각종 진로진단, 진로탐색, 그리고 진로 및 학업설계 활동들이 유기적으로 연계되도록 할 필요가 있다. [… 중략 …] 이 과목을 통해서 진로탐색 및 진로설계는 물론이고, 이와 연계하여 학업설계와 과목선택지도가 함께 이루어져, 1학기 말부터 이루어지는 수요 조사 및 수강신청을 체계적으로 시행할 수 있게 된다.[1]

여기에서는 진로수업을 중심으로 진로학업설계 프로그램을 체계적으로 운영하기 위한 방안에 대해 실제 사례를 중심으로 소개하고자 한다. 진로수업과 연계하여 진행할 수 있는 진로학업설계 프로그램으로는 자아탐색관련 프로그램, 직업탐색관련 프로그램,

---

1. 이주연 외, 2020, 〈고교학점제 도입에 따른 교육과정 이수 방안 지도 방안 탐색〉, 한국교육과정평가원, 280쪽

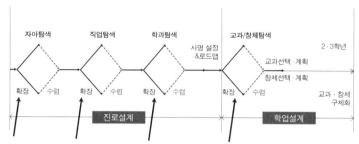

진로수업 중심 시기별 진로학업설계 프로그램 사례

진로수업 중심 시기별 진로학업설계 프로그램 사례

진로수업과 연계한 진로학업설계 프로그램은 크게 진로설계와 관련된 자아탐색, 직업탐색, 학과탐색 그리고 학업설계와 관련된 과목설명으로 나누어 이루어질 수 있다. 각 단계는 수렴과 확장을 통해 다음 단계의 프로그램과 긴밀히 연계된다.

학과탐색관련 프로그램, 과목선택관련 프로그램이 있다. 위의 로드맵은 진로수업을 중심으로 시기별로 진행할 수 있는 진로학업설계 프로그램을 나타낸 로드맵이다. 각각의 프로그램 운영에 관해서는 이제부터 본격적으로 살펴볼 것이다. 이를 통해 각 학교의 상황에 맞는 의미 있는 아이디어들을 떠올려볼 수 있을 것이다.

| 학생들의 진로에 관한 성찰을 높이는 자아탐색 프로그램 운영 |

고교학점제에서 진로설계는 1학년 1학기에 잠정적인 과목선택이 이뤄지고 2학기 초에는 과목선택이 완료가 되어야 한다. 그래야 이후 일정을 원활하게 진행하는 데 용이하다. 1학기 안에 잠정

| 표 4-1 | 자아탐색 프로그램과 진로수업 연계

		제목	시기
자아탐색의 날 행사		* 자아탐색의 날 · 아이스브레이킹 활동 및 진로성숙도 검사 · 자아탐색1 - 커리어넷 직업흥미검사(H형) 및 프로파일 작성 · 자아탐색2 - 흥미 코드를 활용한 여행계획 세우기 · 자아탐색3 - 커리어넷 직업적성검사 및 프로파일 작성	3월 초
진로 수업	1차시	· 자아탐색4 - 커리어넷 직업가치관검사 및 프로파일 작성	3월~4월초
	2차시	· 자아탐색5 - MBTI성향검사 및 프로파일 작성	
	3차시	· 자아탐색6 - 재능의 윤곽 그리기 활동	
	4차시	· 자아탐색7 - 내 인생의 타임라인 및 경험 속 재능 탐색 활동	

적인 과목 선정이 이루어지기 위해서는 자아탐색의 날 같은 행사를 진행하여 학생들이 집중적으로 자아탐색을 할 수 있는 날을 만들어주는 것이 필요하다. 위의 표 4-1은 자아탐색 프로그램과 진로수업 연계 프로그램 운영을 정리한 것이다. 자아탐색의 날은 3월 입학하고 바로 시행한다. 자아탐색 내용은 앞서 3장의 '진로지도'에서 설명한 직업흥미검사, 직업적성검사 등을 활용하여 진행할 수 있다. 4시간 정도 할애할 수 있다면 1교시 아이스브레이킹 활동 및 진로성숙도 검사, 2교시 직업흥미검사 및 프로파일 작성, 3교시 흥미 코드를 활용한 여행계획 세우기 진행, 4교시 직업적성검사 및 프로파일 작성 순으로 진행해볼 수 있을 것이다. 너무 심리검사로만 프로그램을 구성하면 자칫 학생들이 지루해할 수 있다. 따라서 중간에 학생들의 흥미를 유발할 수 있는 활동을 포함

시켜야 한다. 특히 입학 초에는 학생들끼리 서먹하고 어색할 수 있기 때문에 아이스브레이킹 활동을 넣어서 친밀감을 확보하려는 노력도 함께 이뤄져야 한다.

만약 행사에 7시간 정도까지도 할애할 수 있다면 오전에 관심 사보드게임, 플립보드게임과 같은 관계 세우기와 자아성찰이 가능한 활동들을 하고, 오후에 자아탐색을 진행하면 좋다. 여러 활동을 수행하는 동안 학생들끼리 서로 친밀해질 기회도 갖게 되고, 무엇보다 이 과정에서 학생들의 특징도 함께 파악할 수 있다. 학기 초 담임교사가 개별 학생들의 특징을 빠르게 파악할수록 이후 학급운영에 여러모로 큰 도움이 된다. 행사가 끝난 후에는 진로수업과 연계하여 자아탐색활동을 이어가면 된다. 직업흥미, 적성, 가치관, 성향 등에 관한 심리검사를 진행한 후에는 재능의 윤곽 그리기, 내 인생의 타임라인 및 경험 속 재능탐색 같은 활동들을 진행하면 학생들의 자아성찰력을 높이는 데도 도움이 된다.

| 학생 요구조사를 반영한 직업탐색 프로그램 운영 |

직업탐색 행사는 인터넷으로만 진행되는 정보탐색의 한계를 보완할 수 있다는 장점이 있다. 인터넷 정보는 접근성 면에서는 탁월하지만, 현장감 있는 생생한 정보를 얻는 데는 한계가 있다. 따라

| 표 4-2 | 직업탐색 프로그램과 진로수업 연계 운영 예시

		제목	시기
진로	1차시	· 직업탐색1 - 직업카드 활동을 통한 직업확장	4월 중순~ 5월 말
	2차시	· 직업탐색2 - 커리어넷 활용한 직업정보탐색 및 프로파일 작성	
	3차시	· 직업탐색3 - 워크넷 활용한 직업정보탐색 및 프로파일 작성	
1차 지필평가			
행사		* 직업탐색의 날 행사를 통한 직업 정보 탐색	
수업	4차시	· 직업탐색4 - 관심 직업 프로파일 작성	
	5차시	· 직업탐색5 - 직업 의사 결정 프로파일 작성	

서 직업인을 직접 초청하는 행사를 기획하여 학생들이 직업에 관한 한층 생생한 정보를 얻을 수 있는 환경을 조성해줄 필요가 있다. 그리고 행사 전에 학생들이 진로수업 시간에 직업 기본 정보를 파악한 후에 궁금한 내용을 질문으로 만들어 행사를 준비하도록 안내하는 것이 필요하다. 위의 표 4-2는 직업탐색 행사와 진로수업 연계 운영을 정리한 표이다. 직업탐색 행사는 1차 지필평가가 끝난 후에 진행하면 좋다. 1차 지필평가는 각 학교에서 보통 5월 초에 많이 치러진다. 늦어도 4월 중순부터는 직업카드 및 인터넷을 활용한 직업탐색활동을 진행하여 학생들이 관심 직업에 대한 기본 정보들은 미리 파악할 수 있도록 지도하는 것이 필요하다.

이 시기에는 학생 요구도 조사를 통해 학생들이 탐색하고픈 직업인을 미리 파악해두는 것이 좋다. 다만 현실적으로 학생들이 원하는 모든 직업인을 빠짐없이 초청할 수는 없기 때문에 가급적 많은 학생들이 원하는 직업인을 고려해서 선정한다면 좀 더 많은 학생들의 적극적인 참여를 이끌어낼 수 있다. 또한 모든 학생을 위한 진로교육이라는 취지에 부합하도록 반드시 계열별로 1명 이상씩은 초청할 수 있도록 고려해야 한다. 즉 동일한 학과는 없더라도 동일한 계열의 직업인은 적어도 1명 이상 섭외하여 강의에 참여할 수 있도록 안내함으로써 누락된 직업계열이 없도록 배려한다. 또 학생 1명이 적어도 2~3개의 강의에 참여할 수 있도록 하여 직업을 상호 비교하고 탐색할 수 있게 하면 더 좋다. 행사가 끝난 후에는 역시 진로수업을 통해 탐색한 내용들을 정리하고 직업 의사결정을 준비할 수 있는 시간을 가진다.

| 대학 · 학과 의사결정 준비를 위한 학과탐색 프로그램 운영 |

학과탐색 행사도 직업탐색 행사와 마찬가지로 인터넷 정보탐색의 한계를 보완할 수 있는 장점이 있다. 직업탐색 행사 준비와 마찬가지로 진로수업 시간에 학과 기본 정보를 파악한 후에 궁금한 내용들을 질문으로 만들어서 준비시키면 된다. 다음의 표 4-3은(228쪽 참조) 학과탐색 행사와 진로수업과 연계한 운영을 정리한 것이다.

학과탐색 행사는 직업탐색활동이 끝나고 2차 지필평가가 시작

| 표 4-3 | 학과탐색 프로그램과 진로수업 연계 운영 예시

		제목	시기
진로	1차시	· 학과탐색1 - 관심대학/학과선정 프로파일	5월 말~ 6월 말
	2차시	· 학과탐색2 - 관심대학/학과정보탐색 프로파일	
행사		* 학과탐색의 날 행사를 통한 학과 정보 탐색	
수업	3차시	· 학과탐색3 - 대학/학과 의사결정 프로파일	

하기 전에 진행한다. 1학기 안에 잠정적인 과목선택을 하려면 진로 분야에 적합한 학과를 선택하고 희망 학과와 연계성 있는 과목을 선택할 수 있게 안내해야 한다. 보통 2차 지필평가가 끝난 후 과목 설명과 관련된 프로그램을 운영하여 과목을 잠정적으로 선택하도록 하기 때문에 그 이전에 학과탐색을 하고 학과를 선택할 수 있도록 안내하는 것이 좋다.

2차 지필평가는 학교마다 보통 7월 초에 많이 치러진다. 따라서 늦어도 5월 말 또는 6월 초부터는 인터넷을 활용한 학과탐색활동을 진행하여 학생들이 관심 학과에 대한 기본 정보를 파악할 수 있도록 지도할 필요가 있다. 역시 학생 요구도 조사를 통해 학생들이 탐색하고픈 학과를 파악한다. 앞서 직업인 초청과 마찬가지로 학생들이 원하는 모든 학과를 초청할 순 없다. 따라서 많은 학생들이 희망하는 학과를 고려해서 선정하되, 학과탐색 행사 역시 직업탐색과 마찬가지로 계열별로 1명 이상은 포함되도록 고려한

다. 직업탐색과 마찬가지로 학생 1명이 적어도 2~3개의 강의에 참여하도록 안내한다. 행사가 끝난 후에는 역시 진로수업을 통해 탐색한 내용을 정리하고 대학·학과 의사결정을 준비할 수 있도록 한다. 만약 대학생들을 강사로 섭외할 경우 대학교 시험 일정(보통 6월)을 고려하여 학과탐색 일정을 조정해야 섭외가 용이하다. 대학교에서 대학 소개와 고등학생의 학과 선택을 돕기 위한 학과 소개 프로그램을 신청하는 것도 대학생 섭외를 활용한 학과탐색의 좋은 방안이 될 수 있다.

| 진로와 연계한 과목선택 프로그램 운영 |

과목설명 행사는 선택과목 안내서에서 제공되는 내용을 더 자세히 알 수 있다는 장점이 있다. 보통 과목 설명의 날 행사는 담당과목 교사들이 진행하는데 해당 교과의 체계 및 배워야 될 과목들, 각 과목의 특성 및 진로와의 연계성 등을 고려하여 설명할 수 있다. 행사 진행 전에 진로수업 시간에 선택과목 안내 책자를 통해 자신의 관심 과목에 관한 정보를 파악한 후 궁금한 내용으로 만들어 행사를 준비하도록 안내하는 것이 필요하다. 표 4-4는(230쪽 참조) 과목 설명 행사와 진로수업 연계 운영을 정리한 것이다.

과목설명 행사는 2차 지필평가가 끝난 후에 진행한다. 2차 지필

| 표 4-4 | 과목선택 프로그램과 진로수업 연계 운영 예시

		제목	시기
2차 지필평가			
진	1차시	·과목탐색1 - 과목탐색활동	7~9월
행사		* 1차 과목 설명의 날 행사를 통한 과목 정보탐색	
로	2차시	·과목탐색2 - 나의 교육과정 설계1 및 잠정적 과목 선정	
	3차시	·방학 직업·학과 탐방활동 준비	
방학행사		* 방학 직업·학과 탐방활동 진행(방학과제)	
수	4차시	·방학 직업·학과 탐방활동 소감문 작성	
행사		* 2차 과목 설명의 날 행사를 통한 과목 정보탐색	
업	5차시	·과목탐색3 - 나의 교육과정 설계2 및 최종 과목 선정	

평가가 끝난 후에 진로수업을 통해서 과목 정보탐색을 진행한 후에 과목 설명의 날 행사를 진행하면 된다. 행사 이후에 진로수업 시간에 행사를 통해 얻은 정보를 바탕으로 잠정적으로 과목을 선정하는 활동을 진행한 후에 담임교사에게 제출하도록 안내한다.

수업이 없는 방학 때는 직업·학과 탐방활동을 진행하면 좋다. 학교 안에서 진행한 행사에서 미흡하다고 판단되는 내용을 개인적으로 섭외해서 진행할 수 있도록 안내한다. 이때 메일 쓰는 방법과 인터뷰 질문 만드는 방법 등을 지도해주면 개인적으로 직업 관련자를 만나서 자신에게 적합한 정보에 초점을 맞추는 데 도움이 된다. 탐방활동과 관

탐방활동관련
메일 쓰는 방
법과 인터뷰
질문 만드는
방법 QR코드

련하여 메일 쓰는 방법과 인터뷰 질문 만드는 방법을 QR코드로 제시해놓았으니 학생 지도에 참고하길 바란다. 방학 이후에는 2차 과목 설명의 날 행사를 통해 선택과목을 최종 선정할 수 있도록 지도하면 된다.

이상에서 소개한 진로수업과 연계한 진로 프로그램 운영을 위해서는 진로교사와 담임교사의 원활한 협조체계가 필요하다. 고교학점제에서 추구하는 진로설계는 모든 학생들을 대상으로 한다. 진로교사 혼자서 주1회 진행하는 진로수업을 통해 모든 학생들의 진로설계를 지도하는 것은 현실적으로 불가능하다. 반대로 진로교사의 협조 없이 담임교사가 학생들에게 진로설계를 지도하기도 어렵다. 진로교사가 진로수업을 통해 학생들의 진로설계를 안내해주고, 담임교사는 학급 학생들의 진로설계가 제대로 이루어지고 있는지 상황을 파악하고 필요한 도움을 줄 수 있다면 모든 학생들을 아우르는 진로설계 실현에 한 걸음 더 다가설 수 있을 것이다.

각 학교에 맞는 진로학업설계 프로그램을 개발하고 운영하다

앞서 설명한 것처럼 진로학업설계 프로그램
은 진로수업과 연계해서 운영하는 것이 가장 이상적이다. 하지만
여러 가지 학교 여건으로 인해 진로학업설계 전 과정을 진로수업
과 연계해 운영하기 어려운 경우도 분명 있을 것이다. 이제부터
소개하는 다양한 프로그램을 각자 학교의 상황에 맞게 선별하여
필요에 따라 운영해본다면 진로학업설계에 도움이 될 것이다.

| 프로그램 개발 시 무엇을 고려해야 하나? |

학교마다 학생 구성, 인적 자원, 내부 지원 등의 여건이 각각 다르다. 따라서 소개한 프로그램을 있는 그대로 운영하기에는 한계가 있을 것이다. 따라서 소개한 프로그램을 아이디어 차원으로 참고하여 각 학교 교육공동체가 협의를 거쳐 학교 상황에 적합한 프로그램을 개발하여 운영할 필요가 있다. 여기에 소개한 프로그램은 고색고의 고교학점제와 진로지도 로드맵(경기도 고교학점제교육연구회, 2020)과 마산여고, 상일여고의 고교학점제 연구학교 보고서를 참고하여 집필하였다. 프로그램을 개발할 때 반드시 고려해야 될 요소는 '운영 목적', '개발 및 참여주체', '핵심 내용', '운영 시기',

| 표 4-5 | 프로그램 개발 고려 요소

운영 목적 (Why)	개발 및 참여주체 (Who)	핵심 내용 (What)	운영 시기 (When)	운영 장소 (Where)	진행 방식 (How)
진로지도	교사	진로검사	입학 전	교실	상담
과목선택	학생	진로분야 지식	학년 초	강당	발표활동
과목이수설계	학부모	글쓰기 활동	학기 중	체육관	강의
학업관리	외부 강사	외부 전문 프로그램	학기 말	지역사회	프로젝트
기타	지역사회 (지자체,대학 등)	교과연계 체험학습	학년 말	관광지	제작활동

'운영 장소', '진행 방식'이다. 요소별로 고려해야 될 세부 항목을 정리하면 앞선 표 4-5와(233쪽 참조) 같다.

표에서 정리한 것처럼 목적, 개발 및 참여주체, 핵심 내용, 운영 시기, 운영 장소, 진행 방식 등을 살피면서 각 학교 사정에 맞게 프로그램을 개발할 것을 권한다. 관련된 몇 가지 프로그램을 소개하기에 앞서 프로그램 개발 시 고려 사항 세 가지를 제시하겠다. 우선 학생들의 **진로학업설계에 필요한 프로그램인지 여부**이다. 예컨대 '학생들의 자아탐색에 도움이 되는지?', '직업·학과탐색에 도움이 되는지?', '인생설계에 도움이 되는지?', '과목선택에 도움이 되는지?', '과목이수설계에 도움이 되는지?', '학업을 설계하고 실행하는 데 도움이 되는지?', '학업관리에 도움이 되는지?' 등을 먼저 고려하여 프로그램을 개발하고 운영해야 한다.

두 번째는 **담당자들의 업무를 경감**시킬 수 있는 방안을 고려해야 한다는 점이다. 학생들의 진로학업설계에 도움이 된다며 무조건 다양한 프로그램을 개발하여 진행하려 한다면 그만큼 담당자의 업무 피로도가 증가할 수밖에 없으므로 결과적으로 프로그램의 지속성도 확보하기가 어렵다. 담당자들의 업무를 경감시키기 위해서는 교육과정 및 다른 프로그램과의 연계성을 고려하여 진행하는 것이 좋다. 예컨대 이미 진행되고 있는 활동을 진로학업설계와 연계해서 운영하는 것을 추천한다. 앞장에서 소개한 진로수업과 연계하여 학생들의 진로학업설계를 운영하는 방안도 함께 고려해볼 수 있다. 또 반별 체험학습, 학교 축제 등을 진로학업설계와 연계하는 것도 좋은 방안이 될 수 있다.

　마지막으로 가장 중요하게 고려해야 될 요소는 바로 소수가 아닌 **모든 학생들의 성장을 지원**할 수 있는 프로그램의 개발 및 운영이다. 고교학점제 진로학업설계에서 가장 중요한 요소는 모든 학생들의 성장을 지원하는 것이다. 학교에서 모든 학생들이 자신의 진로를 찾고 이를 기반으로 학업을 설계하여 자기주도적 학습자로 살아가도록 도와주는 것이다. 프로그램 개발 시 이 점을 고려하여 모든 학생들이 성장할 수 있는 전략을 수립해야 한다. 모든 학생을 고려한다고 해서 프로그램마다 모든 학생들이 참여해야 한다는 것은 아니다. 어떤 프로그램은 일부 학생들을 훈련시킨 후 다른 학생들에게 도움을 주는 게 효과적인 전략일 수 있다. 그럴 경우라도 일부 학생들을 위한 프로그램이 아닌 모든 학생들과 동반 성장할 수 있도록 프로그램을 전제로 개발·운영해야 한다.

| 고교학점제 연구학교의 진로지도 프로그램 운영 사례 |

앞서 진로지도에 관한 내용에서도 설명한 바 있지만, 진로지도는 "학생이 자신의 흥미와 적성 등을 탐색하고, 그러한 탐색활동에 기반하여 진로를 설계할 수 있도록 지도"하는 것이다. 고교학점제

| 표 4-6 | 진로지도 프로그램 사례

영역	프로그램 명	운영 목적	핵심 내용
자아 탐색	학생 심리· 인성·적성검사	학생들의 자기이해력 신장	워크넷, 커리어넷 검사 및 청소년 강점검사 실시 및 해석
직업· 학과 탐색	진로진학역량 강화 체험학습	직업체험을 통한 진로설계역량 함양	엑티비티 활동, 진로·진학 성공 전략 공유 및 컨설팅, 특강
	학과계열 및 학습법 검사	학생의 학습 유형과 습관 분 석을 통한 학습법 탐색	학과계열 선정 및 학습 유형 검 사, 해석 및 커리어맵 작성
	책으로 이끌림, 미래로 두드림	공통된 진로를 목표로 하는 학생들이 독서 통해 자신에게 적합한 직업선택 안목 함양	교과 또는 사회이슈 연계 활동, 도서내용과 관련된 체험활동
인생 설계	자존감 회복 및 나의 미래 설계 진로 캠프	긍정적인 자아존중감을 바탕으로 미래 설계	얼굴그리기(나의 미래), 미래 유망직업탐색, 진로 로드맵 작성
	동사형 꿈 찾기 진로 캠프	긍정적인 자아개념 형성을 통한 진로설계 준비	자기 정체성에 대한 긍정적인 인식 및 진로설계 구체화
	나의 꿈 발표 대회	자신의 진로 결정과 실천 의지 고취	'어제의 나를 찾아서', '현재의 나를 찾아서', '꿈을 이룬 나를 찾 아서', '나의 꿈 나의 목표' 중 택1
학부모 참여 프로 그램	학부모 진로 진학 아카데미	학부모의 진로진학 지원 역량 강화	교교학점제 대비 진로진학 방향 및 코칭
	학부모와 함께 하는 맞춤형 진로진학 컨설팅	학생의 진로탐색 및 진로설계 지원	학부모와 함께 하는 진로진학 상담

※자료: 경기도고교학점제교육연구회(2020), 상일여자고등학교(2020) 참조

체제에서 운영되는 진로 프로그램은 당연히 학생들이 과목선택 및 학업설계의 주체가 될 수 있도록 실질적 도움을 줄 수 있어야 한다. 학생이 주체적으로 과목을 선택하고 이수하기 위해서는 자아탐색을 기반으로 구체적인 직업·학과탐색 및 인생설계가 이루어져야 한다. 왼쪽 표 4-6은(236쪽 참조) 고교학점제 연구학교에서 운영된 진로지도 프로그램을 자아탐색, 직업·학과탐색, 인생설계, 학부모 참여 진로진학 프로그램으로 나눠서 정리한 것이다.

▪ 자아탐색 프로그램

자아탐색 프로그램을 실시하는 목적은 학생들의 자기이해력을 높이기 위한 것이다. 이러한 자아탐색 프로그램에 활용할 수 있는 도구로는 '학생 심리·인성·적성검사'가 있다. 이 사례에서 학생 심리·인성·적성검사는 '학생들의 자기이해력 신장'을 목적으로 워크넷, 커리어넷 검사 및 청소년 강점검사를 실시 및 해석하는 활동으로 각각 진행되었다.

▪ 직업·학과탐색 프로그램

직업·학과탐색 프로그램은 '진로진학역량 강화 체험학습', '학과계열 및 학습법 검사', '책으로 이끌림, 미래로 두드림' 등으로 이루어졌다. 진로진학역량 강화 체험학습은 '직업체험을 통한 진로설계역량 함양'을 목적으로 진로·진학 성공 전략의 공유 및 컨설팅,

특강, 엑티비티 활동으로 진행되었다. 이러한 활동을 통해 학생들이 스스로 진로 로드맵을 작성할 수 있도록 구성한 것이다. 학과계열 및 학습법 검사는 '학생의 학습 유형과 습관 분석을 통한 학습법 탐색'을 목적으로 학과계열 선정 및 학습 유형 검사, 해석 및 커리어맵을 작성하는 활동으로 진행되었다. 책으로 이끌림, 미래로 두드림은 '진로목표가 공통된 학생들이 함께 독서를 통해 직업 선택의 안목 함양'을 목적으로 교과 또는 사회이슈 연계 독서활동, 도서 내용과 관련된 체험활동으로 구성되었다.

▪ 인생설계 프로그램

인생설계 프로그램은 '자존감 회복 및 나의 미래설계 진로 캠프', '동사형 꿈 찾기 진로 캠프', '나의 꿈 발표 대회' 등이 있다. '자존감 회복 및 나의 미래설계 진로 캠프'는 "긍정적인 자아존중감을 바탕으로 미래 설계"를 목적으로 나의 미래 관련 얼굴 그리기, 미래 유망 직업탐색, 진로로드맵 작성활동으로 진행되었다. '동사형 꿈 찾기 진로 캠프'는 "긍정적인 자아개념 형성을 통한 진로설계 준비"를 목적으로 자신의 정체성에 대한 긍정적 인식 및 진로설계를 구체화하는 활동으로 진행되었다. '나의 꿈 발표 대회'는 "자신의 진로 결정과 실천 의지 고취"를 목적으로 '어제의 나를 찾아서', '현재의 나를 찾아서', '꿈을 이룬 나를 찾아서', '나의 꿈 나의 목표' 중에 1개를 택하여 발표 및 심사하는 형식으로 진행되었다.

• 학부모 참여 프로그램

학생들의 진로역량을 높이기 위해 학교뿐 아니라 가정에서도 함께 지원이 이루어지는 것이 효과적이다. 학부모 참여 진로진학 프로그램을 통해 학부모의 진로이해를 높여 학생들이 가정에서도 진로역량을 함양할 때 도움을 받을 수 있도록 하자. 학부모 진로진학 아카데미는 '학부모의 진로진학 지원역량 강화'를 목적으로 고교학점제 대비 진로진학 방향 및 코칭에 대해 특강 형식으로 진행되었다. 학부모와 함께 하는 맞춤형 진로진학 컨설팅은 '학생의 진로탐색 및 진로설계 지원'를 목적으로 학생, 학부모와 일대일 진로진학상담활동으로 진행되었다.

| 진로 및 전공과 긴밀히 연계한 과목선택지도 프로그램 운영 |

과목선택지도의 목적은 단순히 과목들을 단편적으로 안내하는 것이 아니라 학생이 자신의 진로를 고려하여 3년간 학습할 과목들을 선택할 수 있도록 지도해야 한다. 학생이 자신의 진로를 고려하여 진로에 적합한 과목들을 선택해서 학습하는 것이 중요하므로 체계적인 과목 안내와 함께 교육과정 설명회를 실시하고 학생이 이수하고자 하는 과목과 학생이 전공하고자 하는 학과가 어떻게 연관되는지 자세히 알려주어야 한다. 다음의 표 4-7은(240쪽 참

| 표 4-7 | 과목선택지도 프로그램 사례

프로그램 명	운영목적	핵심내용
교육과정 박람회	2015 개정교육과정 이해 및 과목탐색 능력 신장	학교 교육과정 안내 및 수강신청서 작성
진로 연계 교과 체험학습	학생의 진로에 따른 과목선택 인식 제고	수원 화성과 국어, 수학, 영어, 통합사회, 통합과학, 음악, 한국사 교과 연계 체험학습
교육과정 리더 운영	학생 교육과정 이해 및 진로에 따른 과목선택역량 강화	학생 추천 선발 및 역량 제고, 멘토링 기법, 멘토링 일지 작성
학부모를 위한 학교 교육과정 설명회	교육과정 이해 및 과목선택 지원 역량 제고	학교 교육과정, 대학입시 준비 방향

※자료: 경기도고교학점제교육연구회, 2020 참조

조) 과목선택지도를 위한 프로그램 사례들과 프로그램 핵심 내용 등을 정리한 것이다.

교육과정 박람회는 '2015 개정 교육과정 이해 및 과목탐색 능력 신장'을 목적으로 학교 교육과정 안내 및 수강신청서 작성활동으로 진행되었다. 진로 연계 교과 체험학습은 '학생의 진로에 따른 과목선택 인식 제고'를 목적으로 수원 화성과 국어, 수학, 영어, 통합사회, 통합과학, 음악, 한국사 교과 연계 체험학습 및 보고서 작성활동으로 진행되었다. 교육과정 리더 운영은 '학생 교육과정 이해 및 진로에 따른 과목선택역량 강화'를 목적으로 멘토링 기법, 멘토링 일지 작성으로 진행되었다. 학부모를 위한 학교 교육과정 설명회는 '교육과정 이해 및 과목선택 지원 역량 제고'를 목적으로 학부모 대상 학교 교육과정, 대학입시 준비 방향에 대해 특강 형식으로 진행되었다.

| 책임교육을 지향하는 학업관리지도 프로그램 운영 |

학업관리지도는 학생들이 선택한 학점을 이수할 수 있도록 지속적으로 지원하는 것을 의미한다. 학생의 진로학업설계 변화에 탄력적으로 대응하고 미이수가 예상되는 과목에 대해서는 한층 더 적극적으로 지도해야 한다. 그럼에도 불구하고 미이수한 과목에 대해서는 후속 지원하는 활동을 강화해야 한다. 학업관리지도와 관련한 프로그램 사례들을 정리하면 다음의 표 4-8과(242쪽 참조) 같다. 표에서 소개한 것처럼 '학업계획서 발표 및 부모 동행 꿈길 여행'은 '학생의 진로학업 로드맵 공유 및 소통'를 목적으로 학업계획서 발표 및 꿈길 여행, 감사편지 쓰기 활동으로 진행되었다. 'Raise Me UP 프로젝트'는 '자존감 향상과 맞춤식 학습을 통한 기초학력 보장 지원'를 목적으로 미이수 학생에게 기초 상담, 치유

| 표 4-8 | 학업관리지도 프로그램 사례

프로그램 명	운영목적	핵심내용
학업계획서 발표 및 부모 동행 꿈길 여행	학생의 진로학업 로드 맵 공유 및 소통	학업계획서 발표 및 부모 동행 꿈길 여행
Raise Me Up 프로젝트	자존감 향상과 맞춤식 학습을 통한 기초학력 보장 지원	기초 상담, 치유 프로그램, 교과별 책임교육 프로그램 지원, 바리스타 · 스포츠 · 비보잉 수업
비비추 기본 학력 키움 Jumping-Up 프로그램	학생의 학습 과정을 구체적으로 점검하고 효과적인 학습 방법을 지도하여 기본 학력 향상 도모	수준 맞춤형 학습지도, 학습 과정 점검, 질의-응답활동
함께 나누는 Study Mate (학습 협력 도우미)	가르침과 배움이 공존하는 분위기 조성을 통해 친구와 함께 동반 성장할 수 있는 문화 창조	교과별 성취수준이 높은 학생과 낮은 학생이 스터디 메이트 (튜터-튜티) 관계를 맺어 선택 과목 함께 가르치고 함께 배움

※자료: 경기도고교학점제교육연구회, 2020 / 마산여자고등학교, 2020 참조

프로그램, 교과별 프로그램 지원 등의 활동으로 진행되었다. 비비추 기본 학력 키움 Jumping-Up 프로그램은 '효과적인 학습 방법을 지도하여 기본 학력 향상 도모'를 목적으로 수준 맞춤형 학습 지도, 학습 과정 점검 등으로 진행되었다. 함께 나누는 Study Mate(학습 협력 도우미)는 '친구들과 함께 동반 성장할 수 있는 문화 창조'를 목적으로 교과별 성취 수준이 높은 학생과 낮은 학생이 선택한 과목을 함께 가르치고 배우는 멘토링 활동으로 진행되었다.

이상으로 소개한 프로그램 사례는 각 진로학업설계 단계에 따라 적용해볼 만한 것들을 아이디어 차원에서 제시한 것이다. 따라서 각 학교 상황에 맞게 변형하여 운영할 필요가 있다. 그리고 개별 프로그램을 운영하는 것에만 의존하기보다 기본적으로는 진로수업과 연계하여 운영하되 진로수업을 통해 미흡하다고 판단되는 부분을 프로그램을 통해서 보완하는 방식이 가장 좋다.

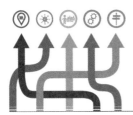

중학교와 연계한 진로학업설계, 어떻게 실천할 것인가?

기존에 중학교를 졸업하고 고등학교에 진학하는 학생 대부분은 고등학교 교육과정과 생활에 대해 거의 알지 못한 채 진학했다. 하지만 고교학점제 시행과 함께 본격적으로 진로교육이 교육과정 안에 포함되면서 고등학교 생활을 좀 더 알차게 보내기 위해서는 한층 장기적인 안목에서 자신의 진로를 준비할 필요가 있다. 고등학교 1학년부터 자신의 진로에 맞는 학업계획을 수립하고 시작해야하기 때문이다. 실제로 고등학교 적응 준비를 제대로 하지 않은 채 입학한 1학년 학생들을 대상으로 진로학업설계를 지도하는 교사들은 많은 어려움을 호소하고 있다. 이를 해결하기 위해 앞으로 중학교에서는 고등학교 입학을 앞둔 중학교 3학년 학생이 명확한 진로계획 속에서 자신에게 맞는 고등학교를 선택하고 진학을 준비할 수 있도록 적극적인 진로교육이 이루어질 필요가 있다. 고등학교에 진학하여 자신의 진로에 맞게 과목을 선택하고 학습하는 주도적인 학습자가 되기 위해서는 중학교를 졸업하기 전에 기본적인 진로학업설계서를 작성할 수 있는 역량을 키울 수 있도록 준비가 필요하다. 따라서 이 장에서는 중학교 3학년이 고등학교에 진학하기 전에 기본적인 진로학업설계 역량을 신장할 수 있도록 하기 위해 안내하고 지원해야 할 내용들에 관해 알아보자.

#학생
학습권 보장

#책임교육
실현

#맞춤형
진로교육

CHAPTER 05

징검다리
진로교육

#학생
과목선택권 확대

#진로
학업설계

#진로교육
집중학년 · 학기제

#진로역량
강화

중학교 진로교육
집중학년·학기제를 활용하다

중학교를 졸업하고 고등학교에 진학하는 학생 대부분 자기 진로에 대한 구체적인 고민이나 관련 교육을 경험하지 못해 진로개발역량을 키우지 못한 채 진학하는 경우가 많다. 진로개발역량이 부족한 상태로 진학한 고등학교 1학년에 대해 진로 전문가는 다음과 같이 우려를 표명하였다.

과목선택 전에 학생들의 진로목표가 나름 정해져야죠. 진로직업 교과든, 창의적체험활동의 진로활동이나 상담이든 중학교 때부터 시행되어 고등학교 1학년 때는 정해져야 합니다. 진로목표 없이 고교학점제를 운영하는 건 난센스이고, 오히려 진로 변경의 혼란만 일으킬 수 있습니다. 학생들에게 진로선택을 너무 강요해서는 안 되겠지만, 방향 없이 과목선택은 불가능한 것 아닌가, 그렇게 생각합니다.

-경인교대 서○○ 2020. 9. 4.[1]

학생들의 진로학업설계역량을 신장시키기 위하여 중학교에서는 **진로교육 집중학년·학기제**를 잘 활용할 필요가 있다. 진로교육 집중학년·학기제[2]는 초·중등 학생들에게 더 실질적인 진로교육 및 진로체험의 기회를 제공하기 위하여 특정 학년 또는 학기에 진로 체험 교육과정을 집중적으로 운영하는 제도이다.

특정 학년이나 학기에 진로체험 교육과정을 집중적으로 운영하다

「진로교육법」 제13조 및 동법 시행령 제6조에 단위학교에서 특정 학년 또는 학기를 정하여 진로체험 교육과정을 집중적으로 운영하는 '진로교육 집중학년·학기'를 운영할 수 있도록 하는 법적 근거가 마련되어 있다. 중학교 진로교육 집중학년·학기제 운영 모형은 1학년 자유학년제를 기점으로 그림과 같이 자유학기 선행형,

---

1. 정윤경·류지은·안유진·곽소롱, 2020, 〈고교학점제 도입에 따른 진로교육체제 개편 방안〉, 한국직업능력개발원, 183쪽

2. 교육부·한국직업능력개발, 2016, 〈자유학기와 연계하는 중학교 진로교육 집중학년·학기제 운영 매뉴얼〉

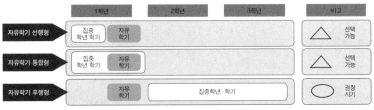

1학년	2학년	3학년	비고

자유학기 선행형 — 집중학년 학기 / 자유학기 → △ 선택 가능

자유학기 통합형 — 집중학년 학기 / 자유학기 → △ 선택 가능

자유학기 후행형 — 자유학기 / 집중학년·학기 → ○ 권장 시기

※자료 : 교육부 · 한국직업능력개발, 2016

자유학기와 연계한 중학교 진로교육 집중학년·학기제 운영 모형
중학교 자유학기와 연계함으로써 특정 학년 또는 학기에 진로 체험을 집중적으로 운영하는 방안을 제안한다.

자유학기 통합형, 자유학기 후행형으로 분류된다. 위 그림은 중학교 진로교육 집중학년·학기제의 모형 제시와 함께 자유학기와의 연계성을 고려하여 진로교육 집중학년·학기제 운영 시기를 2~3학년에 운영하는 자유학기 후행형을 권장하고 있다.

| 중학교 3년간의 학교 진로교육 로드맵을 수립하다 |

자유학기 후행형 모형을 활용하여 학생이 자신의 진로에 맞게 고등학교를 선택하고, 기본적인 진로학업설계역량을 기를 수 있도록 3개년간의 학교 진로교육 로드맵을 수립하여 운영한다. 이를 위해 중학교 3학년에는 상급학교 진학설계와 전환기 프로그램을 중점적으로 운영한다. 표 5-1은(249쪽 참조) 3개년간의 진로교육 로드맵과 중학교 3학년 전환기 프로그램 운영의 구체적인 사례를 제시하고 있다.

|표 5-1| 자유학기 후행 진로교육 집중학년·학기제 운영 로드맵 예시

구분	1학년		2학년		3학년	
운영 시기	1학기	2학기	1학기	2학기	1학기	2학기
목표	- 긍정적 자아 개념 강화 - 자신에 대한 이해 - 대인관계 및 의사소통 역량		- 직업세계 및 직업정보 탐색 - 자기주도적 진로탐색 역량		- 상급학교 진학 설계	- 전환기 프로그램 - 진로 디자인
활동	- 표준화 검사 및 진로코칭 - 진로 연계 교과 수업 - 자유학기 연계 진로체험		- 표준화 검사 및 진로코칭 - 진로 연계 교과 수업 - 학과 체험, 직장 체험		- 표준화 검사 - 진학 설명회 - 진로 캠프	- 꿈돋움 프로젝트 - 진로 로드맵

※자료: 교육부 · 한국직업능력개발, 2018 재편집

자아탐색- 직업 정보탐색을 통해 자신에 대한 이해를 충분히 한 후 고등학교를 선택할 수 있도록 체계적으로 운영하여 학생들의 진로개발역량을 높여 한층 효과적인 진로지도를 할 수 있다.

| 진로와 관련된 다양한 정보를 탐색 및 활용하다 |

중학교 3학년 1학기는 학생들이 자신에 대해 이해하고 진로를 탐색할 수 있도록 한다. 자신에 대한 이해를 바탕으로 고등학교를 선택할 수 있게 하기 위해서는 수시로 자신에 대해 파악해볼 수 있도록 한다. 이를 위해서는 양질의 검사 도구와 진로 정보를 잘 활용

할 수 있는 진로교육 정보망을 안내하고 언제 어디서나 쉽게 접근할 수 있도록 환경을 조성해주는 것이 중요하다. 더구나 코로나19처럼 감염력이 높은 질병이 유행하는 시기에는 면대면 정보 접근 기회가 적기 때문에 학생들의 자기주도적 진로탐색역량이 더욱 필요하다. 비대면 상황에서의 진로 접근성을 높이기 위해 다양한 진로 심리검사와 진로탐색을 할 수 있는 애플리케이션(application)을 학생의 휴대전화기나 태블릿 등에 설치하거나 컴퓨터의 즐겨찾기에 등록하도록 하는 방법을 활용할 수 있다. 학생들이 안내받은 진로교육 정보망을 활용하여 필요할 때마다 직업 정보를 적극적으로 탐색할 수 있는 역량을 신장시킬 수 있도록 지원한다. 학생들에게 안내하면 유익한 진로 정보와 다양한 진로 체험처 정보를 제공해줄 수 있는 진로 정보 네트워크들을 몇 가지 알아보면 다음과 같다.

첫째, **커리어넷**[3]이다. 한국직업능력개발원에서 운영하고, 교육부에서 지원하는 진로진학 정보 홈페이지다. 학생, 학부모, 교사 모두 직업 정보, 진학 정보 등 진로와 진학에 관한 다양한 정보를 얻을 수 있다. 둘째, **원격영상진로멘토링**[4]이다. 여러 분야의 전문 직업인, 자신의 진로를 창의적으로 개척한 진로 선구자들이 멘토링 수업을 실시하여 청소년들에게 생생한 직업 정보를 제공하고 체험할 수 있도록 하는 프로그램이다. 학생과 교사가 원하는 요일

---

3. https://www.career.go.kr
4. https://mentoring.career.go.kr

및 시간대를 선택하여 실시간 멘토링을 진행하는 수요자 맞춤형 프로그램으로 물리적 공간의 한계를 극복하여 평소에 만나기 어려운 다양한 멘토들을 만날 수 있어서 진로탐색의 좋은 대안이 될 수 있다. 셋째, **온라인 창업체험교육플랫폼[5]**이다. 교육부에서는 초 · 중등 학생의 창업가 정신 함양을 위한 수업 프로그램을 제공하고, 학생 창업 동아리 운영을 지원하기 위한 창업 체험교육 플랫폼을 운영하고 있다. 학교 현장에서 창업교육 정보를 한 눈에 파악할 수 있다. 넷째, **꿈길[6]**이다. '꿈꾸는 아이들의 길라잡이'하는 의미이다. 교육부에서 운영하며 지역사회의 다양한 진로체험처에 대한 정보를 확인 후 신청할 수 있는 전산망이다. 마지막으로 **어디가[7]**이다. 교육부와 대학교육협의회가 대학입시 정보를 종합적으로 제공하기 위해 구축한 대입정보포털이다. '어디가' 포털에서는 대입 정보의 모든 내용을 쉽게 검색할 수 있으며 전화 및 인터넷 상담도 제공하고 있다.

이 외에도 학생들이 필요에 따라 활용할 수 있는 진로교육 정보망은 다수 개발되어 있다. 교사는 다양한 진로교육 정보망에 대한 정보를 수집하고, 학생에게 적합한 정보를 골라 제공하면 된다.

---

5. https://yeep.kr

6. https://www.ggoomgil.go.kr

7. http://adiga.kr

진로코칭을 통해 학생들의 진로개발역량을 키우다

고등학교 진학을 앞둔 중3 학생들은 진로에 관심이 많다. 선생님께 진로와 관련하여 도움을 얻기를 바라고 다양한 질문도 한다. 이것이 그저 관심 수준에 머물지 않도록 진로계발로 자연스럽게 연결시킬 필요가 있다. 즉 시기적 특성을 잘 활용하여 지도한다면 학생들의 진로역량을 한층 더 효과적으로 신장시킬 수 있을 것이다. 하지만 학생들이 진로관련 도움을 요청할 때 진로 전담교사의 진로상담만으로는 학생들의 다양한 요청을 제대로 해결해주기 어렵다. 또한 진로관련 문제를 진로 전담교사에게만 떠넘기기에는 상담업무 과중의 문제도 있지만, 사안에 따라서는 오히려 담임이나 교과교사의 상담이 더 도움이 되는 점도 간과할 수 없다. 하지만 학생들이 진로관련 도움을 교사에게 요청했을 때 대부분의 교사는 학생들과 어떻게 대화를 진행해야 할지 막막함을 느낄 때가 많다고 한다. 이때 전문가가 개발한 정형화된 진로코칭 모형을 한 가지라도 알고 있으면 진로상담을 한층 수월하고 효과적으로 진행할 수 있을 것이다.

| GROW 모형을 활용하여 학생의 궁극적 성장을 돕는 진로코칭 |

진로코칭이란 "교사(코치)가 학생(피코치)와 동반자적 관계를 유지하면서 학생(피코치)의 자기 인식을 바탕으로 자신이 설정한 목표를 달성하기 위한 방법을 찾고, 이를 지속해서 실행해 나갈 수 있게 도우며, 궁극적으로 학생(피코치)의 성장을 돕는 것을 목적으로 하는 과정"[8]이다.

진로코칭은 한 번으로 끝나는 경우도 있겠지만, 꾸준히 이루어지는 것이 좋다. 여러 차례에 걸쳐 진행되는 경우에는 지속적으로 코칭 내용을 기록하고 이를 누적해가는 것이 중요하다. 그리고 이런 누적된 기록들을 바탕으로 학생에게 코칭 이후에 실천 사항들을 꾸준히 점검하고 격려하면 학생 스스로 문제를 해결할 수 있는 **진로효능감**을 향상시킬 수 있다.

---

8. 탁진국, 《코칭심리학》, 학지사, 2019, 15쪽

| 표 5-2 | GROW 모형 질문 예시

코칭단계	질문 예시
G (목표설정)	- 오늘 어떤 주제에 대해 이야기 하고 싶습니까? - 우리가 이야기를 끝냈을 때 어떤 성과를 얻고 싶습니까? - 구체적인 코칭목표는 어떤 것입니까?
유의점	- 목표를 명확하고 구체적으로 정할 필요가 있음
R (현실탐색)	- 지금까지 이 문제와 관련해 어떤 행동을 취했습니까? - 그러한 행동의 효과는 무엇이었습니까? - 이 문제는 얼마나 오랫동안 지속되었습니까? - 이러한 문제가 발생한 이유는 무엇이라고 생각하십니까? - 이 문제는 학생에게 얼마나 큰 영향을 주고 있습니까? - 이 문제는 얼마나 심각합니까? - 지금까지 이 문제를 해결하기 위해 어떤 노력을 하셨습니까? - 노력을 하셨는데 성과는 어떠셨습니까?
유의점	- 과거의 문제보다는 현재의 문제를 어떻게 해결할 것인지 미래지향적으로 접근해야 함 - 문제의 심각성과 발생 이유에 대한 이해가 우선임 - 문제를 해결하기 위해 어떤 노력을 해 왔는지를 물어볼 수 있음
O (대안탐색)	- 이 문제를 해결하기 위해 어떤 방법이 있겠습니까? - 추가적으로 어떤 대안이 있겠습니까? - 실현가능성은 고려하지 말고 생각나는 대안을 말씀해 주십시오 - 각 대안에 대해 목표를 달성할 수 있는 중요도에 따라 10점 척도를 사용하여 평정해 주시겠습니까? - 여러 대안 중 어떤 대안이 가장 중요하다고 생각하십니까? - 먼저 실행할 수 있는 대안 하나를 선정해 주시겠습니까?
유의점	- 긍정적 지지 및 격려 필요 - 해결 방안 제시 요청 필요 - 여러 대안이 도출된 경우, 실현가능성을 고려하여 우선순위와 중요도 점검 필요
W (실행의지)	- 선정하신 대안을 달성하기 위해 구체적으로 무엇을 하시겠습니까? - 좀 더 구체적으로 말씀해 주시겠습니까? - 실행 계획을 '만일 그렇다면~'의 형태로 얘기해 주시겠습니까? - 지금 말씀하신 실행계획을 실행할 의지나 동기는 어느 정도인지 10점 척도를 사용해서 말씀해 주십시오. - 실행과정에서 제대로 잘하고 있는지 어떤 방법으로 점검하시겠습니까?
유의점	- 구체적인 실행 계획이 실행될 가능성이 높음을 강조

※자료: 탁진국, 《코칭심리학》 GROW 모형 p50~57 질문 예시 재편집[9]

왼쪽의 표 5-2는(254쪽 참조) GROW 모형 코칭 일지 작성을 위한 질문과 유의점을 정리한 것이다. 코칭 일지 양식은 진로코칭의 일반적인 모형인 GROW 모형(Whitmore. 1992)을 적용한 GROW 모형 코칭 일지가 유용하다. GROW 모형 코칭 일지는 코칭 초보자도 질문 예시를 가지고 단계별로 코칭을 쉽게 진행할 수 있어 일반적으로 사용하기에 좋다.

| GROW 모형을 활용한 코칭 일지, 어떻게 활용할 것인가? |

앞서도 언급한 것처럼 진로코칭은 꾸준히 이루어져야 하고, 코칭 내용도 누적해서 기록해 나가는 것이 중요하다. 다만 기록을 누적해가는 것 그 자체가 의미 있다기보다는 누적된 기록을 어떻게 활용할 것인지가 훨씬 더 중요하다. 즉 코칭 일지를 작성했다면 이를 실제 진로교육에 활용할 수 있어야 한다는 뜻이다.

다음의 표 5-3은(256쪽 참조) GROW 모형 코칭 일지를 활용한 사례이다. 앞서 소개한 GROW 모형 질문 예시를 상황에 맞게 활용하여 누구라도 쉽게 학생과 진로코칭을 체계적으로 진행할 수 있음을 알 수 있다.

---

9. 탁진국, 《코칭심리학》, 학지사, 2019, 50~57쪽 참조

| 표 5-3 | GROW 모형 코칭 일지 양식을 활용한 고입 진학코칭 사례

교사명	박**			
일시/ 장소	20년 10월 13일 : 1시 00분 ~ 1시 30분까지(총 30분)/ 장소 : 교무실			
학생 정보	이름	김**		
	전화	010-****-***	이메일	****@***.***
코칭 진행	G (목표설정)	- 고등학교 진학을 해야 하는데 어느 학교로 진학해야 하는지 고민이 됨 - 고등학교에 대한 많은 정보를 탐색하여 신중한 선택이 되면 좋겠음 - 코칭 후에는 후회하지 않을 고등학교를 결정		
	R (현실탐색)	- 주로 학원 선생님과 중학교 2학년부터 상담을 하고, 학원 선배들과 이야기를 나눔 - 우리 학교가 농어촌 전형에 유리하다는 것과 앞으로는 내신 성적이 대입에 매우 중요하다는 것을 알게 됨 - 진학하려는 고등학교가 모두 교통이 편리하지 않아서 불편함		
	O (대안탐색)	- 농어촌 전형을 활용할 수 있는 고등학교로 진학함 - 교통 불편을 해소하기 위해 기숙사가 있는 학교로 진학하면 좋을 것 같음 - 하지만 내신과 학교 분위기는 아직 대안이 없음		
	W (실행의지)	- 집에 돌아가서 고민하고 있는 고등학교 관련하여 정보를 더 많이 수집하겠음 - 고등학교 선택에 관련된 다양한 유튜브 자료와 고등학교 홈페이지를 검색해 보겠음		
피드백 및 자기점검	학생의 느낌 및 소감	GROW 모형의 단계별로 예시 질문을 활용하여 상담을 하니 주로 해결책을 학생 스스로 말하게 되는 것이 신기함.		
	코칭 중 잘한 점은?	GROW 모형을 상담 상황에 맞게 조절하여 적용해 보려고 노력함		
	코칭 중 어려 웠던 점은?	학생에게 교사가 알고 있는 지식과 생각을 전달하고 학생의 선택에 간섭하고 지시하려고 하는 욕구를 억제하는 것이 어려웠음.		
	다음 코칭 실습 때까지 노력 및 개선할 점은?	학생이 자율적으로 해결책을 찾을 수 있도록 적절한 질문과 분위기 조성		

※자료: 탁진국, 코칭모형일지, 재편집[10]

---

10. 탁진국, 《코칭심리학》, 학지사, 2019, 66쪽 참조

고등학교 유형별 교육과정 탐색을 통해 진학지도를 한다

일반적으로 중학생들이 고등학교 진학을 결정할 때 작용하는 요인들은 무엇일까? 여러 가지가 있겠지만, 주요 요인을 중심으로 열거하면 우선 자신의 성적, 해당 학교의 대학진학률이나 상위권 대학입학률, 학교시설, 급식, 교복, 통학 거리, 기숙사 유무 등등일 것이다. 또한 학교 선배나 학원 선생님이 건네주는 소위 '~ 카더라'식 정보 또한 고등학교 진학에 생각보다 큰 영향을 끼친다. 하지만 이러한 요인들에만 의존한 채 진학할 고등학교를 결정한다면 학생 자신에게 꼭 맞는 학교를 선택하기 어렵다. 왜냐하면 이러한 요인들은 주로 물리적 조건이나 세평(世評) 등의 외부적인 요인에만 근거할 뿐, 학생들 저마다 가진 개성이나 능력 등과 같은 개인적인 조건의 명확한 차이점은 크게 고려하지 않은 것이기 때문이다. 즉 당사자인 학생에게 맞게 개별화된 진로를 탐색할 만한 정확한 정보나 근거를 바탕으로 하지 않는다는 점에서 중대한 문제가 있다.

| 진로에 따른 고등학교 선택, 무엇을 고려할 것인가? |

중학교 3학년 학생들이 진학을 결정할 때 적어도 고등학교에서 무엇을 배우는지는 알고 선택을 해야 한다. 하지만 대부분의 고입 진학 정보가 그저 학생의 입학성적과 학교별 입학전형 위주로 이루어져 있다 보니 학생 맞춤형 상급학교 진학설계에는 그리 도움이 되지 못하고 있다.

이러한 문제점을 고려하여 앞으로는 중학교 진로교육에서 고등학교 유형별 교육과정과 학교별 교육과정을 안내해주는 것이 중요하다. 이렇게 학생들이 고등학교에 입학하기 전에 자신의 진로와 적성에 맞는 교육과정이 운영되는 고등학교를 탐색하고 선택하여 진학하는 것은 고교학점제 진로학업설계의 중요한 시작점이 될 수 있다는 점에서 더욱 의미가 있다. 중학교 3학년 학생이 자신의 진로에 맞는 고등학교를 진학할 수 있도록 학교에서 중점적으로 안내하고 지도해야 할 내용을 교육과정을 중심에 두고 정리해보면 오른쪽 그림과(259쪽 참조) 같다.

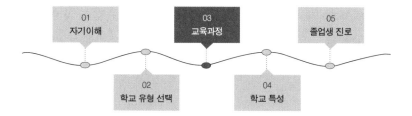

진로에 맞는 고등학교 선택 고려 요소
중학생이 진학할 고등학교를 선택할 때는 단지 성적이나 카더라식 정보에 의존하는 것이 아니라 좀 더 체계적인 진로교육의 연장선상에서 이루어질 필요가 있다.

| 진학하는 고등학교 유형에 따른 맞춤형 정보에 주목하다 |

현 체제에서 고등학교는 학생 선발 시기에 따라 '전기학교'와 '후기학교'로 나뉜다. 전기학교는 선발 시기가 주로 8월에서 11월이고, 후기학교는 12월 이후 학생을 선발한다. 이는 단순히 선발 시기만으로 나눈 것이지만, 학생들에게 꼭 필요한 진학 일정 정보이기도 하므로 반드시 잘 파악하고 있어야 한다.

▪ 고등학교 유형에 따른 입학전형 안내
학생들이 고등학교 진학을 체계적으로 설계하고 고등학교 유형과 학교별 입학전형에 대해 충분히 알 수 있도록 유목화하여 전달하는 것이 좋다. 예컨대 특성화고는 특정 분야의 인재 및 전문 직업인 양성을 목적으로 하며, 마이스터고는 산업수요 맞춤형 고등학교로서 둘 다 고등학교 졸업 후 취업을 목적으로 하는 교육과정을 운영한다. 자율고는 교육과정을 자율적으로 운영할 수 있어 한층 다양하고 특성화된 교육과정이 운영된다. 일반고는 특정 분야에 한정되지 않은 일반적인 교육과정을 다룬다. 이러한 차이점을 학생들에게도 잘 인지시켜야 한다. 고교학점제 종합 추진계획[11]의 2024년까지 외고, 자사고, 국제고의 일반고 전환 계획도 학생 진학지도에 반영하도록 한다. 현행 고등학교 유형과 학교별 입학전형에 대해 살펴보면 표 5-4[12]와 같다.

| 표 5-4 | 고등학교 유형과 학교별 입학전형

고교 유형	학교 구분		모집 시기	모집 단위	전형 방법
특성화고	특성화고		전기	전국/시도별	내신 면접 등
특목고	과학고		전기	시도별	내신 면접 등
	예술고/체육고		전기	전국	내신, 실기, 면접 등
	마이스터고		전기	전국	내신, 실기, 면접 등
	외고/국제고		후기	시도별	자기주도학습 전형
자율고	자율형 사립고	비평준화	후기	전국/시도별	자기주도학습 전형
		평준화	후기	시도별	선지원 후추첨
	자율형 공립고		후기	시도별	내신, 면접 등
	기숙형고		후기	전국/시도별	내신, 면접 등
일반고	평준화		후기	시도 일부	선지원 후추첨
	비평준화		후기	도 일부	내신, 선발고사 등

※자료: 경기도 교육청, 2020 재편집

---

11. 교육부, 2021, 〈고교학점제 종합 추진계획〉
12. 경기도교육청, 2020, 〈2021학년도 경기도 고등학교 신입생 전형 요강〉 재편집

· 고등학교 진학 정보를 제공하는 정보 네트워크 활용

고등학교 진학과 관련된 학생들의 이런저런 궁금증을 해결하는 동시에 다양한 고등학교 입학 정보를 얻을 수 있도록 풍부한 고등학교 진학 정보를 제공한다. 이때 다음과 같은 고등학교 진학 정보 네트워크를 함께 소개하면 학생들이 고등학교에 대한 다양한 정보를 얻는 데 도움이 된다.

우선 **고입정보포털**[13]은 교육부와 한국교육개발원이 함께 운영하는 고입정보제공 사이트다. 고입정보포털은 학생들이 저마다의 꿈과 끼를 살리고, 소질과 적성에 맞는 학교를 선택할 수 있도록 고교 정보, 입시 정보, 자기주도학습, 진학진로 정보 등 다양한 정보를 제공하고 있다.

다음으로 **학교알리미**[14]다. 교육부에서 운영하는 학교알리미는 학교 정보를 제공하는 사이트와 어플이다. 학교알리미에서 제공하는 정보들을 잘 활용하면 진학하는 학교를 선택할 때 매우 큰 도움을 얻을 수 있다.

마지막으로 **특성화고 마이스터고 포털**[15]이다. 교육부에서 운영하는 특성화고 마이스터고 포털은 직업계고의 입학에서부터 취업까지 모든 정보를 한눈에 찾아볼 수 있는 사이트다.

---

13. http://www.hischool.go.kr
14. https://www.schoolinfo.go.kr
15. http://www.hifive.go.kr

▪ 고등학교 유형에 따른 교육과정에 주목

아직까지 고등학교 진학은 대체로 학생들의 성적에 따라 이루어진다. 즉 학생 자신이 희망하는 진로와 관련된 교육과정을 이수할 수 있는지를 고려하여 학교 유형을 선택하는 것이 아니라 성적에 맞춰 자사고, 특목고, 일반고, 특성화고 순으로 진학을 결정하는 식이다. 하지만 앞으로는 학생이 자신의 진로를 고려하여 고등학교를 선택할 수 있게 고등학교 유형별로 차별화된 교육과정을 충분히 설명하여 교육과정 중심의 진학 정보를 제공해야 한다. 이때 학생들에게 고등학교 유형별 교육과정을 실제로 보여주는 방법이 유용하다. 예컨대 학생들이 진학을 희망하는 고등학교를 중심으로 유형별 실제 교육과정을 안내해준다면 학생들이 한층 더 관심을 가지고 흥미를 느끼게 되므로 보다 실질적인 진학지도 효과를 기대할 수 있다.

중학생들이 과연 고등학교 유형에 따른 교육과정에 관심이나 있을까 하는 의구심도 있을 것이다. 하지만 실제로 고등학교 유형별 교육과정을 알게 된 학생들은 지금까지와는 다른 관점에서 진학과 진로를 바라보게 된다. 다음에 소개한 중학교 3학년 학생의 소감을 보더라도 학교 유형별 교육과정에 대해 알게 된 후의 놀라움과 함께 진로를 고민하는 시각이 달라졌다는 점이 잘 나타나 있다. 이 소감을 통해 지금까지 '수박 겉핥기식' 진학지도를 해온 것은 아닌가 하는 반성도 하게 되었다.

학교마다 교육과정이 이렇게나 큰 차이가 있다는 점에서 많이 놀랐고 그래서 고등학교를 선택할 때 '교육과정을 잘 보고 선택해야 하는구나'라는 생각이 들었다. 또한 고등학교를 나의 진로와 관련하여 잘 선택해야겠다는 생각이 들었고, 무엇보다 이 활동을 통해 나의 관심 분야와 진로에 대해 깊게 고민하게 되었다는 점이 좋았다.

▪ 학생의 눈높이에서 이루어지는 학생중심 진학지도

고등학교를 선택하는 주체가 학생임에도 불구하고, 학생중심의 고등학교 설명회는 좀처럼 찾아보기 어려운 것이 현실이다. 현재 고등학교 설명회는 중학생에게 아직은 낯설고 먼 대학입시 설명회를 중심으로 실시되고 있는 형편이다. 게다가 설명회의 대상도 당사자인 학생이 중심이기보다는 학부모를 주된 대상으로 운영되는 경우가 더 많다. 주로 서울의 상위권 대학진학을 위한 입시전략이나 대입 주요 정책 변화 안내 등을 중심으로 기획된 입시 설명회 형태가 대다수인 셈이다. 이런 종류의 설명회에서는 학생들이 고등학교 진학과 관련해 진짜 궁금해하는 것들을 해소해줄 수 있을 만한 내용은 거의 다루지 않는다. 그러니 당장 고등학교를 선택해야 하는 학생들의 관심이 저조할 수밖에 없다. 그럼에도 불구하고 이런 종류의 입시 설명회가 지속해서 이루어지는 이유는 대부분의 학교에서 전년도에서 실시한 고입 설명회를 답습하거나, 3개년간의 지속적인 진로교육 로드맵의 부재 때문이다.

하지만 학생들의 눈높이에 맞게 그들에게 고등학교 교육에 흥미를 갖게 하고 실질적인 도움을 주려는 유형별 고등학교 설명회를 시도한 사례도 있다. 경기도의 한 중학교에서 실시한 고등학교 설명회인데, 학생중심 진학지도 측면에서 주목할 만한 절차와 내용을 살펴보면 다음과 같다.

첫째, 학생들의 진학희망 학교를 조사하여 **학생들의 진학희망 사항**을 정확하게 파악한다. 둘째, **유형별로 희망 고등학교를 정리**한 뒤 해당 고등학교 홍보 담당 부장에게 연락하여 고등학교 교육과정 설명회를 실시한다. 셋째 **고등학교별로 설명회**를 하고 질의응답 시간을 충분히 확보하여 운영한다. 이러한 방식으로 교육과정 설명회를 진행하자 평소 학생과 학부모가 궁금해하던 것들에 대한 정확한 정보를 얻을 수 있어 학생과 학부모들의 관심과 참여도를 높일 수 있었다고 한다. 고등학교로서도 학교 홍보와 함께 다른 고등학교의 좋은 정보도 공유할 수 있어 만족도가 높았다. 오른쪽 그림은(265쪽 참조) 실제 중학교에서 실시한 직업계고 교육과정 설명회 행사 개요이다.

이 직업계고 교육과정 설명회에 참석했던 어느 학생의 소감을 하나 소개하려고 한다. 학생의 말을 통해서 유형별 맞춤형 설명회를 진행함으로써 진학지도가 뻔한 요식행위에서 벗어나 개별 학생의 진로에 실질적인 도움을 주는 의미 있는 행위로 거듭날 수 있다는 점을 잘 알 수 있다.

특성화고 학교 설명회 개요

일시: 20**.*.** 16:00~17:30

장소: **관 1층 시청각실

대상: 학생 및 학부모

내용: 특성화고(00고등학교, **경영고등학교, @@디지털고등학교, **바이오고등
학교)

입시 정보 및 학교 교육과정 강의 및 질의 응답

직업계(특성화)고 설명회 운영 내용

특성화고등학교 진학에 관심을 가진 학생 및 학부모를 대상으로 이루어진 설명회의 행사 진행
개요이다.

고등학교 진학에 대한 정보를 얻어서 매우 유익했고, 고등학교 진
학을 신중하게 고민해서 결정하게 되어 좋았다. 그리고 고등학교
졸업 후에 공무원 시험을 보려고 고민하고 있었는데 고등학교 졸업
후 진로에 대한 설명을 듣고 나니 공무원 시험 준비를 하기에는 일
반고보다 특성화고가 더 유리하다고 생각하여 특성화고로 진학하
기로 결심했다. 내가 한 선택이기 때문에 나의 선택이 흔들리지 않
을 것 같다.

중3 전환기 프로그램을
진로학업역량 향상에 활용한다

　　1학년의 자유학기제만큼이나 진로지도
에 유용한 것이 바로 3학년 전환기 프로그램이다. 자유학년제나
전환기 프로그램의 본질은 같다. 모두 학생들이 다양한 체험활동
들을 통해 자신의 흥미와 적성을 충분히 탐색하고 발견해볼 기회
를 두루 경험할 수 있게 하는 데 있다.

　특히 전환기 프로그램을 활용하여 중학교 3학년 기말고사가 끝
난 11월 중순부터 졸업까지 진로교육과 연계한 다양한 체험활동
기회를 제공하는 것이 좋다. 나아가 학생들이 기본적으로 고등학
교 진로 로드맵을 작성할 수 있는 역량을 기를 수 있도록 지도한
다면 향후 학생들이 고등학교에 진학하여 적응하는 데 적지 않은
도움이 될 것이다.

| 학생들의 진로 요구를 반영한 전환기 프로그램을 운영하다 |

중학생을 위한 전환기 프로그램(STP-M(School Transition Program For Middle School)은 중학교 3학년 때의 학교급 전환기 프로그램이란 의미다. 즉 고등학교 진학을 앞둔 중3 학생들에게 명확한 진로계획(의식) 수립 속에서 상급학교 진학 시 전환의 내용과 의미를 전달하여 고등학교 생활에 원활하게 적응할 수 있도록 도와주는 목적으로 개발된 진로지도 프로그램이다. 이 프로그램은 커리어넷 (https://www.career.go.kr/cnet/front/web/STP/viewMain.do)에서 찾아볼 수 있다.

학교급 전환기 프로그램(STP)
중학교 1학년의 자유학년제와 마찬가지로 전환기 프로그램의 본질은 학생들이 최대한 다양한 진로활동을 체험할 수 있는 기회를 마련해주는 데 있다.

좀 더 구체적인 이해를 돕기 위해 이제부터 실제 전환기 프로그램 운영 사례를 몇 가지 살펴볼 것이다. 해당 프로그램들은 학생들이 진로학업설계역량을 기를 수 있도록 지도한 Y시 M중학교 사례이다. 다음의 표 5-5는 고등학교 진학이 거의 마무리될 시기에 자신의 진로탐색에 따른 과목선택과 학업계획을 수립할 수 있도록 마련된 전환기 프로그램의 운영 내용을 정리한 것이다. 이 사례를 참고하면 각 학교의 상황과 학생의 요구조사를 통해 학교 교육공동체가 해결 방안을 모색하는 데 도움이 될 수 있을 것이다. 특히 이 사례는 중학교 3학년을 위한 진로학업설계역량을 신장하는 전환기 프로그램 운영에 참고해볼 만하다.

| 표 5-5 | M중학교 진로학업설계역량 신장을 위한 전환기 프로그램 개요

활동명	꿈돋움 프로젝트	슬기로운 고등학교 생활을 위한 고교학점제 이해	진로 로드맵 작성
운영 시기	11월 중순 ~ 12월 초	12월 중순	12월 말~1월 초
목표	- 선택과목 개설의 원리 이해 - 선택과목의 선택역량 신장	- 고교학점제 이해 - 진로선택의 중요성 인식	- 진학고등학교 교육과정 이해 - 진학고등학교 개설과목 이해 - 진로학업설계역량 신장
활동	- 진로 관련 동영상 시청 - 나의 강좌 개설 및 홍보 - 개설 강좌 선택 및 수강 - 강의 평가 및 소감 나누기	- 고등학교 교육과정의 특징 - 선택과목 및 내신산출 방법 - 수능과목과 지정과목	- 직업 및 학과 선택 연습 - 진로에 따른 과목선택 - 나의 사명선언서 작성 - 진로 로드맵 작성

이상의 표에서 소개된 '꿈돋움 프로젝트', '슬기로운 고등학교 생활을 위한 고교학점제 이해', '진로 로드맵 작성' 각각의 활동 내용들에 대해서는 이제부터 좀 더 자세히 살펴보자.

| 꿈돋움 프로젝트를 통한 과목선택 활동 |

'꿈돋움 프로젝트'는 학생이 직접 과목을 개설하고 수업해 봄으로써 과목 개설의 원리를 이해하는 한편, 강의를 선택하여 수강하게 함으로써 과목선택역량을 신장시키는 것을 목적으로 한 활동이다. '꿈돋움 프로젝트'는 교과 연계 진로수업 1로 계획하여 운영하였다. 프로그램 진행 전에 활동의 취지를 이해하고 촉진하기 위한 동영상을 선정하여 감상하게 하고 감상 활동지를 작성하는 활동을 도입부에 하면 학생 동기부여에 유용하다. 꿈돋움 프로젝트의 운영 절차와 내용은 다음과 같다.

> ▷ 평소 학생이 잘하고 좋아하는 것을 브레인스토밍을 통해 자유롭게 작성해보도록 하고 그중 학생이 가장 잘할 수 있는 주제를 가지고 강의계획서를 작성하도록 한다.
> ▷ 학생이 개설하고자 계획한 강의를 학생들에게 홍보하기 위한 강의 포스터를 작성하고 게시하도록 한다.

▷ 다른 학생들에게 많은 관심과 스티커를 얻은 강의를 선정하여 학생들이 수강신청을 하도록 한다.

▷ 강좌를 개설하게 된 학생들과 협의하여 강의 준비물이나 활동지를 준비한다.

▷ 해당 교실에서 수업을 하고 수강한 학생들은 수업 평가서를 작성한다.

다음의 그림은 꿈돋움 프로젝트 활동의 이해를 돕기 위해 실제 활동한 학생들의 강의 포스터 강의 시간표, 수강하는 모습 등의 활동 사진을 정리한 것이다. 중학생들이 고등학교에 들어가기 전에 스스로 강의를 개설하고 수강하기도 하면서 자신의 적성과 흥미

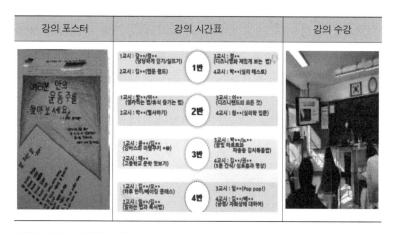

꿈돋움 프로젝트 주요 활동 내용
이 프로젝트는 학생이 직접 과목을 개설할 뿐만 아니라, 수업도 직접 해보게 한다. 이를 통해 과목 개설 원리를 이해하고 강의를 선택하여 수강하게 하므로써 과목선택역량을 신장시킬 수 있다.

를 발견하고, 진로탐색에도 도움을 받으며, 선택과목의 개설 원리와 수강신청 방법도 이해할 수 있는 꿈돌움 프로젝트 같은 전환기 프로그램 운영이 앞으로 더 많이 필요하다. 다음은 꿈돌움 프로젝트를 경험한 학생들의 소감이다.

> 한 시간 수업을 준비하는데도 이렇게 힘든데 수업을 하시는 선생님들이 대단하다는 생각이 들었고, 내가 좋아하는 활동으로 수업을 준비하여 아이들 앞에서 직접 수업하니 준비는 힘들었지만 뿌듯했다. 다음에 기회가 된다면 더 잘 준비해서 하고 싶다.
>
> -수업을 개설하여 강사를 맡은 학생

> 친구들이 수업한다고 해서 별로 재미있지 않을 것 같았는데, 막상 수업을 들어보니 재밌었다. 얘들이 수업하기 위해 열심히 준비해서 수업 내용도 좋았다. 그리고 아이들이 대단하다는 생각이 들었다.
>
> -수업을 수강한 학생

| 슬기로운 고등학교 생활을 위한 고교학점제 이해 |

앞에서도 언급했지만, 학생들에게 고등학교에 입학하기 전에 무엇을 배우는지, 즉 고등학교 교육과정에 관해 안내하는 것이 좋다. 대략적으로라도 파악하고 진학한다면 학생들이 고등학교 생활에 적응하는 데 훨씬 도움이 된다. 그리고 이는 고교학점제의 진로교육과도 긴밀히 연계된다. 따라서 중학교 3학년에게 고등학교 교육과정을 알게 하는 활동을 전환기 프로그램으로 진행하는 것은 꼭 필요하다. 중학교 3학년 단계에서의 진로학업설계를 위해 기본적으로 알고 가야 할 것들을 정리해보면 고교학점제의 특징과 과목들, 수능과목, 성적표 용어 등이다. 이것들을 중학교 3학년 학생들에게 설명한 사례는 현장에서 고등학교 생활에 대한 이해를 도울 수 있는 프로그램 개발에 참고할 만하다.

▪ 고교학점제는 진로중심 선택형 교육과정

고교학점제는 학생이 자신의 진로에 따라 과목을 선택하여 진로를 구체화해 나가는 교육과정으로 학생들의 선택권 확대가 가장 큰 특징이다. 학생들이 자신의 진로에 맞게 교육과정을 설계하도록 운영하려면 다양한 선택과목을 제시해주기 때문에 선택과목이 대폭 늘어나게 되었다.

▪ 교육과정 편제표로 고등학교 배움 지도 익히기

고교학점제를 이해하기 위해 가장 먼저 고교학점제의 교육과정 편제를 중심으로 설명하면 학생들이 더욱 쉽게 고교학점제를 이해할 수 있다. 교육과정 편제를 통해 중학교 3학년 학생들이 알아두면 좋은 내용을 정리하면 다음과 같다.

▷ **교육과정 편제**: 크게 두 가지로 나뉘는데 교과와 창의적체험활동
으로 나뉜다. 고등학교 시간표는 이 두 가지를 가지고 편성한다.
보통 일주일에 수업을 34시간 운영하는데 교과가 30시간, 창의적
체험활동이 4시간 운영된다. 고교학점제 종합 추진계획[16]에 의하
면 고교학점제가 전면 시행되는 2025년부터는 192학점(1학점 50
분 수업 16회)으로 변경되어 운영한다. 여기서 **교과**는 수업 시간에
배우는 과목들을 말하고, **창의적체험활동**은 주로 '비교과'로 불리는
데 자율활동, 동아리활동, 봉사활동 진로활동으로 중학교와 크게
다르지 않다.

▷ **보통교과와 전문교과**: **보통교과**는 주로 일반계 고등학교에서 배우
는 과목들이고, **전문교과Ⅰ**은 특목고에서 **전문교과Ⅱ**는 특성화고에
서 주로 배우는 과목들인데 일반계고등학교에서도 학교의 중점
교육과정에 따라 일부 편성이 되기도 한다.

▷ **공통과목과 선택과목**: **공통과목**은 모든 고등학생이 반드시 이수해
야 하는 과목으로 고등학교 1학년은 학교 유형의 구분 없이 공통
과목을 중심으로 배운다. **선택과목**은 각 교과의 기본 이해를 바탕
으로 하고 주로 수능 응시 과목에 주로 포함되는 '일반선택과목'

---

16. 교육부, 2021, 〈고교학점제 종합 추진계획〉

과 자신의 진로적성, 흥미, 수준 등을 고려한 교과융합학습, 진로

안내학습, 교과별 심화학습, 실생활 체험학습 등이 가능한 '진로

선택과목'으로 구성된다. 2025년부터는 선택과목이 일반선택과

목, 융합선택과목, 진로선택과목으로 과목 구조가 개편된다.

▪ 수능 과목으로 대입 준비 시작하기

중학교 3학년 학생들은 수능에 대해 잘 알고 있는 것 같으면서

도 막상 직접 수능 과목을 물어보면 잘 모른다고 답하는 학생이

많고, 성적산출 방식도 잘 모른다. 하지만 수능은 고등학교 학업

| 표 5-6 | 2022학년도 수능 과목 안내

과목(영역)	수능 과목		비고
국어	공통 : 독서, 문학 선택 : 화법과 작문, 언어와 매체 중 택1		상대평가(9등급) 공통 75%, 선택 25%
수학	공통 : 수학 I , 수학 II 선택 : 확률과 통계, 미적분, 기하 중 택1		상대평가(9등급) 공통 75%, 선택 25% 단답형 30%
영어	영어 I , 영어 II		절대평가(9등급)
한국사	한국사		절대평가(9등급), 수능 필수 과목
탐구	일반계	사회, 과학계열 구분 없이 택2 사회 : 9과목 과학 : 8과목	상대평가(9등급) 최대 2과목선택
제2 외국어/ 한문	9과목 중 택 1 독일어 I , 프랑스어 I , 스페인어 I , 중국어 I , 일본어 I , 러시아어 I , 아랍어 I , 베트남어 I , 한문 I		절대평가(9등급)

설계를 위해 꼭 알아야 하는 기본 정보이다. 따라서 수능 과목에 대한 기본 사항의 안내가 반드시 필요하다. 표 5-6은(274쪽 참조) 2015 개정교육과정이 본격적으로 반영되는 2022학년도 수능 과목과 과목별 성적산출을 간략하게 정리한 것이다. 다만 수능 과목은 계속 바뀔 수 있으므로 수능 과목에 변경이 있는지 반드시 먼저 정확하게 확인하고 나서 학생들에게 안내해야 한다.

• 고등학교 성적표 문해력 키우기

고등학교에 진학하면 성적표에 나오는 낯선 용어들을 이해하는 것이 성적표를 이해하는 중요한 요건이다. 중학교 3학년 학생들이 미리 알고 진학하면 고등학교 학업설계에 많은 도움이 되기 때문에 학교생활기록부 교과활동에 나오는 용어들을 중심으로 자세하게 설명해주도록 한다. 주요 용어들은 원점수, 과목평균, 표준편차, 성취도, 수강자수, 석차등급, 중간석차 등인데 이들 용어의 의미를 설명하고 예를 들어 설명하면 유용하다. 다음의 표 5-7은 (276~277쪽 참조) 고등학교 학교생활기록부 교과 성적란에 나오는 용어의 의미를 정리[17]한 것이다. 앞으로 고교학점제가 본격적으로 도입되면 성취평가제가 확대될 것이므로 그 이후에 바뀐 용어들은 새로 정리하여 정확하게 안내해야 할 것이다.

---

17. 최승후, 《최승후쌤의 미래가 바뀌는 진로진학 특강》, 북스토리, 2020, 208-214쪽 재편집

| 표 5-7 | 학교생활기록부 교과성적 용어 정리

용어	의미	예시
단위수 (이수 단위)	학생이 이수한 과목이 해당 학기 주당 수업 시간으로 일주일에 해당 과목을 몇 시간 수업했는지를 나타낸다.	국어 단위수 4 : 국어를 1학기 동안 일주일에 4시간씩 수업을 한 경우
원점수	문항당 배점의 합에 의해 채점 결과 얻은 그대로의 점수로, 지필평가 및 수행평가의 반영 비율 환산 점수를 소수 첫째 자리에서 반올림하여 정수로 기록한 값	국어 I : 지필평가 70% 　　　　　수행평가 30% 지필평가 : 88점/100점 　　　　　(환산점 61.6점) 수행평가 27점 61.6+27=88.6(소수 첫째 자리 반올림) 원점수 89점
과목 평균	과목을 이수한 학생 전체의 원점수를 전체 학생 수로 나눈 값	국어 I : 원점수/과목평균 　　　　　89/68.5
과목 표준편차	평균에서 얼마나 흩어져 있는가를 나타내는 산포도다. 즉, 평균에서 멀어진 정도를 나타낸 수치다.	원점수/과목평균(표준편차) 학생A:국어 I 94/60.9(25.6) 학생B:국어 I 85/89.6(7.8) A학생의 표준편차는 25.6으로 B학생의 7.8보다 평균에서 멀리 떨어짐. A학생의 학교보다 B학생의 학교가 성적대가 비슷한 동질 집단임.

성취도	학생이 달성한 과목별 성취율에 따라 정한 평가 기준이다. 공통과목과 일반선택과목 등은 A,B,C,D,E 5단계 성취도가 있고 체육·예술과 진로선택과목은 A,B,C 3단계 성취도가 있다.	A	B	C	D	E
		90%이상~100%	80%이상~90%미만	70%이상~80%미만	60%이상~70%미만	60%미만
		A		B		C
		80%이상~100%		60%이상~80%미만		60%미만

성취도 학생비율	성취도별 학생수를 백분율로 환산한 성취도 옆의 ( ) 안의 수치다.	A(7.3) B(30.9) C(12.7) D(30.9) E(18.2)
중간석차 (중간석차 백분율)	동점자가 발생하여 등급 경계에 있는 경우 중간석차를 적용한 중간석차 백분율에 의해 등급을 부여한다. -중간석차 = 석차 + (동석차 인원수 – 1)/2 -중간석차 백분율 = (중간석차/수강자수)×100	A고등학교 2학년 문학 수강생이 100명일 경우, 문학 100점이 10명이면 중간석차는 1+(10-1)/2=5.5등 중간석착백분율은 5.5/100×100=5.5% A고등학교 2학년 문학 수강생은 100점을 받았어도 1등급이 아니라 2등급이 됨.
수강자 수	해당 과목을 수강한 학생의 수를 의미한다.	국어 I A(264) 국어 I 을 수강한 학생의 수는 264명이다.

※자료: 최승후, 《최승후쌤의 미래가 바뀌는 진로진학 특강》, 북스토리, 2020, 208-214쪽 재편집

▪ 진학하는 고등학교 교육과정 미리 파악하기

12월 말이 되면 평준화 고등학교에 진학하는 학생을 제외하고는 모두 자신의 진학 고등학교가 결정된다. 학생들에게 각자 진학하는 고등학교 홈페이지를 방문하여 학교 교육과정 문서를 내려받아 살펴보도록 한다. 학교 지정과목, 개설된 선택과목, 수능 과목 개설 여부, 학생의 선택권 확보 등을 파악해본다. 그리고 다른 학생들이 진학하는 고등학교 교육과정도 같이 비교 분석해봄으로써 자신이 진학하고자 하는 고등학교의 장단점도 파악해보도록 한다. 평준화 고등학교를 진학하는 학생들은 1지망에 작성한 고등학교 교육과정을 파악해보도록 한다. 다른 학교에 배정이 되어도 일단 교육과정을 볼 줄 아는 능력을 갖추면 다시 배정된 학교 교육과정도 얼마든지 파악할 수 있기 때문에 별로 어렵지 않게 바로 교육과정을 분석할 수 있을 것이다. 아래는 이 활동을 마치고 난 어느 학생의 소감이다. 교육과정에 대한 이해가 학생 자신의 적성이나 흥미를 고려한 과목 선택으로 자연스럽게 이어진다는 점을 잘 보여준다.

> 학교마다 배우는 것이 다르다고 해도 막 크게 다른 것이 없다고 생각했는데 이렇게 관련된 수업을 들으면서 내 생각이 잘못된 것이라고 반성하고 또 내가 어떤 과목을 선택해야 할지 내 적성에 맞는 과목은 무엇인지 생각해볼 수 있었다. 앞으로 진로를 선택할 때는 적성과 흥미, 또 과목을 생각해서 선택할 것이다.

| 진로 로드맵 작성하기 |

학교 진로교육 로드맵을 수립하여 학생들의 자기이해 활동, 진로 체험, 전환기 프로그램 운영을 통한 고등학교 교육과정 이해까지 마치고 나면 진로학업설계 로드맵을 작성해야 한다. 이때 학생들에게 각자 자신이 진학하는 고등학교 교육과정을 먼저 살펴보게 한 다음에 진로학업설계 로드맵을 작성하게 한다. 아래의 그림은 중3 전환기 프로그램 운영을 통해 익힌 내용들을 바탕으로 학생들이 작성한 고등학교 진로학업설계 로드맵 양식이다. 매우 단순한 양식임에도 중학교 3학년 학생들은 직접 고등학교 생활을 해

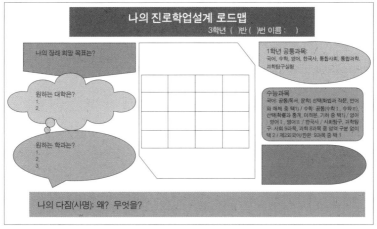

※자료:서울특별시교육청, 2020 재편집

경기도 M중학교 3학년 진로학업설계 로드맵 양식[18]
학교마다 편성된 교육과정이 다르기 때문에 학생 각자 자신이 진학할 고등학교 교육과정을 먼저 살펴보게 한 후에 학교별 교육과정을 고려하여 진로 로드맵을 작성하도록 한다.

보지 않았기 때문에 제대로 작성할 수 있는 학생의 수는 생각보다 매우 적은 편이다. 하지만 이 활동을 해본 학생들은 고등학교에 진학한 후에 진로학업설계를 이해하는 데 큰 도움을 얻을 수 있을 것이다. 진로학업 설계 로드맵 작성 실습을 마친 어느 학생의 소감을 소개하면 다음과 같다.

> 여러 가지 선택과목들을 보니 종류가 다양해서 생각보다 결정하기가 어려웠다. 신중하게 선택하여 정말 나에게 도움이 되고 내가 흥미 있어 하는 과목을 배우고 싶고, 그 선택과목들을 나의 진로를 위해 잘 활용해보고 싶다.

진학하고자 하는 고등학교에 원하는 선택과목이 개설되지 않은 경우도 분명 있을 것이다. 이때 교실온닷[18], 학교간 공동교육과정, 주문형 강좌 등 다양한 학교 밖 연계 교육과정을 탐색하여 이수하는 방법을 알아두면 도움이 된다. 또한 아예 자신이 진학하는 학교에 희망 과목의 개설을 요구할 수 있다는 점도 알려준다.

지금까지 중학교에서의 진로학업설계역량을 신장시키기 위해서 학생들에게 필요한 내용과 교육과정 중심의 진학지도와 몇 가지

---

18. 2023년부터 'K-에듀 통합 플랫폼'으로 전환 예정

진로교육활동 사례들을 살펴보았다. 고등학교 단계에서의 원활한 진로중심 교육과정 운영을 위해서는 앞으로 중학교에서의 진로교육이 한층 강화될 필요가 있으며, 나아가 유·초등까지도 확대될 필요가 있다. 사실 이미 학생과 학부모는 고등학교 입학 후의 진로에 대한 안내가 중학교에서 더욱 강화되어야 한다는 인식이 확대되고 있었다. 즉 고교학점제 도입에 따라 "중학교 단계에서도 폭넓은 진로탐색의 기회를 제공하여 학생들이 자신의 소질과 적성에 대해 충분하게 이해할 수 있도록 도와야 한다."[19]는 요구가 늘고 있는 것이다. 앞으로 학생들이 진로 목표를 가지고 고등학교 교육과정을 이해하고 진학할 수 있게 하기 위해서는 중학교와 고등학교의 진로교육 연계성이 매우 중요하다. 물론 고등학교 적응을 돕는 진로교육 로드맵 계획을 세워 지도하는 것이 결코 쉬운 일은 아니지만, 학생들의 진로개발역량 성장을 돕기 위해 중학교에서도 체계적인 진로교육 체제를 수립하여 진로교육을 실천하려는 노력이 필요한 때이다.

19. 정윤경·류지은·안유진·곽초롱, 2020, 〈고교학점제 도입에 따른 진로교육체제 개편 방안〉, 한국직업능력개발원, 201쪽

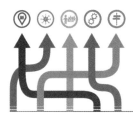

모든 학생의 탁월성을 추구하는 캐나다의 진로교육을 만나다

캐나다는 각 주의 언어, 종교, 주민 구성, 경제적·사회적 상황에 있어 차이가 크다. 이에 연방정부 차원의 교육부나 교육제도가 없고, 각 주의 자율성과 독립성을 인정하는 주단위 교육자치를 실현하고 있다(김성천·민일홍·정미라, 2018). 각 주의 상황에 따라 학제, 교육과정, 교육정책 등이 수립되어 운영된다. 본 장에서는 캐나다에서 큰 행정 구역이면서 세계적으로 우수한 교육체제로 인정받고 있는 브리티시 컬럼비아주와 온타리오주에서 실행되고 있는 진로학업설계 지도를 중심으로 살펴보기로 한다. 브리티시 컬럼비아주와 온타리오주를 각각 나누어 서술한 부분도 있지만, 굳이 구분할 필요가 없는 내용에 관해서는 두 주의 내용을 함께 서술하기도 하였다. 캐나다는 학생의 진로에 따른 교육과정 편성과 함께 유·초·중·고가 연계된 체계적인 진로교육과 지원 체제로 모든 학생의 배움을 존중하고 있다. 이에 캐나다의 진로학업설계 지도는 고교학점제를 도입하는 우리나라에 분명 의미 있는 시사점을 줄 것이다.

해외의
진로학업설계

#학생
학습권 보장

#책임교육
실현

#맞춤형
진로교육

#학생
과목선택권 확대

#진로
학업설계

#진로교육
집중학년 · 학기제

#진로역량
강화

유·초·중등이 연계한 체계적 진로교육을 통해 시민을 양성하다

캐나다는 잘 알려진 것처럼 다민족 · 다 언어 국가로, 영어와 프랑스어의 이중언어를 사용한다. 우리나라 처럼 공교육 체계를 중앙정부에서 통제 및 관리하지 않고 각 주에서 독립적으로 운영하고 관장한다. 유치원(2년)부터, 초등학교 (1~5학년), 중학교(6~8년), 고등학교(9~12)로 구분되어 있기는 하지만, 우리나라처럼 학년 진급에 의미를 두기보다는 과목 이수를 강조하는 과목별 진급제, 즉 학점제(credit system) 방식을 취하는 대표적인 국가이다. 이러한 과목별 학점제 방식을 통해 전 학년(K-12)을 아우르는 다양한 진로 · 학업관련 교육과정의 심층적 위계 구성이 가능하다. 특히 학교 교육과정 안에서 학생들이 자신에게 맞는 다양한 진로교육을 선택하고 책임감 있는 시민으로 성장할 수 있도록 배려하고 있다. 무엇보다 유치원부터 고등학교 나아가 졸업 이후에도 체계적인 지원을 이어가고 있다.

브리티시 컬럼비아주 진로교육: 전 학년(K-12) 단계별 맞춤형 진로역량 강화

브리티시 컬럼비아주(이하 BC주로 약칭)의 진로교육이 가진 특징은 **지속성, 체계성, 실제성**에 근거한다. BC주의 경우 유·초·중등에 걸쳐 진로교육의 체계를 고려하고 학생들의 각 발달단계에 맞춰 지속적이고, 체계적이며, 실제적인 진로교육을 실시하고 있다.

BC주는 '진로개발(Career Development)'이라는 주정부 교육정책에서 전 학년(K-12학년)에 걸쳐 진로교육을 정규교과로 편성하고 있다. 유치원에서 고등학교를 졸업할 때까지 진로교육을 통해 학생들에게 개인의 관심, 강점, 자신감, 지식, 역량을 탐색하고 개발할 수 있는 다양한 기회를 제공한다. 특히 학생들은 경험학습을 통해 직업생활의 가능성과 졸업 후 사회 진출 기회를 탐색할 수 있다. BC주가 추구하는 진로교육은 학생들이 평생 개인적, 교육적, 직업 환경에서 성공하도록 체계적인 도움을 주고자 한다. 특히 멘토 교사의 맞춤형 지도를 통해 경험학습, 개인 성찰, 지역사회 참여의 중요성 등을 인식시키는 데도 노력을 기울이고 있다.

▪ 유치원~ 9학년까지

BC주는 이미 유치원 때부터 진로교육을 시작하여 이것이 고등학교 졸업 때까지 죽 연결될 수 있게 체계적으로 지원하고 있다. 특히 유치원에서 5학년까지의 진로교육은 자아개념 확장, 적극적인 사회 참여, 개인의 관심사와 강점을 심도 있게 인식하는 것에 초점을 맞추어 이루어진다. 6학년에서 9학년 학생들은 점점 더 다양해지는 체험학습 기회와 가족, 멘토 및 지역사회 네트워크가 학생들의 지속적인 진로 발달을 지원하는 방식으로 이루어진다. 주 교육부는 산업 교육기관과 협력하여 유치원에서 9학년 학생들이 실질적인 직업생활 가능성을 탐색하는 데 도움이 되는 프로그램과 행사를 지원한다. 여기에는 주로 직업에 대한 통찰력을 제공하거나 학생들이 팀을 이루어 문제에 대한 창의적인 해결 방안을 구안하는 실습활동, 직업 분야의 기회 탐색 등이 폭넓게 포함된다.

▪ 10~12학년

10학년에서 12학년을 위한 진로교육은 졸업을 위한 필수 과정으로 학생들의 지속적인 진로탐색과 성찰, 진로의 선택과 결정, 대인관계, 평생학습의 중요성 등을 학습하는 데 주력한다. 10학년에서 12학년 학생들에게는 직업생활에 대한 관심과 가능성이 의미 있는 고려 사항이 된다. BC주 교육부는 필수 프로그램과 선택 프로그램을 각각 운영하고 있다. 필수 프로그램으로는 학생들이 전통적인 교실 환경을 넘어 직접적인 체험과 성찰 과정을 30시간 이상 이수하도록 하고 있으며, 한편 직업의 직접 체험 기회를 제공한다거나 실제 직업 환경에서의 교육 기회 등을 선택 프로그램으로 운영하고 있다. 특히, 선택 프로그램의 경우 학생들이 진로를 선택하고, 학생이 희망하는 미래로 전환하는 데 필요한 특정 교육과 기술을 받는 데 집중할 수 있도록 적극적으로 지원한다.

• K-12를 아우르는 진로교육 현황

BC주[1]의 유·초·중등 진로교육과정으로 진로교육의 목표와 내용에 대한 자세한 정보는 표 6-1에(288쪽 참조) 잘 정리되어 있다. 앞서 언급한 것처럼 진로교육은 유·초·중등에 걸쳐 모두 정규교과로 제공된다. 그리고 진로교육, 진로평생교육, 진로평생 연계 프로그램으로 학년이 상승할수록 실제적인 체험교육의 비중이 커진다. 표에서 정리한 것처럼 초등학교와 중학교 과정(8~9학년)에서는 건강교육을 중심으로 건강한 시민의 자질을 성장시키는 진로교육이 이루어지고, 10학년부터 12학년에서는 그동안 쌓아온 역량을 실제 직업 세계에서 집중적으로 연습하고 적용해볼 기회를 제공하고 있다. 즉 이 과정에서 학생들은 BC주의 시민으로 살아가기 위한 직업생활과 재정의 실제적인 연습을 한다.

---

1. BC주의 학제는 초등학교(Elementary School) 8년(유치원 ~ 7학년), 중등학교(Secondary School) 5년(8학년 ~ 12학년)으로 구성된다.

| 표 6-1 | 브리티시 컬럼비아주 유·초·중등 진로교육 현황

	구분	교과목명	목표	시수
초등 학교	유치원	건강[2]과 진로교육 (Health and Career Education)	기초와 인식 (Foundation and Awareness)	연 20~25시간 (교과의 20%)
	1학년			연 45~50시간 (교과의 20%)
	2학년			
	3학년			
	4학년			
	5학년			
	6학년		탐험 (Exploration)	
	7학년			
중등 학교	8학년	건강과 진로교육 (Health and Career Education)		연 45시간 (진로 7시간, 건강 38시간)
	9학년			연 45시간 (진로 9시간, 건강 48시간)
	10학년	미래 설계 (Planning)	경험과 적용 (Experience and Application)	연 115시간 (진로 44시간, 졸업 15시간, 건강 36시간, 재정 20시간)
	11학년	졸업 (Graduation)		직업/ 자원봉사 경험 총 30시간 필수
	12학년			

※자료: 정문숙, 2016: 2

---

2. 건강한 삶의 의미를 개별 맞춤식으로 이해하도록 지원하는 교과로 평생 안전하고 활동적이며 건강한 시민이 되기 위해 필요한 지식, 기술 및 이해를 갖춘 교육받은 시민을 양성하는 것이 목표임

온타리오주 진로교육:
유치원부터 차곡차곡 쌓이는 포트폴리오 설계

온타리오주 진로학업설계는 학생들이 학업, 진로, 학교 밖의 삶을 위해 학생들이 선택하는 데 필요한 지식과 능력을 개발하고, 학생들의 목표와 관심을 지원하는 다양한 교육과정과 활동을 선택하도록 한다. 또한 이렇게 쌓인 경험을 토대로 학생들이 직업교육, 대학, 지역사회 삶, 대학 혹은 취업이든 졸업 후 교육기관으로 원활하게 전환하는 데 실질적인 도움을 준다. 학생들은 자기 이해와 자신이 선택할 기회에 대해 많이 알게 되고, 목표를 세우며, 목표를 이루기 위한 계획을 세울 수 있다. 학생들은 부모, 교사와 규칙적으로 자신의 학습에 대해 상담할 수 있다.

그리고 모든 학생은 유치원에 입학하는 순간부터 고등학교를 졸업하는 12학년까지 매년 포트폴리오를 의무적으로 업데이트해야 한다. 포트폴리오에는 학생의 학습성취도, 이수한 과목 등에 대한 정보가 종합적으로 누적되는데, 학생이 자신의 삶 전반에 걸친 목표를 세우고 구체적인 직업계획을 반영하는 데 있어 일종의 길잡이 역할을 한다. 학년별 포트폴리오 구성 내용과 실행을 지원하는 체제는 다음과 같다[3].

---

3. https://www.ontario.ca/page/education-and-career-planning

- All about Me(유치원 ~ 초등 6학년)

우리나라는 고등학교 졸업, 심지어 대학교에 진학한 후에도 자기 자신에 대해 충분히 탐색해볼 기회를 갖지 못한 학생들이 많다. 반면에 캐나다 온타리오주의 경우 학생들이 유치원에 입학할 때부터 누구나 포트폴리오에 ① 나는 누구인가?(자기이해), ② 내가 가진 기회는 무엇인가?(기회탐색), ③ 나는 무엇이 되고 싶은가?(의사결정 및 목표설정), ④ 내 목표를 달성하기 위한 계획은 무엇인가?(목표 달성 및 전환)에 대한 자신의 정보와 내용을 어떻게 포함시킬 것인지 스스로 결정할 수 있도록 지원한다. 즉 자기 자신을 탐색하는 과정에 중점을 둔다. 포트폴리오는 온라인으로 작성하기도 하지만, 유치원 및 초등학생들의 경우 지면에 직접 써서 작성하기도 한다. 학생의 연령에 따라 수업 시간에 활용한 학습지나 학생이 직접 그린 그림이 포트폴리오에 포함되기도 한다.

- 개인별 진로계획(Individual Pathways Plan, 중등 7학년 ~ 고등 12학년)

중학교에 입학하면서 포트폴리오는 '개인별 진로계획'으로 전환되며, 모든 자료는 온라인에 저장된다. 중학교에서 누적 기록된 학업성취 및 진로계획 등의 정보는 고등학교 9학년 선택과목을 결정할 때 중요한 기준으로 활용된다. 이처럼 개인별 진로계획은 졸업 이후 학생이 자신의 진로에 대한 잠정적인 결정을 하고 이에 맞춰 어떤 과목을 수강할지를 결정하는 데 중요한 역할을 한다.

- 진로교육 자문위원회(Advisor Committees) 설치

온타리오주는 진로교육의 연계성과 포트폴리오 실행과 활용을 위해 주 전체의 초등학교와 중등학교에 '자문위원회' 설치를 의무화하였다. 자문위원회는 진로교육 프로그램과 학생의 학교생활 간의 연계성과 학생의 학습 영역의 확장 및 직업탐색 효과를 높이는 지역사회와의 연계성을 점검한다. 초등학교 자문위원회는 학교 행정가, 교사, 학생, 학부모, 지역사회 인사로 구성되며, 중학교부터는 학생 생활 담당자(Guidance Staffs)[4]가 반드시 참여해야 한다[5].

---

4. 대부분의 학교 상담교사가 이에 포함된다.
5. 유지연, 2019, 〈캐나다의 초·중등 진로교육 연계 현황〉, 교육정책네트워크

학교 밖 자원과 폭넓게 연계한 실무체험 교육과정을 운영하다

온타리오주나 BC주 모두 기본적으로 모든 학생에 대한 책임교육을 전제로 한다. 특히 온타리오주의 경우 모든 학생의 탁월성 달성을 교육목표로 설정하고 있다. 목표 달성의 일환으로 모든 학생의 고등학교 졸업자격 취득 지원을 위해 지속적인 진로탐색 및 학습동기 부여를 위한 현장 연계 실무체험 교육과정을 운영하고 있다. 유치원부터 체계적으로 진로교육을 이수한 많은 학생들은 대개 9학년이나 10학년 무렵 진로를 결정하고, 그에 따른 과목을 선택하여 수강한다. 하지만 다문화 및 유학 학생을 포함한 일부는 아직 진로탐색에 어려움을 겪을 수 있다. 이에 온타리오주는 고등학교를 졸업한 직후까지도 현장과 연계된 다양한 실무체험 교육과정을 통해 진로선택을 돕는다.

산학협동교육을 통한 다양한 실무체험 교육과정 운영

실무체험과 관련한 교육과정들은 어떻게 운영되고 있을까? 먼저 고등학교 졸업자격을 정리한 표 6-2를(294쪽 참조) 살펴보자. 이 표에서 정리한 것처럼 온타리오주 고등학교 졸업요건은 필수이수 과목선택군에 **산학협동교육**(Cooperative Education)과 선택과목 12학점 중 4학점을 대체할 수 있는 **이중학점인정 과정**(Dual Credit Programs)을 포함하고 있다. 이중학점인정 과정은 학생이 고등학교 학점을 이수하면서 대학이나 직업교육(Apprenticeship) 자격학점을 동시에 취득하는 과정을 말한다.

이처럼 산학협동교육을 정규교육과정에 포함시켜 이수하면 학점을 인정한다. 학점 이수 과정 또한 학교 교실 수업과 직업 현장이 결합한 현장 체험교육의 형태로 이루어진다. 이는 직업교육, 전문대학, 종합대학, 직업 분야 등에 관계없이 전 과정의 모든 학생이 선택할 수 있으며, 필수이수 2학점부터 선택과목 12학점을 모두 대체할 수 있는 과정으로 운영되고 있다. 이 과정에서 학생은 현장 실습교육을 통해 실질적인 직업선택을 시험해보고, 교실 학습과 현장과의 관련성을 탐색해볼 수도 있으며, 직업에서 실질적이고 필수적인 기술과 태도를 이해하고 계발하는 직업 경험을 하게 된다(김성천 외 2인, 2019: 161).

| 표 6-2 | 캐나다 온타리오주 고등학교 졸업자격

18 필수학점		
학생은 온타리오 고등학교 졸업을 위해 다음의 필수학점을 이수해야 한다.		나머지 3학점은 아래의 그룹 중에서 하나씩 선택해야 한다.
4	영어(학년당 1학점 이수)*	1 그룹 영어 혹은 제2외국어로 프랑스어** 캐나다 모국어 고전어 혹은 국제어 사회, 인문학 캐나다 · 세계학 진로 · 직업 교육 산학협동교육***
3	수학(11 혹은 12학년에 1학점)	
2	과학	
1	캐나다 역사	1
1	캐나다 지리	
1	미술 혹은 음악	
1	건강과 체육	
1	제2외국어로서 프랑스어	2 그룹 건강 · 체육 미술 혹은 음악 경영학 제2외국어로 프랑스어** 산학협동교육***
0.5	생활 및 진로교육	
0.5	시민교육	1
또한 학생은 다음도 이수해야 한다.		
√	12 선택 학점	3 그룹 과학 (Grade 11 or 12) 과학기술 제2외국어로서 프랑스어** 컴퓨터 산학협동교육***
√	40시간 지역사회 봉사활동	1
√	주정부 졸업시험(OSSLT)	

***산학협동교육 최대 2학점은 필수학점으로 처리될 수 있다. 선택과목 12학점은 이중학점인정 과정을 통해 이수되는 4학점을 포함할 수 있다.

※자료: 김성천 외 2인, 2019: 155

| 학생들의 자발성을 높이는 이중학점인정 프로그램 |

이중학점인정 과정은 앞서 언급한 것처럼 고등학교 학점 이수를 함으로써 대학이나 직업교육자격 학점을 동시에 취득할 수 있는 과정이다. 무엇보다 이 과정은 고등학교 때 대학 교육과정과 문화를 미리 경험하도록 함으로써 학생이 고등학교 졸업 후 후기중등교육에 성공적으로 적응할 수 있도록 지원해주는 프로그램이다. 최대 선택과목 4학점이 대학 과목으로 포함되며, 직업위탁교육 레벨 1로 포함된다(김성천 외 2인, 2019: 161).

학습동기는 학생이 학습을 시작하고 지속하게 하는 핵심요인 중 하나이다. 그리고 진로탐색은 학생에게 강렬한 학습동기를 불러일으킬 수 있는 절호의 기회를 제공한다. 이에 산학협동교육과 이중학점인정 프로그램은 미래의 직업과 진학을 학교 교육과정 안에서 미리 체험해봄으로써 학생에게 실질적인 진로탐색의 기회를 제공하는 중요한 의미가 있다. 이와 동시에 자신의 진로를 반드시 실현하고자 하는 높은 학습동기로 이어질 수 있다. 그리고 이 두 가지 현장 체험과목을 선택함으로써 학생은 자신의 진로학업설계의 방향을 한층 주도적으로 설정해 나갈 수 있게 된다.

진로관련 정보를 통합 관리하는 온라인 시스템을 구축하다

앞에서 살펴본 것처럼 캐나다의 진로교육 체제는 단편적인 이벤트성 프로그램에 의존하는 것이 아니라 지속성을 띤 체계적인 진로학업설계에 기반하여 이루어지고 있다. 즉 진로학업설계는 유치원부터 시작하여 학생의 졸업자격 취득과 졸업 후 진학 및 희망하는 진로로 진출하기 위해 모든 학생이 거쳐야 할 필수적인 과정이다.

따라서 교육과정뿐만 아니라 학교 안팎의 다양한 교육 프로그램과의 연계, 재정적인 측면 등까지 모두 고려해야 하는 복잡한 과정이기도 하다. 또한 이와 관련해서 쌓이는 자료들도 워낙 방대하기 때문에 누적된 자료들을 체계적으로 관리하고 한눈에 살펴볼 수 있게 하는 시스템 마련이 꼭 필요하다.

진로와 관련된 모든 정보를
종합적으로 탐색할 수 있는 시스템 구축

토론토 지역교육구에서는 my Blueprint(299쪽 글상자 참조)라는 온라인 서비스를 제공하여 중등학교 7학년부터 12학년까지 학생의 포트폴리오 업데이트뿐만 아니라 진로에 따른 과목선택과 이수 결과를 모두 반영하도록 하고 있다. 이 온라인 서비스는 학생의 자기이해, 목표설정 및 직업탐색, 후기중등학교 교육 기회, 고등학교 교육과정, 이력서 작성, 교육비 지원, 그 외 교육과 진로 및 평생교육 계획관련 정보들을 제공한다. 중등학교 교육과정을 이수하는 동안 진로와 학업에 관한 모든 정보가 지속적이고 체계적으로 누적되기 때문에 학생 자신과 학부모, 교사에게 학생에 대한 학업 정보와 이후 교육과정을 종합적으로 탐색해볼 수 있다.

　다음의 그림[6]은(298쪽 참조) 학생이 고등학교에서 학년별로 선택한 과목을 지속적으로 기록하는 공간이다. 모든 학생에게 필수과목인 영어와 수학은 이수해야 하는 해당 학년까지 해당 공간에 이미 기록이 되어 있고, 학생이 선택하여 수강하는 과목은 교과별로 빈칸에 입력하면 된다. 12학년 이후 '5th Year'는 졸업자격을 취득하지 못하여 추가 과목 이수가 필요한 학생이 작성하는 부분이다.

---

6. 토론토지역교육위원회홈페이지(https://www.tdsb.on.ca/Portals/0/HighSchool/docs/BuildYourFuture.pdf,검색일:2021.2.12).

Planning Ahead! Write your course selections on this Ontario Secondary School Program Planner.				
Grade 9	**Grade 10**	**Grade 11**	**Grade 12**	**5th Year**
English	English	English	English	
Math	Math	Math		
Science	Science			
Geography	History			
Health & Physical Ed.	Civics/Careers			
French	Electives (G1, G2, G3)			
Arts	Electives (G1, G2, G3)			
Electives (G1, G2, G3)	Electives (G1, G2, G3)			

학생 개별 과목선택 이력 서비스[7]

my Blueprint에서 학생들은 자신이 선택한 과목 정보는 물론 이수에 관한 이력도 한눈에 볼 수 있다.

7학년에서 12학년의 모든 학생들은 'myBlueprint'를 사용하여 과목선택 결과를 제출해야 하기 때문에 누구나 'myBlueprint' 이용계정을 반드시 만들어야 하며, 상담교사나 사서교사에게 필요한 도움을 요청할 수 있다. 또한 이용계정을 만들고 과목을 선택하는 과정과 선택 결과를 제출하기 위한 안내는 이후 '학업설계 가이드(301쪽 그림 참조)'에 설명되어 있으며, 18세 이하의 학생은 과목선택을 완료한 이후 과목선택 확인서를 출력하여 부모나 보호자 서명을 받아 학교에 제출해야 한다.

이처럼 'myBlueprint'는 온타리오주의 지속적이고 체계적인 진로학업설계 과정을 그대로 보여준다. 이러한 온라인 서비스 덕분에 대부분의 학생은 개별적으로 혹은 부모와 함께 자신의 진로학

---

7. 토론토지역교육위원회홈페이지(https://www.tdsb.on.ca/Portals/0/HighSchool/docs/BuildYourFuture.pdf,검색일:2020.4.16), 14쪽

myBlueprint

캐나다 온타리오주 토론토 교육지역구에서 운영하는 온라인 서비스

'myBlueprint(개별 교육 계획)'는 토론토 지역교육구 모든 7~ 12학년 학생들과 가족이라면 이용 가능하며, 고등학교 개인 교육과정을 계획하고, 개인 경로계획을 이수하며, 후기중등교육의 기회와 취업을 탐색하고, 이력서를 작성하며, 관심과 학습 스타일을 탐색할 수 있는 온라인 자료이다. 7학년부터 진로탐색 및 진로탐색 결과와 함께 진로에 따른 과목선택 및 이수 사항이 누적되어 학생들의 체계적인 진로학업설계와 자연스럽게 연동된다.

마이블루프린트(myBlueprint) 온라인 서비스
캐나다의 토론토 교육지역구에서 제공하는 온라인서비스로 체계적이고 지속 가능한 진로학업설계를 도와준다. 누구나 자신의 교육과 진로를 설계해 나가는데 쉽게 도움을 받을 수 있도록 마련한 시스템이다.

업설계를 수행할 수 있기 때문에 상담교사와의 상담을 요청하는 사례는 그리 많지 않다고 한다. 그러나 필요한 경우 언제든지 모든 학교에 배치된 상담교사와 상담할 수 있으며, 상담교사는 학생 맞춤식 진로학업설계와 이수 과정을 적극적으로 지원한다.

| 알기 쉽게 접근할 수 있는 진로학업설계 정보 |

학생들이 자유롭게 자신의 진로를 탐색하고 또 제대로 설계하기 위해서는 다양한 정보가 필요하다. 특히 정보 접근성이 중요하다. 아무리 좋은 정보가 가득해도 정작 필요한 정보에 접근하기 어려우면 활용도는 크게 떨어질 수밖에 없기 때문이다. 따라서 자신에게 꼭 맞는 맞춤형 정보를 필요한 때마다 쉽게 접근하고 활용할 수 있어야 할 것이다.

오른쪽 그림[8]은 토론토지역교육위원회에서 제공하고 있는 '미래 계획하기(Build Your Future)'의 예술, 문화, 연예 직업 관련 진로학업설계 정보이다. 학생이 희망하는 직업군에 대해 다양한 정보들을 제공한다. 내용을 좀 더 구체적으로 살펴보면 학생 자신의 관심사와 능력을 고려하여 고교 졸업 후 학생이 진출하는 사회 분

---

8. 토론토지역교육위원회홈페이지(https://www.tdsb.on.ca/Portals/0/HighSchool/docs/BuildYourFuture.pdf,검색일:2021.2.12.).

※ 자료: 토론토지역위원회, 2021

예술, 문화, 연예 직업과 관련 학업설계 정보
이 프로그램에서는 예술, 문화, 연예 외에도 경영·판매·서비스, 건강·자연과학·응용과학, 정보공학, 사회과학·사회복지, 운송·산업공학 등 6개 직업군에 대한 진로학업설계 정보를 제공한다.

야별로 직업교육 프로그램, 전문대학, 종합대학, 취업 등에 따라 학생이 희망하는 직업 종류를 탐색하고, 해당 직업을 갖기 위해 학년별로 권장하는 선택과목을 제시하고 있다. 이 프로그램은 예술·문화·연예 외에도 경영·판매·서비스, 건강·자연과학·응용과학, 정보공학, 사회과학·사회복지, 운송·산업공학까지 6개의 직업군에 대한 학업설계 정보를 제공하고 있다.

| 대학진학에 필요한 모든 정보를 제공하는 온라인 서비스 |

고등학교를 졸업한 후에 모든 학생이 직업 세계로 바로 뛰어드는 것은 아니다. 직무수행과 관련된 좀 더 심화된 역량이나 소양, 전문지식 등을 기르기 위해 대학에 진학하는 경우도 많다. 이와 관련하여 온타리오주는 대학진학을 위한 온라인 종합 정보 서비스를 제공한다. 다음의 그림[9]에서 보듯이 대학진학을 희망하는 학생들이 원하는 전공이 개설된 대학, 자신의 생활환경에 적합한 대학교와 응시하는 방법 등에 대한 모든 정보를 검색할 수 있다.

온타리오 대학 정보 홈페이지
대학에 진학하고자 하는 학생들을 위한 온라인 서비스이다. 원하는 전공이 개설된 대학부터 자신에게 맞는 대학교와 응시와 관련된 정보들을 폭넓게 알아볼 수 있다.

---

9. 온타리오 대학 정보 홈페이지(https://www.ontariouniversitiesinfo.ca/, 검색일: 2021.2.12.)

소개한 그림은 온타리오주 대학 정보 홈페이지인데, 메인화면에서 보이는 몇 가지 메뉴를 소개하면 다음과 같다. 먼저 **전공 찾기**(Find a Program) 항목은 학생이 희망하는 전공의 개설 대학 및 개관 정보[10], 지원 자격, 입시요강, 연락처 등을 폭넓게 제공하고 있다. 특히 입학 자격의 경우 고등학교에서 학생이 미리 이수해야 하는 과목, 심화 과정인 IB와 AP 조건, 지원에 필요한 언어 자격 등이 구체적으로 제시되어 있다. 또한 상단의 **재정**(Finance) 항목을 클릭하면 대학 등록금 및 장학금뿐만 아니라 등록금을 지원받을 수 있는 기관과 방법 등에 대해서도 자세히 제공한다. 이처럼 온타리오주는 학생들의 진로가 결정되고, 학생 자신에게 학습하고자 하는 의지가 명확하면 고등학교 졸업 이후에도 지속적으로 교육을 받을 수 있도록 지원하는 체제가 잘 구축되어 있다.

좀 더 구체적인 이해를 돕기 위해 전공과 관련하여 제공되는 정보에 관해 살펴보면 다음과 같다. 304쪽 그림은 동물학과와 관련된 검색 결과인데, 두 번째 정보에서 보듯이 동물학과에 진학하기 위해 고등학교에서 미리 이수해야 하는 과목이 나와 있다. 예컨대 12학년 대학진학용 영어(ENG4U), 12학년 대학진학용 고급 함수(MHF4U)를 필수적으로 이수해야 하고, 11학년 대학준비 생물(SBI4U), 12학년 대학진학용 화학(SCH4U), 12학년 대학진학용 물

---

10. 설치대학, 학위, 지원 가능 성적, 체험학습, 강의 언어 등의 전공학과 요약 정보가 제공된다.

리(SPH4U) 중 2개 과목과 추가적으로 2개의 종합대학이나 전문대학진학용 과목을 이수해야 한다는 것을 알려준다. 캐나다에서는 6개 과목의 내신성적[11]으로 대학에 진학하기 때문에 동물학과에 진학하기 위해서는 대학이 지정한 4개 과목과 함께 추가적으로 대학진학용 과목을 2개 수강해야 한다. 전반적으로 동물학과에 진학하기 위해서는 생물, 화학, 물리가 매우 권장된다. 이 중 한 개 과목을 이수하지 못하면 1학기에 대체 과목을 이수하게 된다는 조항까지 상세하게 안내한다. 이처럼 온타리오주는 대학진학을 희망하는 학생들 누구나 종합적이고 상세한 정보를 쉽게 접근하여 검색하고 탐색해볼 수 있는 온라인 시스템을 마련해놓았다.

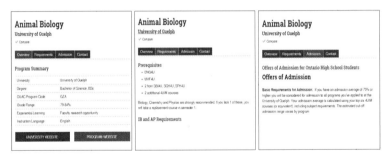

동물학과 검색 결과[12]
특정 학과에 진학하기 위해서는 고등학교에서 학생들이 어떤 과목들을 이수해야 하는지에 관해서 체계적으로 안내하고 있다.

---

11. 캐나다의 대학입시는 100% 고등학교 내신성적으로 운영된다.

12. 온타리오 대학 정보 홈페이지(https://www.ontariouniversitiesinfo.ca/, 검색일: 2020.2.12.)

학생·학부모와 긴밀히 협력하는 진로학업설계를 구안하다

대표적인 다민족·다인종 국가 중 하나인 캐나다는 지금도 계속해서 해외에서 많은 수의 인구가 유입되고 있다. 그렇기 때문에 각 주정부는 민족이나 인종을 아울러 모든 학생들이 건강한 시민으로 성장하고 캐나다 국민으로서의 정체성을 가질 수 있도록 배려하고 있다. 그리고 한 사람도 빠짐없이 모든 학생들이 학교 교육의 전 과정을 잘 마칠 수 있도록 포괄적이고 종합적인 시스템을 마련하여 체계적으로 지원하고 있다. 무엇보다 가정, 학교, 지역사회가 긴밀히 연계하고 협력함으로써 학생에게 최선의 교육을 제공할 수 있도록 교육과정과 교육 프로그램에 대한 정보뿐만 아니라 지원기관 및 지원요청 방법까지도 상세히 안내하고 있다.

| BC주: 단계별로 종합적인 정보를 제공하는 학부모 안내서 |

청소년 자녀를 둔 부모들에게 진로선택에 관한 실질적인 도움을 줄 수 있는 정보 제공을 위해 노력하고 있다. 아래 그림은 BC주에서 발간한 한국어 학부모 안내서 일부이다. 이처럼 BC주는 다문화 가정에서 언어 문제로 인해 정보 접근에 차별을 겪지 않도록 배려하여 다양한 언어로 학부모 안내서를 제작·배포하고 있다. 여기에는 청소년 자녀의 진로선택과 진로역량 개발을 돕고자 하는 부모를 위해 체계적이고 자세한 정보를 제공한다. 또한 아래 그림의 오른쪽은 안내서 목차 일부인데, 이 안내서에서는 진로계획 4단계인 '1단계: 나 자신 알기 - 2단계: 가능성 탐구 - 3단계: 선택 - 4단계: 실행'의 전 단계에 필요한 내용을 매우 자세하고 폭넓게 설명하고 있다.

BC주의 한국어 학부모 안내서(좌)와 목차(우)
다민족 다인종 국가인 캐나다의 특성상 언어 문제로 인해 소외받는 가정이 없도록 배려하기 위해 BC주는 다양한 언어로 진로교육과 관련된 부모 안내서를 제작하여 배포하고 있다.

4단계 진로계획에 관해 각 단계별로 좀 더 구체적으로 내용을 살펴보면 다음과 같다. 먼저 1단계에서는 학생의 관심사와 열정 탐색, 진로에 대한 자녀와의 대화 요령, 진로 옵션 평가표를 제시하고 있다. 아래의 그림이 바로 **진로 옵션 평가표**이며, 이 평가표를 통해서 청소년 자녀의 능력, 가치관, 관심사, 선호 사항 등에 적합한 특정 직업을 탐색할 수 있다. 가로는 직업을 선택하는 데 가장 중요한 기준을 적고, 세로줄은 자녀가 고려 중인 직업을 기재한다. 표의 각 셀에 해당 직업이 해당 기준에 충족하면 '√' 표시하고, 잘 모르면 '?' 표시하고, 충족하지 않으면 'X'를 표시하면 된다. 'X' 표시가 가장 적고 자녀가 가장 희망하는 직업에 초점을 두고, '?'가 있는 곳은 필요한 정보를 탐색하면 된다.

직업	창조 및 디자인	조직	1:1로 돕기	근무시간 내가설정	쓰기 및 연구	필요한 최고학력: 학사학위	포트 세인트 존 거주	승진기회	여행	초임시급 $20이상
교육 상담원	√	√	√	X	√	?	√	?	X	?
고등학교 교사	√	√	?	X	√	√	√	?	?	√
취직 상담원	√	√	√	X	?	√	√	?	X	?
행사 기획가	√	√	√	X	X	√	?	?	?	?
홍보 코디네이터	√	√	?	?	?	√	?	√	?	?
자선 단체 기금 모금원	√	√	?	?	?	√	?	?	?	?

※자료: BC주 교육부, 2018

진로 옵션 평가표
표 안에서 '?' 표시는 아직 학생이 결정하지 못한 것을 의미한다.

2단계에서는 **자녀의 가능성 탐구**를 좀 더 구체적으로 돕기 위하여, 직업과 관련된 좀 더 실질적인 정보들을 제공한다. 예컨대 BC주의 노동 시장 정보 및 고수요 직종 정보, 고용주가 요구하는 기술 정보, 기능직 정보 등의 핵심 내용을 제공하고 있다. 그리고 3단계에서는 **진로 포트폴리오 정보와 청소년의 목표 설정**을 돕기 위한 안내, 단계 계획, 문제 관리와 해결에 대한 정보를 제공한다. 끝으로 4단계에서는 진로계획에 따른 **학습경로 탐색**에 관련된 고등학교 과목 선택, 학비 마련과 구체적인 방법에 대한 정보를 제공한다. 이와 같은 단계별 정보 이외에도 추가적으로 진로계획에 대한 정보를 받을 수 있는 기관들의 소개와 주요 학교 교육 용어와 정의를 종합적으로 제공하고 있다.

| 온타리오주: 후기중등교육 기회까지 아우르는 진로학업설계서 |

이상에서 우리는 다문화 가정에서 언어 문제로 인해 진로교육에 차질이 발생하지 않도록 다양한 언어로 제작 배포되는 BC주의 학부모 안내서와 그 내용 등에 관해 살펴보았다. 온타리오주 또한 진로학업계획에 학생 및 학부모가 긴밀히 참여할 수 있도록 배려한다. 예컨대 온타리오주에서는 지역교육구[13]별로 학생의 진로에 따른 과목선택을 지원하기 위해 학생 및 학부모 친화적이고 종합

Table of Contents

Getting Started 5
Creating Pathways to Success 6
The Journey: myBlueprint 8
Building Character 9
Build Your Future 10
Policies & Practice 11
Policies & Practice 12
Assessment & Evaluation of Student Achievement 13
Reporting 14
Alternative Learning Opportunities 15
Re-Engagement Opportunities 19
Specialized Programs 22
Specialist High Skills Major Programs 23
Other Programs 24
Specific Program Information: Cooperative Education 25
Specific Program Information: Apprenticeship 26
Specific Program Information: Technology 27
Choices Planning Guide 29
Diploma & Certificate Requirements 30
Understanding Course Codes & Descriptors 32
Begin with an End in Mind 33
Pathways 34
Course Types 36
Things to Consider 38
Completing Your Online Course Selection 39
Course Descriptors & List of Course Codes 42
List of Course Codes (alphabetical by code) 43
Translations 51

Choices Toronto District School Board

진로학업설계서의 표지(좌)와 목차(우)
이 진로학업설계 안내서에는 고등학교 교육과정을 이수에 관한 모든 방법과 졸업 이후 선택할 수 있는 다양한 후기중등교육의 기회까지도 매우 상세히 담고 있다.

적인 학업설계 안내서가 개발되어 온라인으로 배포되고 있다. 이 안내서는 학생이 고등학교 교육과정을 이수할 수 있는 모든 방법은 물론, 졸업 이후 선택할 수 있는 다양한 후기중등교육의 기회까지도 매우 상세히 소개하고 있다.

위의 그림은 토론토 지역교육위원회[14]의 진로학업설계 종합안내서의 일부이다. 이 안내서의 내용은 크게 진로학업설계와 교육

---

13. 우리나라 교육지원청과 비슷한 교육기관

14. 우리나라에도 지역교육청별로 지역교육과정위원회가 있다. 그러나 대부분 유명무실한 것이 현실이다. 모든 학생의 꿈을 지원하는 고교학점제를 추진하기 위해서는 지역교육과정위원회의 재조직과 활성화 방안이 시급하다.

과정 및 이수경로 안내의 두 가지 영역으로 나뉜다.

먼저 **진로학업설계 영역**에서는 내적 동기와 지지를 강조한다. 즉 학생 스스로가 자신의 능력이나 가능성을 믿는 것과 삶 속에서 동료와 어른들이 학생들을 믿어준다는 것이 학생들이 목표를 달성하는 데 미치는 긍정적 영향력을 강조하는 것이다. 그래서 개발된 진로학업설계서는 모든 교육공동체에게 이러한 믿음을 심어주고 이에 근거하여 체계적이고 적극적으로 도와줄 수 있는 방법을 탐색하는 데 도움을 준다. 이와 관련한 내용 구성은 진로설계, 진로학업설계 온라인 사이트, 자기이해 및 미래탐색, 관련 정책과 지침, 학생 학업성취의 평가 방법, 대안교육 기회, 성인교육 기회, 전문기술교육 프로그램 소개 등으로 이루어져 있다. 즉 학생의 자기이해를 바탕으로 자신의 능력이나 가능성에 대한 정보를 탐색할 수 있는 기회를 마련하고 있는 것이다. 특히 토론토지역에서 접근할 수 있는 다양한 대안교육 기관과 프로그램을 자세히 제공하고 있어서 모든 학생들의 학습권을 적극적으로 보장하고 있는 토론토 지역교육구의 노력을 엿볼 수 있다.

교육과정 및 이수경로 안내 영역에서는 고등학교 졸업자격 요건 및 취득 방법, 과목코드 정보 안내, 졸업 후 진로계획, 과목 이수 단계 및 변경 방안, 교육과정 및 고려사항, 온라인 수강신청 방법, 과목코드, 다문화 및 유학생 지원 정보 등에 대한 안내가 제공되고 있다. 학생들이 과목을 선택하는 과정에서 고려해야 하는 사항들뿐만 아니라 진로를 변경할 때 고려해야 하거나 추가로 이수해야 하는 과목에 대한 정보 등을 제공하여 학생이 꿈이 있고 학습에 대한 의지만 있으면 누구나 학습권이 보장될 수 있도록 지원하고 있다. 아래 그림과 같이 온타리오주에서도 다문화나 유학생들이 소외되지 않고 정보를 안내받을 수 있도록 영어를 포함한 14개 다국어로 고등학교 교육과정과 선택 방법에 대한 안내를 제공하는 사이트까지 제공하고 있다.[15]

온타리오 정착 지원 온라인 사이트 'Settlement.org'
온타리오주도 BC주와 마찬가지로 다문화나 유학생들이 소외되지 않고 정보를 안내받을 수 있도록 영어를 포함한 14개 다국어로 고등학교 교육과정과 선택 방법에 대한 상세한 안내와 정보를 얻을 수 있는 사이트를 제공한다.

---

15. 온타리오 대학 박람회 홈페이지(검색일: 2021.02.12.)
　　https://settlement.org/ontario/education/elementary-and-secondary-school/help-your-child-succeed-in-school/high-school-courses-and-choices/

05
그 외 인프라

학생의 주도적 선택을 돕는
다양한 지원 및 행사를 마련하다

앞에서 살펴본 것처럼 캐나다는 학교 교육
안에서 어느 한 명의 학생도 소외되지 않도록 그들 각자가 꿈꾸는
다양한 진로를 존중하고 또 지원해주는 진로교육 프로그램들을
마련하여 운영하고 있다. 특히 다문화·다인종 국가인 만큼 언어
문제로 인한 불이익이 발생하지 않도록 여러 언어로 정보와 자료
들을 제공하려는 배려가 눈에 띈다. 이 밖에도 BC주와 온타리오
주에서는 학생들의 실질적 진로탐색에 도움을 줄 수 있는 다양한
진로교육 프로그램을 운영하고 있는데, 그중 주목할 만한 것들이
있어서 끝으로 몇 가지만 더 소개하려고 한다.

---

16. 온타리오주교육부홈페이지(검색일: 2021.2.12.)
    (http://edu.gov.on.ca/eng/document/curricul/secondary/descript/descri9e.pdf,

| 과목선택을 돕는 다양한 과목안내서 제공 및 공유 |

진로교육이 정규교육과정 안에서 이루어지는 만큼 자신의 진로와 관련된 과목을 선택하고 이수하는 것은 학생들에게 매우 중요한 문제이다. 특히 온타리오주는 학생이 자신의 진로에 따라 과목을 자기주도적으로 선택할 수 있도록 다양하고 종합적인 과목안내서를 제공한다. 아래의 그림은 온타리오주의 고등학교 과목안내서 중 예술 과정의 일부이다. 이와 같이 온타리오주에서는 학생에게 과목선택을 안내하고 지원하는 고등학교 교육과정 과목안내서와 프로그램을 개발하여 배포하고 있다. 주교육부와 각 단위학교에서 개발하여 교사, 학생, 학부모가 공유할 수 있도록 홈페이지에 탑재하고 있으며, 각 단위학교 상담교사는 이를 활용하여 학생

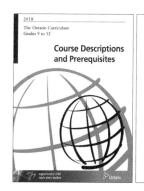

Courses in the Arts, Grades 9 to 12

Dance

Grade	Course Name	Course Type	Course Code	Prerequisite
9	Dance	Open	ATC1O	None
10	Dance	Open	ATC2O	None
11	Dance	University/College	ATC3M	Grade 9 or 10 Dance, Open
11	Dance	Open	ATC3O	None
12	Dance	University/College	ATC4M	Grade 11 Dance, University/College
12	Dance	Workplace	ATC4E	Grade 11 Dance, Open

온타리오주 고등학교 과목안내서[16]
주교육부와 단위학교에서 개발하여 교사, 학부모, 학생들이 공유하도록 하고 있다. 이 자료를 바탕으로 단위학교 상담교사는 학생들을 상담하고 지원한다.

을 상담하고 지원하고 있다. 그저 만들어 배포하는 데 의의를 두지 않고 실질적 활용에 초점을 맞춘 것이다.

온타리오주 교육부 과목안내서는 주에서 편성한 모든 과목을 교과별로 분류하여 9학년부터 12학년까지의 교육과정표[17]와 개설 목적, 내용 및 활동과 해당 과목을 선택하기 위해 미리 이수해야 하는 선이수 필수과목 등을 소개하고 있다. 또한 학생이 앞선 표 6-2(294쪽 참조)에 제시된 과목 위계를 이해하도록 돕기 위해서 각 과목을 이수하는 순서를 순서도로 제시한다. 다음의 그림은 예술 교과의 무용 과목 이수 순서도이다. 이 그림에서 정리한 것처럼 대학 및 전문대학진학용 12학년 무용은 9학년 공통 무용이나 10학년 공통 무용을 이수한 후 대학 및 전문대학 진학용 11학년 무

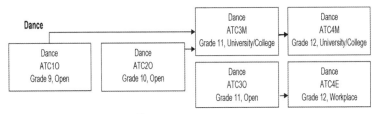

예술 교과 무용 과목의 이수 순서[18]

과목안내서에는 교과마다 이러한 일련의 순서도를 제시함으로써 학생들이 과목 위계를 한눈에 쉽게 이해할 수 있도록 돕고 있다.

---

17. 온타리오주교육부홈페이지(검색일: 2021.2.12.)
   http://edu.gov.on.ca/eng/document/curricul/secondary/descript/descri9e.pdf,

18. 온타리오주교육부홈페이지(검색일: 2021.2.12.)
   http://edu.gov.on.ca/eng/document/curricul/secondary/descript/descri9e.pdf,

용을 이수하여야 선택할 수 있다. 또한 취업용 12학년 무용은 11학년 공통 무용을 이수한 후에 수강할 수 있다.

온타리오주는 이처럼 학생의 눈높이에 맞추어 학생 친화적으로 필요에 맞게 자료를 제작하는 것을 원칙으로 한다. 또 아래의 그림은 온타리오주 토론토지역의 에토비코크 고등학교(Etobicoke Collegiate Institute)[19] 과목선택안내서의 일부이다. 이 학교의 과목선택안내서는 주교육부 교육과정 중에서 학교에 개설된 과목을 소개하는 내용으로 구성되어 있으며, 각 과목의 개설 목적, 학생이 과목을 통해 학습할 내용과 활동을 중심으로 쉽게 이해할 수 있게 학생 친화적으로 소개되어 있다.

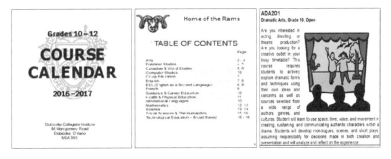

에토비코크 고등학교 과목선택 안내서 일부[20]
과목이 개설 목적이나 학습할 내용과 활동을 소개함에 있어 학생들이 쉽게 이해할 수 있게 학생 친화적으로 제작된 안내서이다.

---

19. 고등학교 교육과정을 운영하면서 전문대학 학위도 함께 취득할 수 있는 토론토에 위치한 공립고등학교
20. Etobicoke 고등학교 홈페이지(검색일: 2020.2.12.)
https://schoolweb.tdsb.on.ca/etobicokeci/Departments/Guidance

| 희망 과목에 대한 다양한 정보를 제공하는 온라인 서비스 |

4차 산업혁명 시대에 오직 종이에 인쇄된 형태로만 정보에 접근하게 하는 것은 다소 시대 착오적이다. 필요한 자료를 온라인에서도 자유롭게 접근하고 탐색하며 나아가 직접 기록도 할 수 있는 시스템이 필요하다. 그래서 아래의 그림과 같이 지역교육위원회에 따라서는 학생이 희망하는 과목을 직접 검색하여 정보를 탐색할 수 있는 홈페이지 공간을 제공하기도 한다. 학생은 과목을 과목 코드, 학년이나 과목, 주제어, 학교 정보 등을 활용해 검색하고, 이를 통해 해당 과목의 개설 목적, 과목 내용 및 활동, 선이수 필수 이수 과목 등 자신에게 필요한 정보를 쉽게 탐색할 수 있다.

토론도 지역교육위원회 홈페이지 과목검색[21]
교육과정 이수에 관한 다양한 정보를 담은 홈페이지를 마련하여 학생들은 온라인에서도 과목의 개설 목적, 과목 내용 등 자신에게 필요한 정보를 자유롭게 탐색할 수 있다.

---

21. 토론토지역교육위원회홈페이지(검색일:2020.2.12.)
　　(https://www.tdsb.on.ca/High-School/Guidance/Course-Search?SearchCourseBy=G,

앞서도 잠깐 언급했던 'myBlueprint'(관련 내용은 299쪽 글상자 참조)에서도 토론토 지역의 진로학업설계 지도 방향과 과정을 살펴볼 수 있다. 먼저 학생은 자신의 관심과 적성을 고려하여 진로를 선택하고 목표를 설정할 것이다. 학생의 진로를 크게 대학진학과 취업으로 구분하고 관련 진로를 실현하기 위한 방법을 알려준다. 현실적으로 필요한 예산을 측정해볼 수도 있다. 이런 과정을 통해 학생들은 자신의 진로에 맞게 고등학교 졸업 계획을 세우고 과목 선택의 중요성을 발견하게 된다. 학생 개인의 각종 파일, 사진, 동영상 자료를 탑재하고 공유할 수도 있고, 자신의 경험을 이력서나 자기소개서로 기록하고 학교나 직장에 제출할 수도 있다. 다시 말해 학생들은 이 프로그램을 활용함으로써 진로설계로부터 학업설계까지의 모든 과정을 종합적·포괄적으로 경험할 수 있는 것이다.

입학사정관의 전문 상담부터 다양한 맞춤형 정보와 만나는 입시박람회

9월 신학기의 과목선택은 1월과 2월에 실시되며 대부분의 학교에서 'myBlueprint'를 이용한다. 하지만 학생들이 지면으로 제공되는 과목선택 신청서를 직접 작성하기도 한다. 개인 학습이력 계획(IPP: An Individual Pathway Plan)은 아무리 신중하게 계획해도 도

온타리오 대학입시 박람회 홈페이지 및 실제 박람회 현장[22]

온타리오 지역을 순회하며 운영되는 입시박람회에는 대학별 부스에서 입학사정관의 상담을 받을 수도 있고, 입시에 필요한 다양한 정보를 제공한다.

중에 학생의 계획과 결정 변경 가능성을 배제할 수 없기 때문에 매년 작성되어야 하고, 정기적으로 상황 변화를 검토할 필요가 있다. 결정을 변경하는 것은 가능하지만, 그렇다고 무조건 허용하는 것은 아니다. 즉 학생의 과목선택 변경은 타당한 교육적 이유가 있을 때만 가능하다. 또한 때때로 수강인원이 너무 적으면 과목은 취소될 수 있는데, 이때도 변경이 불가피하다.

위의 그림은 학생들의 대학진학 정보 제공과 상담을 위해 개최된 온타리오 대학교 박람회의 모습이다. 박람회는 온타리오 중심 도시인 토론토를 비롯하여 온타리오 곳곳을 순회하면서 운영된다. 대학별 부스를 운영하면서 각 대학의 입학사정관과 상담도 가

---

22. -왼쪽: 온타리오대학입시박람회 홈페이지(https://www.ontariouniversitiesfair.ca/, 검색일: 2021.2.12.)
　　-오른쪽: 워터루대학교 홈페이지(https://uwaterloo.ca/renison/ontario-universities-fair-renison-uwaterloo, 검색일: 2021.2.12.)

능하고, 프로그램, 과목선택을 포함한 입학 조건, 학생 생활에 대한 다양한 추가 정보를 제공한다. 또한 학생은 선택과목이나 수준에 대해 추천을 받을 수도 있다. 특히 9학년부터의 과목선택은 체계적인 과목 위계에 따른 수강신청으로 인하여 대학에 반영되는 12학년 과목선택에 영향을 줄 수 있기 때문에 꼼꼼하게 검토하여 수행해야 한다. 또한 9월 신학기에는 과목을 바꿀 수 있는 기회가 없으므로 나중에 실망하지 않으려면 신중하게 고민해야 한다.

이상에서 캐나다의 진로교육 사례를 소개하기는 했지만, 우리가 결코 간과해서는 안 되는 것은 바로 무분별한 모방과 도입이다. 효과적으로 잘 운영되는 해외사례들을 접하고 연구하다 보면 자칫 우리나라 학교 교육 현황을 충분히 고려하지 못한 채 서둘러 도입하고 싶은 욕심이 앞설 수도 있다. 하지만 한 발 떨어져서 시스템 전체를 조망해볼 필요가 있다. 지금까지 우리가 살펴본 고교학점제에서의 진로학업설계는 종합적이고 체계적이며 지속적으로 이루어질수록 높은 실효성을 가진다. 그리고 진로학업설계 안에는 학생의 계획은 물론 누적되는 실천의 전 과정이 담겨 있다. 그만큼 광범위한 것이기 때문에 진로학업설계 안에는 매우 많은 요인과 제도가 서로 복잡하게 얽히고설켜 있을 수밖에 없다. 따라서 해외사례를 바라볼 때는 단편적 측면에서 한두 군데 눈에 띄는 장점에만 주목할 것이 아니라, 다양한 사회적 요인과 시스템, 제도 등을 포괄적으로 조망하고, 이를 우리나라의 교육 현황과 여건에 비교 분석하는 과정을 반드시 거쳐야 한다. 이러한 과정을 통해 비로소 우리에게 알맞은 적용 또는 응용 방안을 도출해내는 것이야말로 실로 중요한 과제이다. 교육부, 교육청, 학교 모두 이 점을 반드시 기억하여 진로학업설계를 바탕으로 그려가는 진로교육 로드맵이 반짝 이벤트로 끝나지 않고 학생의 학교생활 전체에 의미 있는 과정으로 자리를 잡아갈 수 있도록 해야 한다. 나아가 이렇게 그려 나가는 체계적인 진로교육 로드맵이 학생 개개인의 미래 평생학습으로 지속 성장할 수 있도록 모두가 한마음으로 협력하여 차근차근 준비해 나가야 할 것이다.

진로
학업설계서

고교학점제의 운영 취지는 비단 소수의 성적 우수 학생뿐만 아니라 모든 학생들을 꿈과 미래가치를 존중하는 학교 교육이 이루어질 수 있도록 하는 데 있다. 이를 온전히 실현하는 데 있어 진로교육은 중요한 돌파구가 된다. 특히 고교학점제의 진로교육은 이벤트 형식의 단편적 실천이 아니라 정규교육과정 안에서 상시적으로 꾸준히 이루어짐으로써 학생들이 3년 동안 자신의 진로를 설계해 나가도록 돕는 진로학업설계를 구현하는 데 있다. 따라서 3년의 진로와 관련된 학생들의 모든 활동을 꾸준히 기록해나가는 것은 매우 중요하다. 이에 부록에서 참고할 만한 진로학업설계서 양식을 소개하려고 한다. 양식에서 소개하는 항목들을 중심으로 각 학교의 실정에 맞게 응용해볼 수 있을 것이다.

○○학년도 고등학교 입학생 3개년간 진로학업계획서(예시)

학교		○○고등학교	학번		이름	

자기이해	흥미	□ R(현실형), □ I(탐구형), □ A(예술형), □ S(사회형), □ E(기업형), □ C(관습형) 1순위( ), 2순위( ), 3순위( )		
		관심 직업		
	적성	□ 신체 운동능력, □ 손재능, □ 공간지각력, □ 음악능력, □ 창의력, □ 언어능력 □ 수리 논리력, □ 자기성찰능력, □ 대인관계능력, □ 자연친화력, □ 예술시각능력 1순위( ), 2순위( ), 3순위( )		
		관심 직업		
	직업 가치관	□ 안전성, □ 보수, □ 일과 삶의 균형, □ 즐거움, □ 소속감, □ 자기계발 □ 도전성, □ 영향력, □ 사회적 기여, □ 성취, □ 사회적인정, □ 자율성 1순위( ), 2순위( ), 3순위( )		
		관심 직업		
	MBTI 유형	□ ISTJ(소금형), □ ISFJ(권력형), □ ESTJ(사업가형), □ ESFJ(친선도모형) □ ISTP(백과사전형), □ ISFP(성인군자형), □ ESTP(활동형), □ ESFP(사교형) □ INTJ(과학자형), □ INTP(아이디어형), □ ENTP(발명가형), □ ENTJ(지도자형) □ INFJ(예언자형), □ INFP(잔다르크형), □ ENFP(스파크형), □ ENFJ(언변능숙형)		
		관심직업		
	학생 상담 내용			
	학부모 상담 내용			

직업·관련교육계획	선정 직업	직업명	하고 싶은 이유		
		관련교육 (학과)			
	관심 대학 및 전공 학과	대학 및 학과명			
		지원하고 싶은 전형	□ 학생부교과전형, □ 학생부종합선형, □ 논술전형, □ 수능, □ 실기, □ 기타( ) 1순위( ), 2순위( ), 3순위( )		
		1순위전형 전년도결과	모집 인원	경쟁률	결 과
		2순위전형 전년도결과	모집 인원	경쟁률	결 과
진로 사명 선언					

대학 전공학과 교육과정 탐색*	필수과목		선택과목	

		구분	일반선택	진로선택
	교과영역		과목명	과목명

					구분	일반선택			진로선택		
진로에 따른 개인별 교육과정	과목 설계	기초	국어							
			수학							
			영어							
		탐구	사회							
			과학							
		체육·예술	체육							
			예술							
		생활·교양	기술가정							
			제2외국어							
			정보							
			교양							
	학교 활동	온·오프라인 공동교육과정								
		자율활동								
		진로 활동								
		동아리 활동(정규)								
		동아리 활동(자율)								
		봉사 활동								
		교과 관련 교내외 활동								

안내사항	1. 개정 교육과정에 제시된 고등학교 과목 편성표, 과목안내서(시·도교육청 또는 대학 개발), 학교 교육과정 기본 계획을 참고하여 작성한다. 2. 교과 및 진로 수업 시간에 계획을 수립하도록 안내한다. 3. 과목안내서에 제시되어 있지 않은 진학 희망 대학의 전공학과는 해당 대학의 전공학과 홈페이지에서 전공의 교육과정을 검색해보고, 이와 연계되는 고등학교 과목을 탐색해본다.

* 대학전공학과 교육과정 탐색에서 고교졸업 후 취업을 희망하는 학생의 경우 취업분야와 관련된 대학 전공학과를 과목안내서에서 검색하여 수강해야 할 교육과정을 탐색해본다.

과목 선택 및 과목 이수 경로

구분	교과영역	교과군 (필수단위)	유형	과목	운영단위	1학년		2학년		3학년	
학교지정	기초	국어(10)	공통	국어(8)	8						
		수학(10)		수학(8)	8						
		영어(10)		영어(8)	8						
		한국사(6)		한국사(8)	6						
	탐구	사회(10)		통합사회(8)	6						
		과학(12)		통합과학(8)	6						
				과학탐구실험(2)	2						
	체육·예술	체육(10)	일반	체육	4						
			일반	운동과 건강	4						
			진로	스포츠 생활	4						
		예술(10)	일반	음악	4						
			일반	미술	4						
			진로	음악감상과 비평	4						
	생활·교양	제2외국어	일반	일본어 I	6	(택1)					
			일반	중국어 I	6						
		교양	일반	진로와직업	8						
			일반	환경/정보 (택1)	2						
2·3학년 과목선택	기초	국어	일반	화법과작문, 언어와매체, 문학, 독서		4단위 (택6) ① ② ③ ④ ⑤ ⑥		4단위 (택6) ① ② ③ ④ ⑤ ⑥		4단위 (택6) ① ② ③ ④ ⑤ ⑥	4단위 (택6) ① ② ③ ④ ⑤ ⑥
			진로	심화국어, 고전읽기, 실용국어, 기본 국어							
			전문	고전문학감상, 현대문학감상							
		수학	일반	수학 I, 수학 II, 미적분, 확률과통계							
			진로	기하, 경제수학, 실용수학, 수학과제탐구							
			전문	심화수학 I, 심화수학 II							
		영어	일반	영어 I, 영어 II, 영어회화, 영어독해와작문							
			진로	기본영어, 실용영어, 영어권문화, 진로영어, 영미문학읽기							
			전문	심화영어 I, II, 심화영어독해 I, II							
	탐구	사회	일반	한국지리, 세계지리, 세계사, 동아시아사, 경제, 정치와법, 사회·문화, 생활과윤리, 윤리와사상							
			진로	여행지리, 사회문제탐구, 고전과윤리							
			전문	사회과제연구, 지역이해, 국제관계와국제기구							
		과학	일반	물리학 I, 화학 I, 생명과학 I, 지구과학 I							
			진로	물리학 II, 화학 II, 생명과학 II, 지구과학 II, 과학사 II, 생활과 과학, 융합과학							
			전문	과학과제연구							
	생활·교양	기술·가정, 제2외국어/한문, 교양	일반	논술, 교육학, 보건, 한문							
			진로	공학일반, 지식재산일반							
			전문	프로그래밍, 자료구조							
합계					180	30	30	30	30	30	30
학교 개설 희망 과목		학생이 자신의 진로에 따른 과목 선택시 학교에 개설되어 있지 않은 과목에 대한 정보를 기재한다. 학교는 희망 학생수가 많은 경우 학교 교육과정에 반영할 수 있도록 노력한다.									

※ 위의 교육과정 편성은 학교 교육과정 편성표로 대체하여 편집한 후 활용한다.

학업 이수 현황

구분	교과 영역	교과군 (필수단위)	세부 과목		상담 내용 및 이후 계획
			유형	과목	
졸업 학점 이수 현황	1학년	1학기	이수		※ 학생 학업이수 과정을 검토하고 미이수 예방을 위한 상담과 계획을 작성한다. 학업이수과정에서 어려움이나 특이사항이 있는 경우도 요약하여 기재한다.
			미이수		
		2학기	이수		
			미이수		
	2학년	1학기	이수		
			미이수		
		2학기	이수		
			미이수		
	3학년	1학기	이수		
			미이수		
		2학기	이수		
			미이수		
	졸업	· 전과목 출석률 2/3 이상 · 192학점 취득	· 이수 및 취득 학점 전체 현황 기록		
학생 진로 학업 설계 평가	1학년	· 학생이 직접 작성하게 하는 것도 가능, 스스로 자신의 진로학업설계 전과정을 정리하고 평가해보는 시간을 갖도록 함 · 학생 진로 탐색 및 선정 과정과 진로·적성에 따른 과목 선택 및 이수경로 과정에 대한 우수사항 및 특이사항 작성			
	2학년				
	3학년				

○○학년도 직업계고등학교 입학생 3개년간 진로학업계획서(○○○과)(예시)

1. 인적사항

사진 3X4cm	이 름	이름을 입력해주세요		
	학년	반	번호	담임교사
	1			
	2			
	3			

2. 진로·적성 검사 및 진로 탐색 결과

이곳에 진로 적성 및 진로 탐색 검사 결과 내용을 써 주세요(예:흥미, 적성, 가치관, 성격 유형, 정서행동 등)

3. 학과 및 선택이유

학 과	선택 이유
자신의 학과명을 써 주세요	왜 선택하게 되었는지 써 주세요

4. 희망 취업분야 및 진로

희망 취업분야 및 진로	희망 취업 분야 선택 및 진로희망 이유
희망 취업 분야	□ 공기업 □ 대기업 □ 중소기업 □ 공무원 □ 금융기업 □ IT기업 □ 항공·관광기업
	□ 회계·세무업 □ 유통업 □ 판매업 □ IT(프로그램, 컴퓨터 관련)업 □ 서비스업 □ 외식업
	기타:
희망 대학 학과	
진로	3년 후 직장을 갖고, 이후 자신이 바라는 진로를 써 주세요

5. 출결상황

학년	결석일수			지각			조퇴			결과			특기 사항
	질병	미인정	기타	질병	미인정	기타	질병	미인정	기타	질병	미인정	기타	
1													
2													
3													

6. 희망 취업 분야의 주요 직무(직무란 희망 취업 분양에서 어떤 일을 하고 있고 있는지?)

이곳에 '4번'에서 선택한 희망 취업 분야를 써 주세요(예: 공기업 등)
이곳에 자신이 선택한 희망 취업 분야의 회사원들이 주로 하는 업무의 내용을 조사하여 적어 주세요

7. 희망 취업 분야 취업을 위한 자격증 취득 계획

1학년		2학년		3학년	
1학기	2학기	1학기	2학기	1학기	여름방학
□ 이곳에 목표로 하는 자격증명을 써 주세요 □ □ □	□ □ □ □	□ □ □ □	□ □ □ □	□ □ □ □	□ □ □ □

8. 희망 취업 분야와 연계한 창의적 체험활동 계획

	1학년	2학년	3학년
동아리 활동	동아리명:1학년 동아리명 기대효과:	동아리명:2학년 희망동아리명 기대효과:	동아리명:3학년 희망 동아리명 기대효과:
봉사활동 (3년간 60시간이상)	□ 교내,외 예정 봉사 활동을 써 주세요 □ □	□ □ □	□ □ □
	시간 : /20	시간 : /20	시간 : /20
기타활동 (수상계획, 임원활동, 체험학습 등등)	□ 받고 싶은 상 이름 및 반 임원 및 학생회 활동을 써 주세요 □	□ □ □	□ □ □
독서 계획	□ 희망 취업 분야와 연계한 독서 계획을 써 주세요 □	□ □	□ □

※ 유의사항
- 고교학점제는 서열화된 학교 교육에서 벗어나 모든 학생을 존중하는 교육을 지향한다. 따라서 진로학업설계는 학생이 자신의 진로에 따라 점차 미래를 심화하는 과정으로 이루어져야 한다. 그 중심에는 학생이 있고 학생은 존중되어야 한다. 존중받고 성장한 학생은 타인을 존중하는 시민으로 성장할 수 있을 것이다.

9. 교육과정 이수 체크리스트(학교의 교육과정 편제표에 따라 변형 사용)

1학년 교육과정

구분	교과영역	교과(군)	과목	운영단위	1학년 1학기	1학년 2학기	구분	교과영역	교과(군)	과목	운영단위	1학년 1학기	1학년 2학기
보통교과	기초	국어	국어	3/3	필수	필수	보통교과	탐구	사회	통합사회	3/3	필수	필수
		수학	수학	3/3	필수	필수		체육예술	체육	체육	2/2	필수	필수
		영어	영어	3/3	필수	필수			예술	미술	2/2	필수	필수
		한국사	한국사	3/3	필수	필수							
전문교과	학과필수	기초과목	회계원리	5/5	전공필수	전공필수							
			상업경제	3/3	전공필수	전공필수							
			컴퓨터시스템일반	3/3	타과필수	타과필수							

2학년 교육과정

구분	교과영역	교과(군)	과목	운영단위	2학년 1학기	2학년 2학기	구분	교과영역	교과(군)	과목	운영단위	2학년 1학기	2학년 2학기
보통교과	기초	국어	실용국어	1/1	필수	필수	전문교과	학과필수	기초과목	회계정보처리시스템	3/3	필수	필수
		수학	실용수학	1/1	필수	필수							
		영어	실용영어	1/1	필수	필수							
	탐구	과학	통합과학	3/3	필수	필수							
	체육예술	체육	운동과건강	2/2	필수	필수				사무관리	5/5	필수	필수
		예술	음악감상과비평	1/1	필수	필수							
	생활교양	기술가정/제2외국어/한문/교양	일본어 I	2/2	필수	필수							
			한문 I	2/2	필수	필수							
전문교과	학생선택	기초과목	금융일반	3/3	☐								
			유통일반	3/3	☐	택3원하는과목체크							
			세무일반	3/3	☐								
			전자상거래일반	3/3	☐								
			컴퓨터그래픽	3/3	☐								
			정보처리와관리	3/3	☐								
		실무과목	회계실무	3/3	☐								
			사무행정	3/3	☐								

3학년 전문교과 교육과정						
구분	교과 영역	교과(군)	과목	운영 단위	3학년	
					1학기	2학기
전문교과	학과 필수	전문교과	성공적인직업생활	1/1	공통	공통
		기초과목	기업과경영	2/2	필수	필수
			기업자원통합관리	4/4	필수	필수
	코스 선택	코스 택 1	금융회계 코스	창구사무	5/5	☐	코스 택 1
				세무실무	5/5		
			유통매니저 코스	매장판매	5/5	☐	
				유통관리	5/5		
	학생 선택	택 3	기초과목	비즈니스영어	4/4	☐	택 3
				창업일반	4/4	☐	
				마케팅과광고	4/4	☐	
				커뮤니케이션	4/4	☐	
			실무과목	비서	4/4	☐	
				전자상거래실무	4/4	☐	
				시각디자인	4/4	☐	
				스마트문화앱 콘텐츠제작	4/4	☐	
고시 외 과목		국어	취업실무국어	4/4	☐	
		수학	상업수학	4/4	☐	
		영어	토익연습일반	4/4	☐	
보통 교과		음악	음악연주	4/4	☐	
		체육	스포츠생활	4/4	☐	

( )학년 ○○○○과 ( ) 코스 ( )의 3년 교육과정 설계

3학년 (20 년)	학생 선택 과목	1. (　　　　) 2. (　　　　) 3. (　　　　)	
	코스 선택 과목		1. (　　　　) 2. (　　　　)
	필수 과목		1. (　　　　) 2. (　　　　)
	공통과목		1. (　　　　)
2학년 (20 년)	공통 및 필수 과목	1. (　　　　) 2. (　　　　) 3. (　　　　) 4. (　　　　) 5. (　　　　) 6. (　　　　) 7. (　　　　) 8. (　　　　)	1. (　　　　) 2. (　　　　)
	학생 선택 과목		1. (　　　　) 2. (　　　　) 3. (　　　　)
1학년 (20 년)	공통 및 필수과목	1. (　　　　) 2. (　　　　) 3. (　　　　) 4. (　　　　) 5. (　　　　) 6. (　　　　) 7. (　　　　)	1. (　　　　) 2. (　　　　) 3. (　　　　)
		보통교과	전문교과

※ 여기에 제시한 것은 직업계고등학교인 S고등학교에서 사용중인 양식으로 진로지도-과목선택-과목이수설계-학업관리의 모든 과정을 담고 있지는 않다. 부록 1의 일반고등학교 양식을 참고하여 필요한 영역을 추가하여 사용하길 권장한다.

※ 학교 교육공동체의 논의를 통해 작성해야 할 정보는 삭제·추가하여 사용하도록 한다. 진로학업설계에 반드시 필요한 정보로 진로학업설계서를 작성하도록 한다.

참고자료

· 1장 ·

〈논문 및 연구자료〉

이주연·이광우·진경애·이미숙·이민형·장현진, 2020, 〈고교학점제 도입에 따른 교육과
　　정 이수 지도 방안 탐색: 학생의 진로·학업 설계를 중심으로〉, 한국교육과정평가원.
정윤경·류지은·안유진·곽초롱, 2020, 〈고교학점제 도입에 따른 진로교육 체제 개편방안〉,
　　한국직업능력개발원.

〈기사문〉

문광민, 〈저출산 여파에 줄줄이 폐교…문닫은 초중고 3834곳, 대부분이 '수도권 밖'〉, 《매
　　일경제》, 2021.01.15.

〈인터넷 정보〉

KESS 교육통계서비스(https://kess.kedi.re.kr/stats/intro?itemCode=01&survSeq=2020&m
　　enuCd=)
브리티시 콜럼비아 교육부(검색일: 2021. 2. 14.)
https://www2.gov.bc.ca/gov/content/education-training/k-12/support/career-programs?
　　keyword=career&keyword=education
온타리오주교육부(검색일: 2021.2.13.)
　　(http://edu.gov.on.ca/eng/document/curricul/secondary/descript/descri9e.pdf

· 2장 ·

〈논문 및 연구자료〉

정윤경·류지은·안유진·곽초롱, 2020, 〈고교학점제 도입에 따른 진로교육체제 개편 방안〉,
　　한국직업력개발원, 201쪽.

서울특별시교육청,《서울형 고교학점제 기반 조성을 위한 2015 개정 교육과정 선택 과목 안내서》.

대전광역시교육청,《e-book 과목 안내서》.

〈계획서 및 보도자료〉
고색고등학교_고교학점제와 진로지도 로드맵.

2021학년도 고교학점제 연구학교 운영계획서(교육부).

2020학년도 고교학점제 연구학교 운영계획서(신천고).

2020학년도 고교학점제 연구학교 운영계획서(군위고).

2020학년도 고교학점제 연구학교 운영계획서(연초고).

2020학년도 고교학점제 연구학교 운영계획서(경기창조고).

〈사이트〉
http://www.edupress.kr/news/articleView.html?idxno=7056

•3장- 진로지도•

〈단행본〉
곽충훈·이선경·이정은,《어? 진로를 잡으니 학종이 보이네!》, 애플씨드북스, 2020.

김봉환·정철영·김병석,《학교진로상담》, 학지사, 2010.

〈논문 및 연구자료〉
곽충훈, 2021, 〈일반고 학생들을 위한 진로포트폴리오 활용 진로설계 프로그램 개발〉, 한국교원대학교 교육대학원 석사학위논문.

교육부, 국가평생교육진흥원, 세종특별자치시교육청, 2013, 〈부모와 함께하는 진로진학지도〉, 국가평생교육진흥원.

이주연·이광우·진경애·이미숙·이민형·장현진, 2020, 〈고교학점제 도입에 따른 교육과정 이수 지도 방안 탐색: 학생의 진로·학업설계를 중심으로〉, 한국교육과정평가원.

이지연·윤형한·장현진·방혜진·이윤진·박은규·김재희, 2016, 〈다문화학생을 위한 학교 진로상담(지도) 운영 매뉴얼〉, 교육부 · 한국직업능력개발원.

이지연·장현진·김나라·방혜진·이윤진·박은규·김재희, 2015, 〈진로선택기 고등학교 1학 년 학생의 학교진로상담(지도) 유형 진단을 위한 진로길잡이 H1〉, 교육부. 한국직업능력 개발원.

〈보도자료〉

교육부, 2016, 〈자유학기제 안착과 확산을 위한 제2차 진로교육 5개년 기본계획(안) (2016~2020)〉, 교육부 보도자료 별첨(2016. 4. 5.)

〈인터넷 정보〉

커리어넷 직업적성검사(https://www.career.go.kr/inspct/web/psycho/vocation, 검색일: 2021.2.15.)

커리어넷 진로성숙도검사(https://www.career.go.kr/inspct/web/psycho/grow2/result 검 색일: 2021.2.15.)

• 3장- 과목선택지도 •

〈논문 및 연구자료〉

경기도고교학점제교육연구회, 2020, 〈고교학점제와 진로지도 로드맵〉, 경기도고교학점 제교육연구회.

경상북도교육청, 2020, 〈펼쳐라 1년이 보인다 월별 고등학교 교육과정 매뉴얼〉, 경상북도교육청.

경상북도교육청, 2020, 〈학생부종합전형 대비 전공별 교육과정 설계 안내서〉, 경상북도교
육청.

서울특별시교육청교육연구정보원, 2020, 《2015 개정 교육과정 선택과목 안내서》, 서울특
별시교육청교육연구정보원.

〈고시 · 보도자료 및 운영 매뉴얼〉

교육부, 2015, 교육부 고시 제2015-74호, 교육부.

교육부, 2020, 고교학점제 연구학교 학생 학업설계지도사례 검토보고, 교육부.

교육부, 2021, 고교학점제 종합추진계획, 교육부.

영광고등학교, 2020, 〈YK 진로진학길라잡이〉, 영광고등학교.

• 3장-과목이수설계지도 •

〈논문 및 연구자료〉

경기도고교학점제교육연구회, 2020, 〈고교학점제와 진로 지도 로드맵〉, 경기도고교학점
제교육연구회.

〈고시 · 보도자료 및 운영 매뉴얼〉

경상북도교육청, 2020, 〈펼쳐라 1년이 보인다 월별 고등학교 교육과정 매뉴얼〉, 경상북도교육청.

경상북도교육청, 2020, 〈학생부종합전형 대비 전공별 교육과정 설계 안내서〉, 경상북도교육청.

광주광역시교육청, 2020, 〈2020학년도 빛고을 꿈대로 진로대로〉, 광주광역시교육청.

교육부, 2015, 교육부 고시 제2015-74호, 교육부.

교육부, 2020, 〈고교학점제 연구학교 학생 학업설계지도사례 검토보고〉, 교육부.

교육부, 2021, 〈고교학점제 종합추진계획〉, 교육부.

영광고등학교, 2020, 《2020학년도 영광고등학교 교육과정운영계획》, 영광고등학교.

영광고등학교, 2020, 《YK 진로진학길라잡이》, 영광고등학교.

• 3장-학업관리지도 •

〈논문 및 연구자료〉

경기도고교학점제교육연구회, 2020, 〈고교학점제와 진로지도 로드맵〉, 경기도고교학점제
  교육연구회.

〈고시·보도자료 및 운영 매뉴얼〉

갈매고등학교, 2020, 《2020 갈매고등학교 교육과정계획서》, 갈매고등학교.

경상북도교육청, 2020, 〈펼쳐라 1년이 보인다 월별 고등학교 교육과정 매뉴얼〉, 경상북도교육청.

교육부, 2021, 〈고교학점제 종합추진계획〉, 교육부.

신천고등학교, 2020, 〈2020학년도 1, 2학년 개별 교육과정 설계 지도 계획〉, 신천고등학교.

영광고등학교, 2020, 〈학년 담임을 위한 멘토링 안내서〉, 영광고등학교.

• 4장 •

〈논문 및 연구자료〉

곽충훈, 2021, 〈일반고 학생들을 위한 진로포트폴리오 활용 진로설계 프로그램 개발〉, 한
  국교원대학교 교육대학원 석사학위논문.

문애경, 2016, 〈중학생을 위한 강점기반 진로탐색프로그램 개발과 효과〉, 경성대학교 일
  반대학원 석사학위논문.

이숙영, 2003, 〈국내 집단상담 프로그램 개발의 현황 및 효과적인 프로그램 개발 관련요인〉,

《상담학연구》, 4(1), 53-67.
이주연·이광우·진경애·이미숙·이민형·장현진, 2020, 〈고교학점제 도입에 따른 교육과
    정 이수 지도 방안 탐색: 학생의 진로학업설계를 중심으로〉, 한국교육과정평가원.

〈고시·보도자료 및 운영 매뉴얼〉
경기도고교학점제연구회, 2020, 〈고교학점제와 진로지도 로드맵〉.
마산여자고등학교, 2020, 〈2020학년도 고교학점제 연구학교 결과보고서〉.
상일여자고등학교, 2020, 〈2020연구학교 프로그램 개발자 활동보고서〉.

• 5장 •

〈단행본〉
최승후, 《최승후 쌤의 미래가 바뀌는 진로진학 특강》, 북스토리, 2020.
탁진국, 《코칭심리학》, 학지사, 2019.

〈논문 및 연구자료〉
정윤경·류지은·안유진·곽초롱, 2020, 〈고교학점제 도입에 따른 진로교육체제 개편 방안〉,
    한국직업능력개발원, 183쪽.

〈고시·보도자료 및 운영 매뉴얼〉
교육부·한국직업능력개발, 2016, 자유 학기와 연계하는 중학교 진로교육 집중학년·학기
    제 운영 매뉴얼.
교육부, 2021, 고교학점제 종합 추진계획
경기도교육청, 2020, 2021학년도경기도고등학교신입생전형요강.
서울특별시교육청, 2020, 중3을 위한 미리보는 서울형 고교학점제 워크북.

〈인터넷 정보〉

커리어넷 https://www.career.go.kr

원격영상진로멘토링(https://mentoring.career.go.kr)

온라인 창업체험교육플랫폼((https://yeep.kr

어디가(http://adiga.kr)

고입정보포털(http://www.hischool.go.kr)

꿈길(https://www.ggoomgil.go.kr)

특성화고 마이스터고 포털(http://www.hifive.go.kr)

학교알리미(https://www.schoolinfo.go.kr)

• 6장 •

〈단행본〉

김성천·민일홍·정미라, 《고교학점제란 무엇인가?》, 맘에드림, 2019.

〈인터넷 정보〉

MOE(Ontario)(2015). What do you need to graduate from high school?: page 1. Ontario. Canada.

MOE(Ontario)(2017). Education and Career/Life Planning Program: page 2. Ontario. Canada.

MOE(Ontario)(2017). Course Descriptions and Prerequisites: page 6. Ontario. Canada

MOE(Ontario)(2018). Cooperative Education: page 8. Ontario. Canada

브리티시 콜럼비아 교육부(https://www2.gov.bc.ca/gov/content/education-training/ k-12/support/career-programs?keyword=career&keyword=education, 검색일: 2021. 2. 14.)

온타리오주교육부(http://edu.gov.on.ca/eng/document/curricul/secondary/descript/descri9e.pdf,검색일: 2021.2.13.)

에토비코크 고등학교 홈페이지(https://schoolweb.tdsb.on.ca/etobicokeci/Departments/Guidance, 검색일: 2021. 2. 13.)

토론토지역교육위원회홈페이지(https://www.tdsb.on.ca/High-School/Guidance/Course-Search?SearchCourseBy=G,검색일:2021.2.13.)

토론토지역교육위원회홈페이지(https://www.tdsb.on.ca/Portals/0/docs/Choices%20 2019-20.pdf,검색일:2021.2.13.)

토론토지역교육위원회홈페이지(https://www.tdsb.on.ca/Portals/0/docs/Choices%20 2019-20.pdf,검색일:2021.2.13.)

온타리오 대학 정보 홈페이지(https://www.ontariouniversitiesinfo.ca/, 검색일: 2021. 2. 13.)

온타리오 대학 박람회 홈페이지https://settlement.org/ontario/education/elementary-and-secondary-school/help-your-child-succeed-in-school/high-school-courses-and-choices/, 검색일: 2021.2.13.)

온타리오 대학 박람회 홈페이지(https://www.ontariouniversitiesfair.ca/, 검색일: 2021.2.13.)

워터루대학교홈페이지(https://uwaterloo.ca/renison/ontario-universities-fair-renison-uwaterloo,검색일: 2021.2.13.)

온타리오 대학 성보 홈페이지(https://www.ontariouniversitiesinfo.ca/, 검색일: 2021. 2. 12.)

삶과 교육을 바꾸는
맘에드림 출판사 교육 도서

나는 혁신학교에 간다

경태영 지음 / 값 14,000원

공교육을 바꾸겠다는 거대한 희망을 품고 시작된 '혁신학교'. 이 책은 일곱 개 혁신학교의 이야기를 담고 있다. 지금 우리 교육이 변화하는 생생한 현장의 모습과 아이들이 꿈을 키우고 행복하게 공부하는 희망의 터로 새롭게 자리매김하는 학교들을 이 책에서 만날 수 있다.

혁신학교란 무엇인가

김성천 지음 / 값 15,000원

교육공동체가 만들어내는 우리 시대 혁신학교 들여다보기. 혁신학교 전반에 관한 이야기를 다루고 있는 책으로, 공교육 안에서 혁신학교가 생기게 된 역사에서부터 혁신학교의 핵심 가치, 이론적 토대, 원리와 원칙, 성공적인 혁신학교의 모습을 보이고 있는 단위학교의 모습까지 담아냈다.

학부모가 알아야 할 혁신학교의 모든 것

김성천 · 오재길 지음 / 값 15,000원

학부모들을 위한 혁신학교 지침서!
'혁신학교에서는 무엇을, 어떻게 가르치고 있는지, 교사 · 학생 · 학부모는 어떻게 만나서 대화하고 관계를 맺어가는지, 어떤 교육 목표를 지향하고 있는지 등 이 책은 대한민국 학부모들의 궁금증에 친절하게 답을 한다.

학교 바꾸기 그 후 12년

권새봄 외 지음 / 값 14,500원

MBC 〈PD 수첩〉에 방영되어 화제가 되었던 남한산초등학교. 아이들이 모두 행복하고, 얼굴 표정이 밝은 아이들. 학교 가는 것을 무엇보다 좋아하고, 방학을 싫어하는 아이들. 수업과 발표를 즐겼던 이 학교를 졸업한 아이들이 그 후 12년의 삶을 세상에 이야기한다.

혁신교육 미래를 말한다

서용선 외 지음 / 값 14,000원

혁신교육 정책을 입안하고 추진하는 데 기여해왔던 6명의
교사 출신 연구자들이 혁신교육 발전에 필요한 정책 과제들을
모아 하나의 책으로 제시한다. 이 책은 교육철학, 교육과정,
교육행정과 학교 운영(거버넌스) 등에서 주요 이슈들을
정리하고 혁신교육의 성과와 과제를 보여준다.

진짜 공부

김지수 외 지음 / 값 15,000원

혁신학교가 추구하는 '진짜 공부'와 '진짜 스펙'이 무엇인지
보여주는, 졸업생들의 생동감 넘치는 경험담. 12명의 졸업생들은
학교에서 탐방, 글쓰기, 독서, 발표, 토론, 연구, 동아리, 학생회
활동을 통해 자신들이 생각하지도 못한 진짜 공부를 경험했음을
보여준다. 이 책을 통해 무엇이 진짜 공부인지를 새삼 느낄 수 있다.

행복한 나는 혁신학교 학부모입니다

서울형 혁신학교학부모네트워크 지음 / 값 16,000원

이 책은 학부모가 자신의 눈높이에서 일러주는 아이들의
혁신학교 적응기일 뿐만 아니라, 학부모 역시 학교를 통해 자신의
삶을 고양시켜가는 부모 성장기라는 점에서 대한민국의 모든
학부모들에게 건네는 희망 보고서이기도 하다. 이 책은 혁신학교
학부모로서의 체험을 미리 하는 데 부족함이 없을 것이다.

일반고 리모델링 혁신고가 정답이다

김인호 · 오안근 지음 / 값 15,000원

서울의 한 일반계 고등학교가 혁신학교로서 4년간 도전과 변화를
겪으면서 쌓은 진로, 진학의 비결을 우리 사회 모든 학생, 학부모,
교사, 시민 등에게 낱낱이 소개해주는 책. 무엇보다 '혁신학교는
대학 입시에 도움이 안 된다'는 세간의 편견을 말끔히 떨어
없앤다.

교사, 어떻게 살아야 하는가

김성천 외 지음 / 값 15,000원

오랫동안 교육현장에서 교육과 연구를 병행해온 저자 5인이 쓴
'신규 교사를 위한 이 시대의 교사론'. 이 책은 학교구성원과의
관계 맺기부터 학교현장에서 맞닥뜨리게 되는 여러 가지 문제들과
극복 방법 등 어떻게 개인의 성장을 도모해야 하는지를 두루
답하고 있다.

혁신 교육 내비게이터 곽노현입니다

곽노현 편저 · 해제 / 값 17,000원

서울시 18대 교육감이자 첫 번째 진보 교육감으로서 혁신 교육을
펼쳤던 곽노현은, 우리 사회 전반을 아우르는 주요 교육 현안들을
이 책에서 포괄적으로 다루고 있다. 2014년 3월부터 1년간 방송된
교육 전문 팟캐스트 '나비 프로젝트' 인터뷰에 출연한 전문가들과
나눈 대화와 그에 대한 성찰적 후기를 담고 있다.

혁신학교의 거의 모든 것

김성천 · 서용선 · 홍섭근 지음 / 값 15,000원

이 책은 혁신학교에 대한 100가지 질문에 답하면서 혁신학교의
역사, 배경, 현황, 평가와 전망을 구체적인 증거를 통해 설명하고
있다. 이 책은 우리 사회에 필요한 교육은 무엇인지, 교사와
학생들이 더 즐겁게 가르치고 배우면서 성장할 수 있는 교육을
위해 필요한 것이 무엇인지 등을 더 깊이 생각해보게 한다.

혁신학교 효과

한희정 지음 / 값 15,000원

이 책에서 저자는 혁신학교 효과를 살펴보기 위해 혁신학교가
OECD DeSeCo 프로젝트에 제시된 '핵심 역량'을 가르치고 있는지,
학생 · 학부모 · 교사가 서로 배우는 교육공동체를 이루고 있는지,
학생의 발달을 위한 다양한 교육과정을 운영하고 있는지 등을 반
학교와 비교하여 설명한다.

교실 속 생태 환경 이야기

김광철 지음 / 값 15,000원

아이들이 자연과 친해지고 즐길 수 있도록 교육하는 것은 쉬운 일이 아니다. 특히 도시에서는 더욱 어렵다. 그래서 이 책은 도시 지역 학교에서도 쉽게 실천에 옮길 수 있는 다양한 생태·환경교육을 폭넓게 다루고 있다. 이 책에서 저자는 계절에 따라 할 수 있는 20가지 환경교육 프로그램을 제시한다.

교사들이 함께 성장하는 수업

서동석·남경운·박미경·서은지, 이경은·전경아·조윤성 지음 / 값 15,000원

이 책은 배움 중심 수업을 위해 서로 다른 여러 교과 교사들이 수업을 디자인하고 연구하는 '수업 모임'에 관해 다룬다. 수업 모임 교사들은 함께 교과 수업을 디자인하고, 참관하고, 발견한 내용을 공유하고 평가하는 피드백을 통해 수업을 개선해간다.

에코 산책 생태 교육

안만홍 지음 / 값 16,500원

오늘날 인류가 에너지와 자원을 대량으로 소비하는 생활양식은 자연을 파괴하고 수많은 환경 문제를 야기하고 있다. 이 책은 그러한 생태 교육을 위해 필요한 내용을 다루고 있다. 아이들이 지구 환경을 다시 복원하기 위해서 갖춰야 할 것은 오감을 통해 스스로 자연을 느끼고, 자연의 소중함을 배우는 것이다.

수업 고민, 비우고 담다

김명숙·송주희·이소영 지음 / 값 15,500원

이 책은 수업하기의 열정을 잃지 않고 수업 보기를 드라마 보는 것만큼 재미있어 하는 3명의 교사가 수업 연구에 대한 이론적 체계가 아닌, 현장에서의 진솔한 실천 과정을 순도 높게 녹여낸 책이다. 이 속에는 자신의 교실을 용기 있게 들여다보며 묵묵히 실천적 연구자로 살아가는 선생님들의 고민과 성장이 담겨 있다.

뮤지컬 씨, 학교는 처음이시죠?

박찬수 · 김준성 지음 / 값 12,000원

각고의 노력으로 학교 뮤지컬을 개척한 경험과 노하우를 소개한 책. 뮤지컬은 학생들의 삶을 보다 풍요롭게 만듦으로써 학교교육 위기의 대안으로 크게 주목받고 있다. 현장에서 바로 적용하고 고민할 수 있는 현재진행형의 살아 있는 지식이 담겨 있다.

어서 와, 학부모회는 처음이지?

조용미 지음 / 값 15,000원

두 아이의 엄마인 저자가 다년간 학부모회 활동을 하면서 알게 된 노하우와 그간의 이야기들을 담은 책. 학부모회 활동을 처음 시작하는 이들이나, 이미 학부모회에서 활동 중이지만 학교라는 높은 벽에 부딪혀 방향성을 고민 중인 이들에게 권한다.

학교협동조합 A to Z

주수원 · 박주희 지음 / 값 11,500원

'학교협동조합'의 설립 및 운영과 관련해 학생, 학부모, 교사들이 궁금해할 만한 이야기들을 질문과 답변 형식으로 풀어냈다. 강의와 상담을 통해 자주 접하는 질문들로 구성했으며, 학교협동조합과 관련된 개념들을 좀 더 쉽고 빠르게 이해하는 데 중점을 두었다.

교육을 교육답게 우리교육 다시 세우기

최승복 지음 / 값 16,000원

20여 년간 교육부 공무원으로 정책을 연구하고 입안해온 저자가 우리 사회가 당면한 교육 문제의 본질과 대안을 명확하게 정리한 책. 저자는 표준화된 교육과정과 평가에 따라 학생들에게 획일성과 경쟁만 강조해왔던 과거의 교육을 단호히 비판하고 학생 개개인에게 맞는 개별화 교육이 필요하다고 주장한다.

혁신교육 정책피디아

한기현 지음 / 값 15,000원

이 책의 저자는 교육 현장은 물론, 행정 프로세스에 대한 경험을 모두 갖춘 만큼 교원 업무 정상화, 학폭법의 개정, 상향식 평가, 교사 인권 보호, 교육청 인사, 교원연수 등과 관련해 교육 현장의 가려운 곳을 제대로 짚어 긁어주면서도 현실성 높은 다양한 정책들을 제안한다.

영화 만들기로 창의융합 수업하기

박현숙 · 고들풀 지음 / 값 13,000원

창의융합 수업의 좋은 사례로서 아이들과 영화를 만든 이야기를 담았다. 시나리오, 콘티, 촬영, 편집과 상영까지 교과의 경계를 넘나드는 영화 만들기 수업 속에서 아이들은 다양한 역량을 발휘하며 훌쩍 성장한다. 학생들과 영화 동아리를 운영한 사례들도 담겨 더욱 깊이 있는 노하우를 얻을 수 있다.

혁신교육지구란 무엇인가?

강민정 · 안선영 · 박동국 지음 / 값 16,000원

이 책은 혁신교육지구에 관한 거의 모든 것을 아우른다. 시흥시와 도봉구의 실제 운영 사례와 향후 과제는 물론 정책 제안까지 담고 있어, 혁신교육지구에 관심을 가진 사람들뿐만 아니라 혁신교육지구와 관련된 업무를 담당하고 있는 현장의 전문가 및 정책 입안자들에게도 큰 도움이 될 것이다.

수업심리학을 만나다

윤상준 지음 / 값 15,000원

이 책은 학생 중심 수업을 만들어갈 때 학생들 각자의 내면, 즉 심리적 특성을 고려하지 않으면 절반의 성공밖에 거둘 수 없음을 조언한다. 아울러 교사들이 수업심리학의 관점에서 교육과정과 수업, 평가를 바라봄으로써 진정한 의미의 학생 중심 수업을 실현할 수 있도록 열린 시각을 갖게 해줄 것이다.

공교육, 위기와 도전

김인호 지음 / 값 15,000원

학생들에게 무한경쟁만 강요하는, 우리 교육 시스템과 그로 인해 붕괴된 교실에서 교육주체들은 길을 잃고 말았다. 이 책은 이러한 시스템 속에서 고통을 겪고 있는 교사, 학생, 학부모, 지역사회가 연대하여, 교육과정·수업·평가·진로 등 모든 영역에서 잘못된 교육 제도와 관행을 이겨낼 수 있는 대안과 실천 사례를 상세히 제시한다.

고교학점제란 무엇인가?

김성천 · 민일홍 · 정미라 지음 / 값 17,000원

이 책은 아직까지 우리나라에서는 생소한 개념인 고교학점제에 대한 거의 모든 것을 아우른다. 아울러 고교학점제가 올바로 정착하기 위해 학교 현장의 교사는 물론 학생, 학부모에게도 학점제를 좀 더 깊이 이해하기 위한 좋은 지침서가 되어줄 것이다.

교사의 말하기

이용환 · 정애순 지음 / 값 15,000원

이 책은 말하기 기술을 연마하기에 앞서 말하고자 하는 상대에 주목해야 함을 강조한다. 그리고 무심코 내뱉은 말 한 마디로 학생들이 얼마나 큰 상처를 입을 수 있는지 경계한다. 아울러 교사의 말이 학생을 성장시키고 나아가 교사 자신까지 성장시키는 엄청난 힘을 발휘한다는 것을 강조한다.

학교, 민주시민교육을 만나다!

김성천 · 김형태 · 서지연 · 임재일 · 윤상준 지음 / 값 15,000원

2016년 '촛불 혁명'의 광장에서 보인 학생들의 민주성은 학교에서는 찾아보기 힘들다. 민주시민교육은 법률과 교육과정 총론에 명시되어 있지만 그 중요성을 실제로는 인정받지 못해왔다. 또한 '정치적 중립성'이 대체로 '정치의 배제'로 잘못 해석됨으로써 구체적인 쟁점이나 현안을 외면해왔다. 이 책은 교육과정, 학교문화 등 다양한 측면에서 시민교육을 성찰하고 정책 대안을 제시한다.

학교, 민주시민교육을 실천하다!

세종도서 학술부문 선정도서
교육정책디자인연구소시민모임 지음 / 값 17,000원

학교에서 어떤 식으로 민주시민교육이 이루어져야 하는지를 이야기
한다. 특히 학생들의 눈높이에 맞춰 민주주의를 그들의 삶과 어떻게
연결시킬지에 초점을 맞추었다. 18세 선거권, 다문화와 젠더 등 다양
한 차별과 혐오 이슈, 미디어 홍수 시대의 시민교육, 통일 이후의 평
화로운 공존 방안 등의 시민교육 주제들을 아우른다.

고교학점제, 어떻게 실천할 것인가?

김삼향 · 김인엽 · 노병태 · 정미라 · 최영선 지음/ 값 20,000원

이 책은 고교학점제의 구체적인 실천 방안을 중심으로 풀어간다. 특
히 소통과 협력이 원활한 학교문화, 체계적인 학교운영, 학생들이 주
체가 된 과목 선택과 진로교육을 위한 다양한 교육과정 편성 및 운
영, 발달적 관점에서의 질적 평가, 학점제에 최적화된 학교 공간혁신
등을 아우른다. 특히 마이스터고와 특성화고의 실천 사례들도 함께
소개하고 있다.

시인 체육교사로 산다는 것

김재룡 지음 / 값 16,000원

이 책은 정년퇴임까지의 한평생을 체육교사이자 시인으로서 살아
온 저자가 솔직하고 담담한 자세로 쓴 일상의 기록이며, 한편으로는
구술사를 꾸준히 고민해온 저자 자신의 역사가 담긴 사료(史料)이
다. 그는 자신의 삶 속에서 타인의 고통과 접속하며 자신의 고통을
대면하여 가볍게 만드는, 자기치유의 가능성을 말한다. 사소한 순간
의 기억이 모여 운명처럼 완성된 한 생애의 이야기가 여기 있다.

포스트 코로나 시대, 학교가 디자인하는 미래교육

송영범 지음/ 값 15,500원

이 책은 인류의 생존마저 위협하는 다양한 글로벌 문제들의 해결에
있어 학교교육의 역할과 포스트 코로나 시대 미래학교의 방향성을
인본주의 관점에서 다시 짚어본다. 교육사조를 통해 미래교육의
집중 방향을 조명하는 한편, 실제 학교교육의 진화로 이어지는
실천을 위해 최근의 국내외 교육 트렌드와 함께 구체적인 실천
방법에 관해서도 이야기한다.

나의 첫 쌍방향 온라인 수업

상우고등학교 온라인교육과정연구회 지음/ 값 17,500원

이 책은 교사들이 함께 힘을 모아 차근차근 만들어간 '쌍방향' 온라인 수업 실천 기록이다. 교과별 주요 특성과 교육 목표 및 온라인이 가진 장점을 최대한 반영해 교육과정과 수업, 평가를 운영하기 위해 고뇌한 흔적이 엿보인다. 교과 수업뿐만 아니라, 학급경영이나 시스템 구축 및 온·오프라인으로 병행한 진로·진학 및 체험활동에 관한 이야기도 함께 담았다.

교실 한구석에서 시작하는 학교 공간혁신

세종도서 학술부문 선정도서

한현미 지음/ 값 20,000원

이 책은 공간과 인간의 상호작용에 주목하며, 공간이 인간에게 미치는 영향력을 살펴보는 것에서 출발한다. 그리고 교실 한구석부터 교무실, 계단, 운동장 등 학교 곳곳의 공간을 미래학교에 맞게 어떻게 혁신해 나갈 것인지 다양한 사례와 함께 제안한다. 또한 사용자 주체의 민주적인 공간혁신 방안과 각 주체들의 역할에 관해서도 이야기한다.

독자 여러분의 소중한 원고를 기다립니다

맘에드림 출판사는 독자 여러분의 소중한 원고를 기다리고 있습니다. 원고가 있으신 분은 momdreampub@naver.com으로 원고의 간단한 소개와 연락처를 보내주시면 빠른 시간에 검토해 연락을 드리겠습니다.